¿Cómo hablar en público?

Descubre los principios de un discurso efectivo y el poder de la persuasión para influir en los demás

R O N A L D   S.   D U C K S

Índice

Introducción

Hablar en público es una de las habilidades más poderosas y transformadoras que podemos desarrollar. Ya sea en una reunión de trabajo, frente a una audiencia o en una conversación importante, saber comunicar un mensaje de manera clara, convincente y auténtica tiene el poder de abrir puertas, construir conexiones y hacer que nuestras ideas cobren vida. Sin embargo, para muchos, la idea de hablar en público genera nervios, inseguridades y miedo al fracaso.

Este libro es una guía completa para superar esos miedos y convertirse en un orador seguro y persuasivo, capaz de captar la atención de cualquier audiencia.

¿Por qué leer este libro?

Este libro es mucho más que una colección de consejos para hablar en público; es una exploración profunda de las herramientas, técnicas y habilidades que pueden convertirte en un maestro de la comunicación. En sus páginas, encontrarás un enfoque práctico y fundamentado en la psicología, la neurociencia y la experiencia en el escenario. Aprenderás a entender y superar los obstáculos internos que enfrentan todos los oradores, a construir discursos claros y efectivos y a conectar emocionalmente con quienes te escuchan.

Si te encuentras en una posición en la que debes comunicar ideas, persuadir a otros o simplemente deseas mejorar tus habilidades de expresión, este libro está diseñado para ti. No importa si estás empezando o ya tienes experiencia hablando en público; aquí encontrarás estrategias que pueden llevarte al siguiente nivel.

Este libro no solo te enseñará a hablar mejor, sino que también te mostrará cómo impactar a tu audiencia, hacer que tus palabras se queden con ellos y, sobre todo, comunicarte de una manera auténtica y poderosa.

¿Qué aprenderás a lo largo de este libro?

Este libro está estructurado en capítulos que abarcan cada aspecto fundamental para dominar el arte de hablar en público, desde la preparación hasta la persuasión. Cada capítulo se construye sobre los anteriores, guiándote de forma lógica y gradual en el desarrollo de tus habilidades de comunicación.

- Capítulo 1: Comprender y superar el miedo de hablar en público. Antes de conquistar el escenario, necesitamos entender por qué hablar en público puede resultar tan intimidante. Este capítulo explora las causas psicológicas y emocionales del miedo, el pánico escénico y la ansiedad social, y te brinda estrategias para enfrentarlos y superarlos.
- Capítulo 2: Los pilares de hablar en público. Aquí, aprenderás los principios básicos que hacen de un discurso algo sólido, claro y efectivo. Desde la preparación y la estructura del mensaje hasta la importancia de la práctica y el feedback, este capítulo es una base esencial para cualquier orador.
- Capítulo 3: El poder del lenguaje no verbal. Hablar en público es mucho más que palabras. En este capítulo descubrirás el impacto de la postura, el tono de voz, los gestos y el contacto visual para comunicar confianza, conectar con tu audiencia y fortalecer tu mensaje.

- Capítulo 4: La persuasión para convencer a cualquier persona. La persuasión es un arte, y aquí aprenderás los principios psicológicos y las estrategias prácticas para influir de manera efectiva. Este capítulo explora conceptos como la reciprocidad, la autoridad y el storytelling para que puedas convencer a tu audiencia de manera ética y poderosa.
- Capítulo 5: Estructuras para hablar mejor en público. La forma en que organizas tu discurso puede hacer que tu mensaje sea claro y memorable. Aquí, conocerás distintas estructuras, como la de "Qué, Por Qué, Cómo" o la Comparación de Antes y Después, para que elijas y adaptes la que mejor se ajuste a tu mensaje y a tu audiencia.

A lo largo de este libro, descubrirás no solo qué decir, sino también cómo decirlo de manera que realmente resuene con quienes te escuchan. Con cada capítulo, aprenderás estrategias prácticas y psicológicas que pueden aplicarse en todo tipo de contextos, desde presentaciones profesionales hasta conversaciones cotidianas.

¿Qué lograrás al terminar este libro?

Cuando termines este libro, tendrás una caja de herramientas completa que te permitirá crear discursos y presentaciones poderosas, coherentes y persuasivas. Aprenderás a manejar tus miedos, a preparar y estructurar un mensaje que conecte con tu audiencia y a utilizar tanto el lenguaje verbal como el no verbal para comunicarte con autenticidad y confianza. Más allá de las técnicas, desarrollarás la mentalidad y la presencia de un orador que inspira, persuade y deja una huella en su audiencia.

Este libro es un viaje de transformación que te llevará a un nuevo nivel de competencia y seguridad como orador. Al final, estarás preparado para hablar en público con efectividad y convicción, siendo capaz de conectar profundamente con tu audiencia y de transmitir tu mensaje de una forma que perdure. ¡Bienvenido a un viaje donde tu voz, tus ideas y tu impacto se convertirán en una fuerza inquebrantable!

Capítulo 1: ¿Por qué tenemos miedo de hablar en público?

Hablar en público es una de las habilidades más poderosas que podemos desarrollar, y sin embargo, para muchos es también una de las más aterradoras.

¿Por qué sentimos este miedo, y qué nos detiene a la hora de expresar nuestras ideas frente a una audiencia? Empezaremos por descubrir cuales son las raíces del temor a hablar en público y comprenderemos por qué millones de personas experimentan lo que comúnmente se conoce como "pánico escénico".

El miedo a hablar en público, o glosofobia, no es solo un simple nerviosismo; es una experiencia que involucra tanto nuestra mente como nuestro cuerpo. Al enfrentarnos a la idea de estar en el centro de atención, se activa una respuesta de "lucha o huida" en nuestro cerebro, similar a la que ocurría cuando nuestros antepasados enfrentaban amenazas reales. Esta reacción automática y profundamente humana nos hace sentir vulnerables, activando la ansiedad, la sudoración, el aumento de la frecuencia cardíaca y la sensación de bloqueo mental.

Además, en este capítulo profundizaremos en cómo el pánico escénico y la ansiedad social afectan a nuestra capacidad para hablar en público, y cómo la sociedad moderna, con su énfasis en la exposición y la evaluación constante, refuerza esos temores. Sin embargo, entender las causas de estos sentimientos es el primer paso para superarlos. Al comprender qué sucede en nuestro cerebro y por qué experimentamos estos miedos, podremos comenzar a trabajar en técnicas y estrategias que nos permitan enfrentarlos y, finalmente, superarlos.

Por qué debemos aprender a hablar en público

Hablar en público es una de las habilidades más valoradas y, a la vez, una de las que más desafíos presenta a quienes buscan mejorar sus capacidades comunicativas. Aunque vivir en una sociedad interconectada demanda que podamos expresar nuestras ideas con claridad y convicción, el miedo a hablar en público sigue siendo una barrera poderosa. Sin embargo, enfrentar y vencer este temor abre una puerta hacia múltiples beneficios en el ámbito personal y profesional. Hablar en público no es simplemente pararse frente a una audiencia y comunicar un mensaje; es una habilidad que permite influir, motivar y cambiar perspectivas, tanto en grandes auditorios como en interacciones cotidianas.

La necesidad de aprender a hablar en público

Para entender por qué es tan crucial desarrollar habilidades de oratoria, debemos observar los contextos en los que se utiliza. Ya sea en presentaciones de trabajo, reuniones de equipo, entrevistas laborales, o en interacciones sociales informales, hablar en público influye en nuestra capacidad de conectar con otros. La calidad de nuestra comunicación puede determinar si logramos el respeto y la atención de quienes nos rodean, o si quedamos relegados al silencio y la incomprensión.

Aprender a hablar en público es una herramienta que nos permite:

- **Conectar e influir en los demás**: Quienes dominan la comunicación pueden no solo expresar sus ideas, sino también conectar emocionalmente con su audiencia. Hablar en público va más allá de un intercambio informativo: tiene el poder de impactar las emociones, motivaciones y comportamientos de quienes nos escuchan. Esto es especialmente relevante en el ámbito profesional, donde las ideas necesitan ser presentadas de manera convincente y persuasiva para generar resultados.

- **Desarrollar la confianza y la autoestima**: Al aprender a hablar en público, las personas experimentan una transformación interna. Superar el miedo a la exposición y la crítica fortalece la confianza en uno mismo y nos prepara para enfrentar otros desafíos con una mentalidad de superación. Cada experiencia en la que enfrentamos una audiencia se convierte en una pequeña victoria que nos recuerda nuestra capacidad de resiliencia y autoconfianza.

- **Fortalecer la imagen profesional y personal**: Las habilidades de comunicación son, en muchas profesiones, un diferenciador clave. Quienes pueden comunicar sus ideas con claridad y autoridad son vistos como líderes naturales. La oratoria, en este contexto, permite a los profesionales sobresalir, destacar sus habilidades y demostrar que están preparados para asumir roles de liderazgo. A nivel personal, saber expresarse puede hacer que se nos perciba como personas seguras, maduras y asertivas.

- **Acceder a nuevas oportunidades**: La habilidad de hablar en público abre puertas hacia oportunidades que de otro modo podrían no estar disponibles. Desde promocionarse para un ascenso hasta liderar un equipo o participar en eventos de relevancia, hablar en público permite a las personas demostrar su potencial y acceder a posiciones de mayor responsabilidad y visibilidad.

- **Desarrollar habilidades de pensamiento crítico y organización mental**: Hablar en público requiere ordenar nuestras ideas, analizar la relevancia de cada punto y anticipar las reacciones de la audiencia. Este proceso, que ocurre incluso antes de enfrentar a la audiencia, desarrolla habilidades de pensamiento crítico, organización mental y claridad. Quienes aprenden a preparar y dar discursos claros y estructurados adquieren también la capacidad de pensar con precisión y exponer sus ideas con coherencia en otros ámbitos.

Beneficios específicos del aprendizaje de la oratoria

Diversos estudios en el campo de la psicología social y la neurociencia han demostrado que el acto de hablar en público va más allá de la simple exposición de ideas ante una audiencia. De hecho, aprender y practicar la oratoria tiene efectos profundos en nuestro cerebro y en nuestro comportamiento, transformando no solo nuestra percepción del entorno, sino también la manera en la que gestionamos nuestras emociones y respondemos a los desafíos cotidianos.

Hablar en público involucra una serie de procesos mentales que activan diferentes áreas del cerebro, lo que permite desarrollar habilidades cognitivas, emocionales y sociales que resultan útiles en muchos aspectos de la vida.

Veamos cómo el aprendizaje de la oratoria influye en la química cerebral, en los circuitos de recompensa, en la regulación emocional y en la capacidad de gestionar el estrés.

1. La Respuesta de Recompensa en el Cerebro

Cuando una persona enfrenta una situación de estrés —como hablar en público—, su cerebro experimenta un aumento en la liberación de cortisol, la hormona del estrés. Sin embargo, con la práctica repetida y la exposición gradual, el cerebro comienza a generar una respuesta adaptativa. Estudios muestran que, a medida que una persona se acostumbra a hablar en público, el sistema de recompensa cerebral —específicamente el núcleo accumbens— comienza a experimentar esta actividad como menos amenazante y, en algunos casos, como placentera.

La neurocientífica Tali Sharot ha investigado cómo la exposición progresiva a situaciones de alto impacto emocional puede activar el sistema de recompensa, de modo que lo que antes se percibía como peligroso, se convierte en una experiencia enriquecedora. En el caso de la oratoria, cada experiencia positiva o satisfactoria de hablar en público refuerza el circuito de recompensa, generando una sensación de satisfacción y, eventualmente, de disfrute. Este cambio químico es crucial, ya que el cerebro aprende a asociar el acto de hablar en público con una experiencia gratificante, lo que reduce la aversión al riesgo social y fomenta la seguridad en uno mismo.

2. La Neuroplasticidad y el Desarrollo de Nuevas Habilidades

La neuroplasticidad, la capacidad del cerebro para reorganizarse y crear nuevas conexiones neuronales, juega un papel fundamental en el proceso de aprendizaje de la oratoria. A través de la práctica y la repetición, el cerebro desarrolla circuitos neuronales especializados que optimizan nuestra capacidad de comunicarnos de manera efectiva, organizar ideas, y manejar el lenguaje corporal. Este fenómeno se observa comúnmente en actividades de alta especialización, como la música o el deporte, y hablar en público no es la excepción.

La repetición y el ejercicio constante de la oratoria crean una "huella" en el cerebro, fortaleciendo la capacidad de planificar, estructurar y comunicar ideas de manera coherente. Esta habilidad se transfiere a otras áreas de la vida, permitiendo una mejora en la capacidad de resolución de problemas, toma de decisiones y adaptación a situaciones imprevistas. La neuroplasticidad, en este sentido, convierte el miedo inicial en una competencia manejable, promoviendo el crecimiento personal a nivel cerebral.

3. La Regulación Emocional y la Respuesta al Estrés

Hablar en público activa la amígdala, la región del cerebro responsable de las respuestas de miedo y ansiedad. En personas que sufren de glosofobia, esta activación es intensa, lo que desencadena reacciones fisiológicas como sudoración, aumento del ritmo cardíaco y tensión muscular. Sin embargo, la práctica frecuente y el manejo de técnicas de relajación ayudan a que la amígdala reduzca su reacción frente a estas situaciones, promoviendo una mejor regulación emocional.

La doctora en psicología Lisa Feldman Barrett, conocida por su investigación en torno a la construcción de emociones, sugiere que el cerebro no responde a la situación en sí misma, sino a la interpretación de esta. En el contexto de la oratoria, aprender a hablar en público nos enseña a reinterpretar la situación de exposición como una oportunidad en lugar de una amenaza. Este cambio de interpretación disminuye la respuesta de la amígdala y activa áreas de la corteza prefrontal encargadas de la regulación emocional. Con el tiempo, las personas desarrollan una mayor tolerancia al estrés, y esta habilidad para gestionar el estrés se extiende a otros ámbitos de la vida, como el trabajo o las relaciones personales.

4. La Mejora de la Autoeficacia y la Confianza

Albert Bandura, uno de los psicólogos más influyentes del siglo XX, desarrolló el concepto de autoeficacia, que se refiere a la creencia en la propia capacidad para realizar una tarea específica. La autoeficacia es un factor esencial en el desarrollo de la confianza, y Bandura demostró que esta se incrementa mediante la exposición progresiva a situaciones desafiantes. Hablar en público es una de las actividades que más impacta en la autoeficacia, ya que superar el temor inicial y obtener buenos resultados en una presentación refuerza la creencia de que se puede lograr la tarea de manera efectiva.

Cuando alguien experimenta una situación de éxito en la oratoria, el cerebro libera dopamina, un neurotransmisor asociado con el placer y la recompensa, lo cual refuerza la autoconfianza. La dopamina también desempeña un papel crucial en la memoria y en la capacidad de motivación, lo que significa que cada experiencia positiva se graba de manera profunda en nuestro cerebro, promoviendo que deseemos repetirla y, eventualmente, sentirnos más seguros en cada presentación.

5. La Percepción de las Reacciones Sociales y el Aumento de la Empatía

Hablar en público mejora nuestra habilidad para leer las señales no verbales de la audiencia, como la postura, las expresiones faciales y los movimientos. Esta habilidad de interpretación social es crucial para adaptar el discurso y responder adecuadamente a las reacciones de los oyentes. La neurociencia ha demostrado que la lectura de señales no verbales activa el sistema de neuronas espejo, que nos permite experimentar, en cierto modo, las emociones de los demás y reaccionar con empatía.

Cuando observamos a la audiencia y captamos sus reacciones, el cerebro procesa esta información y nos ayuda a ajustar el tono, el ritmo y el contenido del discurso para conectar de manera más efectiva. Esta práctica repetida incrementa nuestra inteligencia emocional y nos convierte en comunicadores más sensibles y adaptables, lo cual es una ventaja no solo en presentaciones formales, sino también en cualquier interacción social.

6. La Reducción de la Ansiedad Social

Finalmente, hablar en público es una herramienta poderosa para combatir la ansiedad social. La exposición controlada y progresiva a situaciones de oratoria ayuda a las personas a reducir la ansiedad generalizada y mejora su capacidad de enfrentarse a situaciones sociales. Este proceso, que en psicología se denomina "desensibilización sistemática", permite a las personas reducir su miedo al rechazo o a la evaluación negativa.

Estudios de neurociencia aplicada han demostrado que la exposición repetida a situaciones temidas permite la reconfiguración de los patrones de respuesta del cerebro, disminuyendo gradualmente los niveles de ansiedad. Este proceso refuerza la creencia de que es posible dominar y disfrutar situaciones sociales, y permite que el cerebro comience a interpretar los entornos sociales como menos amenazantes. En la vida cotidiana, esta reducción de la ansiedad permite que las personas se sientan más relajadas en interacciones laborales, personales e incluso en eventos públicos.

Además, la comunicación pública mejora nuestra habilidad para leer y responder a las señales no verbales, una competencia clave para interpretar y responder a las necesidades y reacciones de los demás. La psicóloga Susan Cain, en su libro *Quiet*, plantea que quienes desarrollan habilidades de comunicación pueden obtener una ventaja competitiva en el ámbito laboral y personal, pues han aprendido a dominar los matices de la interacción humana. Cain destaca que incluso las personas introvertidas pueden transformarse en oradores poderosos si practican y desarrollan un estilo propio.

¿Por qué nos asusta hablar en público?

Para entender completamente el proceso de aprendizaje de la oratoria, es necesario abordar el miedo intrínseco que muchas personas experimentan al enfrentarse a una audiencia. Este miedo es profundo y, en ocasiones, paralizante. La glosofobia, o el miedo a hablar en público, es uno de los temores sociales más comunes y afecta a millones de personas en todo el mundo. Aunque puede parecer irracional, la raíz de este miedo tiene bases evolutivas y biológicas. En los próximos subtemas, profundizaremos en las causas del temor escénico, la ansiedad social y cómo el cerebro procesa estas experiencias como si fueran amenazas físicas.

Dominar la oratoria significa, en gran medida, aprender a gestionar y superar estos temores, transformándolos en motivación para el crecimiento personal. Aunque el camino puede parecer difícil, las recompensas son incalculables. Aprender a hablar en público es más que una habilidad técnica; es un proceso de autoconocimiento, superación y empoderamiento. Enfrentar este reto nos convierte en personas más seguras, con mayor control sobre nuestras emociones y con la capacidad de impactar el mundo que nos rodea.

¿Qué es la glosofobia?

Hablar en público es una actividad que para muchos resulta extremadamente intimidante, hasta el punto de provocar reacciones de ansiedad intensa. Este miedo tiene un nombre clínico: glosofobia, o miedo a hablar en público, y se trata de un tipo de ansiedad social que puede ir desde una ligera incomodidad hasta el pánico total ante la idea de expresarse ante una audiencia. La glosofobia es mucho más común de lo que podríamos imaginar; de hecho, algunas encuestas revelan que entre un 70% y 75% de las personas experimentan algún nivel de ansiedad cuando deben hablar en público. Pero, ¿qué es exactamente la glosofobia y por qué se produce?

Este miedo no es simplemente una inseguridad o falta de habilidad, sino una reacción psicológica y física profundamente arraigada. Para entenderlo en su totalidad, es necesario analizar sus causas, cómo afecta a nuestra mente y cuerpo, y cómo se puede abordar para transformarlo en una oportunidad de crecimiento personal.

La palabra "glosofobia" proviene del griego, donde "glossa" significa "lengua" o "habla", y "fobia" se refiere al "miedo". Por tanto, literalmente, glosofobia significa "miedo a hablar". Sin embargo, este término no solo describe una incomodidad común al hablar en público, sino un miedo irracional y desproporcionado que puede llevar a la persona a evitar situaciones en las que deba expresarse delante de otros.

La glosofobia no es simplemente un temor infundado o una timidez extrema; es una condición que se origina en reacciones cerebrales y biológicas complejas, muchas de las cuales están relacionadas con mecanismos de defensa que se han desarrollado a lo largo de la evolución humana. Este miedo se activa ante la percepción de una posible "amenaza" y provoca una serie de respuestas tanto físicas como psicológicas. Aunque no representa un peligro real, el cerebro percibe la situación como una amenaza a la integridad emocional y desencadena una respuesta de "lucha o huida".

La glosofobia en el contexto evolutivo

La tendencia a experimentar miedo al hablar en público tiene, en parte, raíces evolutivas. Durante la prehistoria, cuando los humanos vivían en pequeños grupos, ser juzgado o rechazado por los miembros de la tribu podía significar un riesgo para la supervivencia. Las comunidades pequeñas dependían de la cooperación y la aceptación mutua, por lo que ser excluido o ridiculizado era percibido como un peligro grave. Esta necesidad de pertenencia se ha mantenido en nuestro cerebro, y en el contexto de hablar en público, el temor a ser juzgado o rechazado por una audiencia activa estas respuestas de "amenaza social".

Desde una perspectiva psicológica, el temor a hablar en público también puede estar relacionado con la búsqueda de aprobación social, ya que muchos temen que un fallo o error pueda afectar su reputación o credibilidad. La exposición pública nos coloca en una posición vulnerable y el cerebro, en su intento de protegernos, desencadena respuestas que se manifiestan como ansiedad.

Los síntomas de la glosofobia: ¿qué ocurre en nuestro cuerpo y mente?

La glosofobia afecta tanto a la mente como al cuerpo y puede desencadenar síntomas que, aunque no representan un peligro real, resultan extremadamente incómodos. Estos síntomas incluyen:

- **Aumento del ritmo cardíaco**: Al percibir una amenaza, el cerebro activa el sistema nervioso simpático, liberando adrenalina y aumentando el ritmo cardíaco para preparar al cuerpo para "luchar o huir". Esto hace que el corazón lata más rápido y que muchas personas sientan una presión en el pecho o en la garganta.
- **Sudoración**: El miedo produce sudoración como una reacción para enfriar el cuerpo en situaciones de estrés. Esta es una reacción natural que puede ser particularmente incómoda durante una presentación en público, ya que la sudoración visible puede incrementar la sensación de vergüenza y empeorar el estado de ansiedad.
- **Temblores**: La tensión en los músculos, especialmente en las manos y piernas, es una reacción física común cuando alguien siente miedo. Muchas personas con glosofobia experimentan temblores, lo que aumenta la percepción de falta de control sobre el cuerpo.
- **Sequedad en la boca**: La ansiedad puede reducir la producción de saliva, provocando la sensación de boca seca. Esto, en una situación de exposición, puede hacer que hablar se vuelva incómodo y que la voz suene insegura o entrecortada.
- **Dificultad para respirar**: La ansiedad hace que la respiración se vuelva superficial y rápida, lo que en algunos casos puede llevar a la hiperventilación. La falta de oxígeno adecuada puede contribuir a la sensación de mareo o desorientación.

- **Pensamientos catastróficos**: La mente de una persona con glosofobia suele verse invadida por pensamientos negativos, como el temor de hacer el ridículo o de ser juzgado. Estos pensamientos agravan la sensación de amenaza y pueden impedir que la persona actúe de manera racional y calmada.

Estos síntomas reflejan una respuesta de supervivencia diseñada para enfrentar peligros físicos, pero que, en el caso de hablar en público, es innecesaria y contraproducente. Sin embargo, para quienes padecen glosofobia, esta respuesta automática es difícil de controlar sin la práctica y la intervención adecuada.

La explicación neurológica de la glosofobia: el papel de la amígdala

Las investigaciones en neurociencia han revelado que la amígdala desempeña un papel central en la respuesta de miedo que experimentan las personas con glosofobia. La amígdala es una estructura pequeña, en forma de almendra, ubicada en el sistema límbico del cerebro y responsable de procesar y regular emociones intensas, especialmente el miedo y la ansiedad. Al percibir un evento como potencialmente amenazante, la amígdala activa una serie de respuestas automáticas y fisiológicas que preparan al cuerpo para enfrentar o escapar del peligro, conocida como la respuesta de "lucha o huida".

En el caso de las personas con glosofobia, la amígdala sobrerreacciona cuando anticipan hablar en público, ya que interpreta la situación como una amenaza a la integridad emocional o social, desencadenando una reacción fisiológica de alto estrés. Esta respuesta se activa incluso antes de que la persona pueda evaluar racionalmente el nivel de peligro, debido a que la amígdala es una de las áreas más rápidas del cerebro para responder, precediendo al pensamiento consciente. Este mecanismo evolutivo, que resulta extremadamente útil en situaciones de peligro físico, puede ser desproporcionado y poco funcional en una situación de exposición pública, donde no existe una amenaza real.

¿Por qué la amígdala reacciona de forma exagerada en la glosofobia?

La reacción exagerada de la amígdala se debe a la percepción de amenaza social. Aunque hablar en público no conlleva un riesgo físico, el cerebro lo interpreta como una situación de alto riesgo debido al miedo al rechazo, la crítica o el juicio negativo. Desde una perspectiva evolutiva, los seres humanos estamos profundamente condicionados para buscar aceptación y evitar el rechazo, ya que la pertenencia a un grupo ha sido históricamente fundamental para la supervivencia. La exclusión social en tiempos antiguos podía significar perder el acceso a los recursos y la protección del grupo, lo cual se traduce hoy en día en una profunda necesidad de aceptación y aprobación social.

La glosofobia es, en esencia, una respuesta desmedida a la idea de ser observados, analizados o juzgados. La amígdala percibe este "peligro social" y desencadena síntomas físicos como taquicardia, sudoración, y dificultades para respirar, que dificultan aún más el control sobre el discurso y, en algunos casos, pueden llevar a la persona a evitar situaciones de oratoria. En términos neurológicos, esta sobrerreacción ocurre porque la amígdala actúa en una fracción de segundo, mucho antes de que la corteza prefrontal, la región racional del cerebro encargada de evaluar riesgos y tomar decisiones lógicas, tenga tiempo de intervenir.

La buena noticia es que, gracias a la neuroplasticidad —la capacidad del cerebro de reorganizarse y crear nuevas conexiones neuronales—, es posible reprogramar la amígdala para que reaccione de manera menos intensa ante situaciones de exposición pública. Con técnicas de regulación emocional, la práctica gradual y otros métodos específicos, se pueden desarrollar nuevas respuestas que disminuyan la activación de la amígdala y aumenten el control de la corteza prefrontal en situaciones de hablar en público.

1. Exposición gradual y desensibilización sistemática

La exposición gradual es una de las técnicas más efectivas para reprogramar la respuesta de la amígdala. En el caso de la glosofobia, la persona se expone progresivamente a situaciones de hablar en público, comenzando por interacciones sociales de baja intensidad, como hablar en grupos pequeños o realizar presentaciones informales. Al exponerse de forma controlada a situaciones cada vez más desafiantes, la amígdala se "desensibiliza" y reduce gradualmente su activación.

Este proceso de desensibilización permite que el cerebro aprenda que estas situaciones no representan un peligro real, disminuyendo la intensidad de la respuesta emocional. La repetición de experiencias exitosas genera nuevas conexiones neuronales que, con el tiempo, superan a las respuestas automáticas de miedo, reduciendo la ansiedad y el temor de ser juzgado.

2. Prácticas de mindfulness y respiración controlada

El mindfulness y la respiración profunda son técnicas que ayudan a regular la activación de la amígdala, aumentando la participación de la corteza prefrontal en la respuesta emocional. El mindfulness, o atención plena, permite observar los pensamientos y emociones sin juzgarlos, desarrollando una mayor consciencia de las reacciones automáticas de miedo. Al practicar mindfulness, la persona aprende a desvincularse de los pensamientos catastróficos, lo que reduce el control de la amígdala y aumenta la capacidad para responder de forma más calmada y racional.

La respiración profunda, por su parte, activa el sistema nervioso parasimpático, el cual contrarresta la respuesta de "lucha o huida" que se dispara cuando la amígdala está sobreactivada.

Al inhalar profundamente y exhalar de manera lenta, se disminuye la frecuencia cardíaca y se envían señales al cerebro de que no hay un peligro inminente. La práctica regular de estas técnicas, especialmente antes de una presentación en público, ayuda a que la amígdala se vuelva menos reactiva en situaciones de ansiedad social.

3. Reestructuración cognitiva: cambiar los patrones de pensamiento

La terapia cognitivo-conductual (TCC) ofrece herramientas de reestructuración cognitiva que ayudan a reducir el control de la amígdala sobre las respuestas automáticas de miedo. La reestructuración cognitiva se enfoca en identificar y desafiar los pensamientos irracionales que alimentan la glosofobia. Estos pensamientos suelen ser catastróficos o desproporcionados, como el temor de que "todos me juzgarán" o "si me equivoco, haré el ridículo".

Al aprender a cuestionar y reemplazar estos pensamientos con otros más racionales y realistas, la corteza prefrontal toma un papel más activo en la respuesta emocional. Por ejemplo, cambiar el pensamiento de "Voy a hacer el ridículo" a "Estoy bien preparado, y es normal cometer errores" ayuda a reducir la activación de la amígdala, proporcionando una sensación de control y seguridad que mejora el desempeño en público.

4. Visualización positiva: entrenar al cerebro para el éxito

La visualización positiva es otra técnica poderosa para reprogramar la respuesta de la amígdala. Consiste en imaginarse a uno mismo enfrentando la situación de hablar en público de manera exitosa y calmada. Al visualizar una experiencia positiva y exitosa, el cerebro genera una "preparación" para la experiencia real, disminuyendo la probabilidad de que la amígdala reaccione de forma desproporcionada.

La visualización activa áreas del cerebro involucradas en la planificación y la regulación emocional, como la corteza prefrontal, y permite que la mente se "acostumbre" a la situación. Esto crea un ensayo mental que, en situaciones reales, ayuda a la persona a responder con mayor calma, ya que el cerebro interpreta la situación como algo familiar y menos amenazante.

5. Repetición y formación de nuevas conexiones neuronales

La repetición es esencial para modificar las conexiones neuronales en la amígdala y otras áreas del cerebro. Cada vez que alguien supera una situación de hablar en público con éxito o logra controlar su miedo, refuerza las nuevas conexiones neuronales que permiten una reacción más tranquila y menos emocional. La neuroplasticidad facilita que el cerebro integre estas experiencias positivas y reduzca la reacción de la amígdala en situaciones futuras.

Con el tiempo, y a medida que las nuevas conexiones neuronales se fortalecen, el cerebro desarrolla una respuesta de calma y seguridad ante la exposición pública. Esto permite que la corteza prefrontal tome el control de la situación, minimizando el papel de la amígdala en la interpretación de la experiencia y logrando que la persona pueda pensar y actuar con claridad, en lugar de reaccionar automáticamente con miedo.

La amígdala y la corteza prefrontal: un trabajo en equipo

Una vez que se ha trabajado en la reprogramación de la amígdala, la corteza prefrontal tiene un papel más activo en la regulación emocional. La corteza prefrontal es responsable de funciones ejecutivas, como el análisis y la toma de decisiones, y ayuda a evaluar de manera racional las situaciones. En personas que han aprendido a superar la glosofobia, la corteza prefrontal comienza a asumir el control en situaciones de estrés, evaluando los riesgos de forma objetiva y disminuyendo el miedo que genera la amígdala.

Con el tiempo, esta colaboración entre la amígdala y la corteza prefrontal permite que el cerebro responda de forma más equilibrada. La persona no elimina completamente el miedo, pero aprende a gestionarlo y a reducir su intensidad. Esto no solo facilita la oratoria, sino que también mejora la regulación emocional en otros ámbitos de la vida, ya que la persona ha desarrollado habilidades que la ayudan a mantener la calma y la claridad en situaciones desafiantes.

El pánico escénico

El pánico escénico es una de las experiencias más intensas y debilitantes para quienes enfrentan la tarea de hablar en público. No se trata simplemente de sentir un poco de nerviosismo o incomodidad, sino de una reacción de miedo que puede llegar a ser paralizante, afectando profundamente el desempeño y la confianza de la persona. El pánico escénico es una manifestación extrema de la glosofobia, que involucra tanto respuestas emocionales como físicas, las cuales, en muchos casos, pueden desencadenar una situación de pánico total ante la expectativa de hablar frente a una audiencia.

El pánico escénico se define como un episodio de ansiedad intensa que ocurre antes o durante una presentación en público. En el momento en que la persona se encuentra frente a una audiencia —o incluso al anticipar la situación—, sufre un aumento dramático de la ansiedad que puede llegar a causar síntomas físicos severos, como taquicardia, sudoración, dificultad para respirar, temblores y, en algunos casos, incluso sensación de mareo o náuseas. Estos síntomas son el resultado de una respuesta fisiológica extrema del organismo, desencadenada por la percepción de una amenaza psicológica.

¿Por qué experimentamos pánico escénico?

El pánico escénico tiene múltiples causas, y aunque puede variar en intensidad y duración, la mayoría de sus factores de origen están relacionados con el miedo al juicio, la vulnerabilidad y la necesidad de aprobación.

Estas son algunas de las principales causas de este fenómeno:

- **Miedo al juicio social y al rechazo**: Para muchas personas, hablar en público significa exponerse al juicio de los demás. El temor a ser criticado, ridiculizado o a cometer errores visibles ante una audiencia activa en el cerebro la percepción de una amenaza social, lo que provoca una respuesta de ansiedad extrema. Este miedo tiene sus raíces en la necesidad humana de pertenencia y aceptación, ya que el rechazo social es interpretado por el cerebro como un riesgo significativo.
- **Miedo a la pérdida de control**: El pánico escénico también está relacionado con el miedo a perder el control sobre la situación. La oratoria expone a la persona a factores impredecibles, como las reacciones de la audiencia, interrupciones o incluso fallos técnicos, lo que puede aumentar la sensación de vulnerabilidad. Para quienes experimentan pánico escénico, la idea de enfrentar estas variables desconocidas resulta abrumadora y activa un estado de alerta y defensa.
- **Autocrítica excesiva**: Muchas personas que experimentan pánico escénico tienden a ser extremadamente críticas con ellas mismas. A menudo, tienen estándares de perfección muy altos, lo que las lleva a pensar que cualquier error o fallo en su presentación será motivo de humillación o de pérdida de credibilidad. Esta autocrítica provoca un estado de tensión interna que, en una situación de exposición, puede volverse paralizante.

- **Experiencias previas negativas**: Las experiencias traumáticas o negativas previas pueden agravar el pánico escénico. Si una persona ha tenido una experiencia incómoda o humillante al hablar en público, el cerebro recuerda esa vivencia y la asocia con la ansiedad y el miedo. Cada vez que se anticipa una situación similar, el cerebro "recuerda" el evento negativo y activa una respuesta de defensa para evitar que se repita.

Síntomas del pánico escénico: cómo afecta al cuerpo y la mente

El pánico escénico produce una serie de síntomas físicos y mentales que pueden ser extremadamente debilitantes. Estos síntomas son el resultado de la activación del sistema nervioso simpático, que prepara al cuerpo para enfrentar un "peligro" percibido. Entre los síntomas más comunes del pánico escénico se encuentran:

- **Taquicardia**: La aceleración del ritmo cardíaco es una respuesta automática cuando el cerebro percibe una amenaza. Este aumento del ritmo cardíaco envía sangre a los músculos para prepararlos para una reacción de lucha o huida.
- **Sudoración y sensación de calor**: El aumento de la temperatura corporal y la sudoración son mecanismos de enfriamiento del cuerpo en situaciones de estrés, que suelen aparecer cuando se experimenta ansiedad extrema.
- **Respiración superficial y rápida**: La respiración se vuelve rápida y superficial, lo que puede llevar a la hiperventilación. Esto reduce el flujo de oxígeno hacia el cerebro y causa sensaciones de mareo o aturdimiento, lo que intensifica el miedo.
- **Temblores y tensión muscular**: La tensión muscular es una respuesta a la activación del sistema nervioso simpático. Los músculos se preparan para una respuesta

de defensa, y esto puede generar temblores, especialmente en las manos y las piernas.

• **Pensamientos catastróficos y bloqueo mental**: La ansiedad extrema puede hacer que la persona experimente pensamientos negativos repetitivos, como "Voy a fracasar", "Todos se van a reír de mí" o "No puedo hacer esto". Estos pensamientos limitan la capacidad de concentración y provocan lo que comúnmente se conoce como "bloqueo mental", donde la persona se siente incapaz de recordar su discurso o de organizar sus ideas.

Estos síntomas crean un ciclo de retroalimentación negativa: cuanto más se experimentan estos síntomas, mayor es el miedo y la ansiedad, lo que a su vez aumenta la intensidad de los síntomas, generando un círculo vicioso difícil de romper.

Estrategias para superar el pánico escénico

El pánico escénico es un reto significativo, pero existen técnicas y estrategias efectivas para reducir su impacto y, con el tiempo, superarlo. A continuación, se presentan algunas de las prácticas más recomendadas para manejar y eventualmente superar el pánico escénico:

• **Preparación y práctica deliberada**: La preparación exhaustiva reduce la incertidumbre y aumenta la autoconfianza. La práctica deliberada, que incluye ensayar el discurso varias veces, simular el entorno y practicar frente a una pequeña audiencia, ayuda a reducir la ansiedad. Al estar mejor preparado, el cerebro percibe la situación como menos amenazante y disminuye la intensidad de la respuesta de pánico.

• **Ejercicios de respiración profunda y relajación**: La respiración profunda es una técnica que permite reducir la activación del sistema nervioso simpático, ayudando a calmar el cuerpo y la mente. Practicar respiración diafragmática (llenar el abdomen en lugar del pecho al respirar) antes y durante una presentación puede reducir significativamente la ansiedad.

- **Mindfulness y meditación**: El mindfulness y la meditación son prácticas que ayudan a reducir los niveles generales de ansiedad y a fortalecer la capacidad de concentración. La práctica regular de mindfulness permite a las personas desarrollar una mayor tolerancia a la incomodidad y una habilidad para observar sus emociones sin dejarse llevar por ellas.
- **Reestructuración cognitiva**: La reestructuración cognitiva, una técnica de la terapia cognitivo-conductual, ayuda a identificar y desafiar los pensamientos irracionales que intensifican el pánico escénico. Al cambiar pensamientos negativos, como "Voy a fracasar" por "Estoy preparado y puedo hacerlo bien", se logra reducir la intensidad de la ansiedad.

La superación del pánico escénico: una oportunidad de crecimiento personal

Superar el pánico escénico es un proceso transformador que va mucho más allá de adquirir habilidades para hablar en público; es, en esencia, una vía hacia el desarrollo personal. Al enfrentar y reducir el miedo a la exposición social, la persona experimenta un cambio profundo en la forma en que percibe y enfrenta otras situaciones desafiantes en su vida. Este proceso de superación permite redescubrir fortalezas internas, desarrollar una autoestima más sólida y fortalecer capacidades de adaptación que no solo mejoran el desempeño en el ámbito social o profesional, sino que también enriquecen la calidad de vida en general.

El desarrollo de la resiliencia emocional

La resiliencia emocional, entendida como la capacidad de enfrentar y adaptarse a experiencias adversas, es una de las principales habilidades que se fortalecen al trabajar en la superación del pánico escénico. Al exponerse repetidamente a la incomodidad del miedo y a las sensaciones físicas que lo acompañan —como el nerviosismo, la sudoración o la aceleración del pulso— la persona entrena a su sistema emocional para tolerar mejor la ansiedad. Este proceso, en el cual la persona se enfrenta a su propio límite emocional, permite descubrir que el miedo no necesariamente se traduce en incapacidad y que, a pesar de los síntomas físicos y la incomodidad, es posible actuar y, eventualmente, triunfar.

Cada experiencia positiva en la que la persona supera el miedo y logra presentar su discurso o transmitir su mensaje de forma efectiva añade un "escalón" en el desarrollo de su resiliencia. Con el tiempo, el cerebro aprende a procesar estos desafíos como experiencias manejables en lugar de amenazas. Esto genera una confianza interna que puede aplicarse a otras áreas de la vida, permitiendo a la persona asumir retos, enfrentar el cambio y sobrellevar mejor situaciones de incertidumbre o estrés en otros contextos.

El incremento de la autoconfianza y la autodeterminación

La superación del pánico escénico también refuerza la autoconfianza y la autodeterminación. Cuando una persona toma la decisión consciente de superar este miedo y se compromete con el proceso, fortalece su sentido de agencia, es decir, su capacidad de influir en sus propias emociones y en su realidad. Al controlar y superar el pánico, la persona se demuestra a sí misma que es capaz de enfrentar sus temores y de cambiar el rumbo de sus experiencias. Este sentido de logro incrementa la confianza en las propias capacidades y reduce la sensación de vulnerabilidad ante otros desafíos.

Además, la autodeterminación que se desarrolla durante este proceso refuerza la noción de que uno puede tomar decisiones para mejorar, adaptarse y construir una versión más segura y efectiva de sí mismo. Esto no solo mejora la percepción que la persona tiene de sus propias habilidades, sino que también le otorga una sensación de independencia emocional, ya que aprende a no depender exclusivamente de la validación externa para sentirse seguro. Esta fortaleza interna es una herramienta valiosa en muchas situaciones sociales y profesionales, donde la seguridad en uno mismo puede ser la clave para alcanzar los objetivos.

Mayor tolerancia al juicio y la crítica

El miedo al juicio y a la crítica es uno de los factores más debilitantes en el pánico escénico, pero al enfrentarlo y trabajar para superarlo, la persona desarrolla una mayor tolerancia al juicio y aprende a relativizar su impacto emocional. Cada experiencia de hablar en público, ya sea positiva o con errores, permite a la persona reinterpretar el juicio externo como un elemento que no define su valor personal o profesional. Al hacerlo, se libera de la necesidad de aprobación constante y de la ansiedad que provoca la posibilidad de ser juzgado o criticado negativamente.

A medida que la persona internaliza esta tolerancia al juicio externo, es capaz de tomar mayor control sobre su propia narrativa y de diferenciar entre la opinión de los demás y su autopercepción. Este cambio de mentalidad fomenta un tipo de autocompasión que permite aceptar las imperfecciones y errores como parte natural del proceso de aprendizaje. La capacidad de autoevaluarse de manera equilibrada y sin exagerar la importancia de los juicios externos ayuda a reducir la autocrítica y a enfocarse en el crecimiento y la mejora continua.

Transformación de la vulnerabilidad en autenticidad

La exposición al público genera una sensación de vulnerabilidad porque implica mostrar una versión de uno mismo frente a los demás, lo cual puede percibirse como riesgoso. Sin embargo, al enfrentar este pánico y gestionar la ansiedad, muchas personas encuentran una forma de transformar esa vulnerabilidad en un vehículo de autenticidad. En lugar de ver la exposición como una debilidad, aprenden a utilizarla para conectarse genuinamente con la audiencia. Este cambio ocurre cuando la persona entiende que no necesita ser perfecta, sino genuina, y que esa autenticidad es lo que realmente impacta y conecta.

La autenticidad en la comunicación se convierte en un poderoso recurso de conexión social. Los oradores que logran superar el pánico escénico y comunicar desde un lugar auténtico desarrollan una forma de expresar sus ideas de manera más honesta y cercana, lo que facilita que sus mensajes sean mejor recibidos. Esta autenticidad, nacida del manejo de la vulnerabilidad, contribuye a construir relaciones más profundas y genuinas con las audiencias y, en general, con las personas en su entorno.

La mejora de la adaptabilidad y la flexibilidad mental

Superar el pánico escénico también entrena la flexibilidad mental, una habilidad que permite adaptarse a situaciones imprevistas con mayor facilidad. Hablar en público a menudo conlleva desafíos inesperados: preguntas que no se habían anticipado, cambios en el formato de la presentación o incluso reacciones imprevistas de la audiencia. Al aprender a manejar el pánico y a responder en estas situaciones, la persona desarrolla una mayor capacidad para adaptarse y encontrar soluciones rápidas.

La flexibilidad mental no solo beneficia la oratoria, sino que también ayuda a que la persona enfrente situaciones inesperadas en otros ámbitos de su vida. Quienes han superado el pánico escénico aprenden a lidiar con el cambio y a ajustar su enfoque con agilidad, lo cual es esencial en entornos laborales cambiantes, en relaciones interpersonales y en cualquier circunstancia que requiera adaptarse a nuevas condiciones. Esta capacidad de mantener la calma y adaptarse eficazmente es una habilidad que se vuelve fundamental en el mundo actual, donde la adaptabilidad es un activo valioso.

Construcción de un sentido de propósito y de influencia positiva

Superar el pánico escénico también permite a las personas descubrir un sentido de propósito en su capacidad de influir en los demás de manera positiva. Al perder el miedo a hablar en público, muchos encuentran un espacio donde sus ideas y valores pueden ser compartidos y escuchados. Esta posibilidad de expresar opiniones, conocimientos y experiencias no solo refuerza su identidad, sino que también les da un sentido de propósito, al ver cómo su mensaje puede impactar en otros de manera significativa.

A través de la comunicación pública, la persona puede inspirar, educar, motivar o apoyar a su audiencia. Esto construye una sensación de influencia positiva que le otorga una mayor motivación para perfeccionar sus habilidades y utilizar su voz con intencionalidad. Esta visión de su propia capacidad de influir no solo aumenta la autoconfianza, sino que también abre un camino de propósito donde la comunicación se convierte en un recurso para contribuir y aportar valor en su entorno.

Un camino de autodescubrimiento

Superar el pánico escénico es, en última instancia, una experiencia de autodescubrimiento. Al trabajar para gestionar el miedo, la persona se ve obligada a cuestionar sus creencias limitantes, sus percepciones sobre el juicio de los demás y sus propias expectativas. Este proceso de introspección permite descubrir aspectos desconocidos de la propia personalidad y valores, entender los propios límites y, en algunos casos, redefine la relación con el propio potencial.

Durante este proceso, muchas personas descubren que poseen habilidades y fortalezas que antes ignoraban, y encuentran una versión más segura y madura de sí mismas. A través de cada pequeño avance, la persona se da cuenta de su capacidad de transformación y se enfrenta a su propio potencial con una actitud más abierta y positiva. Este camino de autoconocimiento no solo mejora su habilidad para hablar en público, sino que impacta profundamente en la manera en que se ven a sí mismas y en cómo proyectan su valor en el mundo.

Capítulo 2: Los pilares de hablar en público

Hablar en público con confianza y eficacia no es algo que ocurra por casualidad; es el resultado de una preparación meticulosa y de un conjunto de habilidades fundamentales que podemos aprender y perfeccionar. Ahora, descubriremos cuáles son los pilares esenciales de la comunicación pública, aquellos elementos clave que construyen la base de un discurso claro, convincente y memorable. Estos pilares no solo te ayudarán a organizar tus ideas, sino que también te brindarán las herramientas para comunicarte con impacto y autenticidad.

Uno de los primeros pasos para dominar el arte de hablar en público es comprender el valor de una preparación adecuada. Desde la investigación sobre el tema hasta el análisis de tu audiencia, cada aspecto de la preparación contribuye a que el mensaje sea relevante y cautivador. La estructura del discurso es igualmente importante; organizar tus ideas de forma lógica permite que tu audiencia te siga con facilidad y retenga la esencia de tu mensaje.

También aprenderemos sobre otros elementos fundamentales, como la claridad en el lenguaje, el poder de la improvisación y la importancia de conectar emocionalmente con tu audiencia. Nos adentraremos en cómo elegir el vocabulario adecuado, encontrar la energía justa para transmitir tus ideas y hacer de la práctica una herramienta de perfeccionamiento constante.

La preparación

La preparación es el primer y más fundamental pilar en el proceso de hablar en público. Cualquiera que se haya enfrentado a una audiencia sabe que el éxito en la oratoria no es producto de la improvisación, sino de un trabajo previo riguroso que establece las bases para una comunicación efectiva, clara y persuasiva. Una preparación adecuada no solo aumenta las probabilidades de transmitir el mensaje de manera impactante, sino que también reduce significativamente los niveles de ansiedad y fortalece la confianza en uno mismo.

Prepararse bien para hablar en público implica un proceso que va mucho más allá de memorizar un texto o tener claras las ideas a transmitir. Es una combinación de investigación, organización, práctica y reflexión que permite desarrollar un mensaje auténtico y persuasivo, adaptado a la audiencia y alineado con el objetivo de la presentación.

La preparación como herramienta para reducir el miedo y aumentar la confianza

El miedo a hablar en público suele estar ligado a la incertidumbre y a la falta de control sobre la situación. Una preparación exhaustiva permite reducir este miedo, ya que otorga al orador un sentido de seguridad y control sobre su propio mensaje y su capacidad para comunicarlo. Al estar preparado, la persona desarrolla la confianza necesaria para enfrentarse a posibles imprevistos o preguntas de la audiencia con mayor seguridad.

Además, la preparación reduce la probabilidad de experimentar el temido "bloqueo mental" o quedarse en blanco, ya que el orador está familiarizado con su discurso y ha tenido la oportunidad de ensayar sus ideas. Este ensayo permite que el cerebro construya un camino neuronal en el que se practican y memorizan las ideas, lo cual hace que el discurso fluya de manera más natural y automática en el momento de la presentación.

Paso 1: Definir el propósito del mensaje

La primera etapa en la preparación para hablar en público es definir el propósito del mensaje. Este propósito puede variar según el contexto: puede ser informar, persuadir, motivar, educar o inspirar a la audiencia. Tener un objetivo claro permite estructurar el discurso de manera coherente y enfocada, evitando que el mensaje se disperse y que el público pierda interés.

Definir el propósito implica preguntarse: ¿qué quiero que la audiencia aprenda, sienta o haga al terminar mi presentación? Un mensaje con un propósito bien definido es mucho más efectivo y, además, permite al orador mantenerse enfocado y seguro de sus propias palabras. Un orador que sabe claramente lo que quiere transmitir está en una posición ventajosa, ya que puede articular sus ideas con confianza y evitará distracciones que podrían desviar la atención de la audiencia.

Paso 2: Conocer a la audiencia

Uno de los aspectos más importantes de la preparación es conocer a la audiencia. Una presentación efectiva es aquella que se adapta a los intereses, necesidades y expectativas de quienes la escuchan. Por ejemplo, un mensaje dirigido a profesionales expertos en un tema debe tener un enfoque y un nivel de profundidad diferente al que se utilizaría en una presentación para principiantes. La audiencia es un factor determinante en la elección de lenguaje, ejemplos y referencias, así como en el tono general de la presentación.

Investigar a la audiencia implica entender aspectos como:

- **Nivel de conocimiento sobre el tema**: ¿Son expertos, principiantes o tienen un conocimiento intermedio? Esto ayuda a definir el nivel de profundidad y tecnicismos del discurso.

- **Intereses y necesidades**: ¿Qué preocupa o motiva a la audiencia? Conocer estos aspectos permite crear un mensaje que resuene con sus expectativas y valores.
- **Expectativas y contexto cultural**: El contexto cultural o profesional puede influir en la manera en que se percibe un mensaje. Un buen orador adapta su estilo y su contenido para conectar con la audiencia de manera respetuosa y relevante.

Tener claridad sobre a quién se le va a hablar permite estructurar un mensaje que sea relevante, atractivo y efectivo. Además, conocer a la audiencia ayuda a prever posibles preguntas o resistencias y a preparar respuestas adecuadas.

Paso 3: Investigar y estructurar el contenido

Un discurso bien estructurado se construye sobre una base sólida de conocimiento. La investigación es una parte esencial de la preparación, especialmente si el tema es complejo o técnico. La información debe ser veraz, actualizada y adecuada al nivel de comprensión de la audiencia. Al investigar el contenido, el orador se asegura de que su mensaje sea confiable y creíble, lo cual aumenta su autoridad y su capacidad de persuasión.

La investigación también ayuda a prevenir preguntas incómodas o la posibilidad de ser cuestionado sobre la precisión del contenido. Un orador bien preparado y con dominio del tema no solo se siente más seguro, sino que también proyecta esa seguridad ante la audiencia.

Una vez que se ha investigado el tema, es fundamental estructurar el contenido. La estructura clásica de un discurso incluye:

- **Introducción**: Donde se capta la atención y se presenta el propósito del mensaje.
- **Desarrollo**: La parte central, donde se presentan las ideas principales de forma ordenada y coherente.
- **Conclusión**: Un cierre contundente que refuerza el mensaje y deja una impresión duradera en la audiencia.

Esta estructura básica permite que el mensaje fluya de manera lógica y organizada, facilitando la comprensión y el interés de la audiencia. Dentro de la estructura, es útil incorporar ejemplos, datos o anécdotas que enriquezcan el contenido y lo hagan más relevante para quienes lo escuchan.

Paso 4: Ensayar y ajustar el discurso

Una vez que el mensaje está estructurado, el siguiente paso en la preparación es ensayar el discurso. El ensayo es una herramienta poderosa que permite al orador ganar fluidez, identificar posibles errores o debilidades en el mensaje y ajustar aspectos como el tono de voz, el ritmo y el lenguaje corporal. Ensayar ayuda a que el mensaje se interiorice de forma natural, permitiendo que el orador se sienta cómodo y confiado al momento de enfrentarse a la audiencia.

Es recomendable ensayar en diferentes contextos, como en voz alta frente a un espejo, grabarse en video para analizar el lenguaje corporal o practicar con amigos o familiares que puedan ofrecer retroalimentación. El ensayo también permite ajustar el discurso para cumplir con el tiempo estimado de la presentación y facilita la identificación de ideas o frases que podrían ser confusas o innecesarias.

Además, el ensayo ayuda a desarrollar una conexión emocional con el mensaje. Los oradores que ensayan no solo memorizan sus palabras, sino que también fortalecen la intención emocional detrás de su discurso. Esto es crucial para proyectar autenticidad y convicción, dos cualidades que aumentan el impacto del mensaje en la audiencia.

Paso 5: Técnicas de visualización y manejo de la ansiedad

La preparación para hablar en público no estaría completa sin técnicas de visualización y manejo de la ansiedad. La visualización es una técnica que consiste en imaginarse a uno mismo enfrentando la situación con éxito. Al visualizar una presentación exitosa, el cerebro se familiariza con la experiencia y reduce la intensidad de la respuesta de ansiedad.

Para realizar una visualización efectiva, se recomienda cerrar los ojos y recrear mentalmente el momento de la presentación, desde la entrada hasta el cierre. En esta visualización, el orador debe imaginarse con confianza, proyectando claridad y control. Esta práctica genera una "preparación mental" que puede disminuir la ansiedad al enfrentarse realmente a la audiencia.

Asimismo, practicar técnicas de respiración profunda y relajación muscular antes de la presentación ayuda a calmar el sistema nervioso. La respiración diafragmática es una técnica recomendada para reducir los niveles de estrés y promover la calma. Estas técnicas son valiosas para enfrentar la tensión previa a la presentación y mantener el control emocional durante el discurso.

Paso 6: Preparación para posibles imprevistos

Una preparación exhaustiva también incluye considerar posibles imprevistos y preparar respuestas o adaptaciones para ellos. Los imprevistos pueden ser de diversa índole, desde problemas técnicos (fallas de sonido, equipo audiovisual), hasta preguntas inesperadas de la audiencia o distracciones en el entorno. La mejor forma de prepararse para estos momentos es pensar en las soluciones con antelación.

Por ejemplo, es útil llevar una copia impresa de las notas en caso de problemas con dispositivos electrónicos, tener respuestas preparadas para preguntas difíciles o disponer de una estrategia de improvisación si surge una interrupción. Esta planificación permite que el orador se sienta seguro y con recursos para enfrentar cualquier situación inesperada.

La estructura del discurso

Un discurso bien estructurado es esencial para comunicar ideas de manera clara, persuasiva y memorable. La estructura es el marco que sostiene el contenido y facilita que la audiencia lo comprenda, retenga y se conecte emocionalmente con el mensaje. Al tener una estructura definida, el orador logra guiar a su audiencia a través de un recorrido lógico, captando su atención desde el inicio, manteniéndola interesada durante el desarrollo y dejando una impresión duradera al finalizar.

Estructurar un discurso va más allá de un simple orden de ideas; es un proceso estratégico que permite al orador establecer un propósito claro, seleccionar y organizar el contenido, y maximizar el impacto en la audiencia. Para lograrlo, es importante conocer los elementos básicos de una estructura efectiva y las técnicas que facilitan la conexión con los oyentes.

La estructura básica de un discurso: Introducción, desarrollo y conclusión

La estructura básica de un discurso incluye tres partes fundamentales: introducción, desarrollo y conclusión. Esta estructura clásica permite que el mensaje fluya de manera coherente y facilita a la audiencia seguir el hilo de la presentación. Cada una de estas secciones tiene un propósito específico y se construye estratégicamente para guiar al oyente a través del contenido.

- **Introducción**: El propósito de la introducción es captar la atención de la audiencia, generar interés en el tema y establecer una conexión con los oyentes. Esta es la parte en la que el orador debe dejar claro el propósito de su mensaje y establecer un vínculo emocional que motive a la audiencia a prestar atención. Una buena introducción también debe ofrecer un breve adelanto de lo que se abordará en el discurso, para que los oyentes tengan una idea de lo que pueden esperar.

La introducción puede incluir:

a. Una frase de impacto, como una estadística sorprendente, una pregunta retórica o una anécdota personal.
b. La presentación de la tesis o idea principal.
c. Un adelanto de los puntos clave que se desarrollarán.

- **Desarrollo**: El desarrollo es la sección central y más extensa del discurso, donde se presenta y explora el contenido principal. Aquí, el orador organiza sus ideas en bloques temáticos o puntos clave, manteniendo una estructura lógica que facilite la comprensión. Cada punto debe estar vinculado con el propósito general del discurso y estar interconectado con los demás para construir una narrativa cohesiva.

En el desarrollo, es útil utilizar técnicas como:

a. **Organización secuencial**: Presentar la información en un orden que siga una progresión lógica (temporal, de causa-efecto, etc.).
b. **Uso de ejemplos y evidencia**: Incorporar ejemplos, datos o anécdotas que refuercen las ideas principales y permitan a la audiencia visualizar el mensaje de manera concreta.
c. **Transiciones claras**: Conectar las ideas con transiciones fluidas para que el discurso mantenga un ritmo adecuado y no pierda la atención de la audiencia.

- **Conclusión**: La conclusión es la parte final del discurso y su propósito es cerrar la presentación de manera contundente, reforzando el mensaje principal y dejando una impresión duradera en la audiencia. Una buena conclusión resume brevemente los puntos clave, refuerza el propósito del discurso y, en algunos casos, incluye una "llamada a la acción" o una reflexión que invite a la audiencia a actuar o pensar de manera diferente.

La conclusión efectiva puede incluir:

a. Un resumen de las ideas principales.
b. Una frase final impactante o una cita que refuerce el mensaje.
c. Una invitación a la acción, que puede ser tan simple como "reflexionar" sobre el tema, o tan concreta como "tomar una acción específica".

Técnicas avanzadas para estructurar el discurso

Existen varias técnicas avanzadas para estructurar un discurso que permiten maximizar el impacto y adaptar el mensaje a diferentes contextos y tipos de audiencia. Estas estructuras serán desarrolladas a profundidad en el capítulo 5. Entre las más efectivas se encuentran:

- **Estructura de historia personal**: Contar una historia personal puede ser una forma poderosa de conectar con la audiencia, ya que permite que el mensaje tenga una carga emocional que resuene con los oyentes. Al utilizar esta estructura, el orador cuenta una experiencia personal relevante para el tema, lo cual ayuda a humanizar el mensaje y a hacer que el público se identifique con él. Esta técnica es ideal para discursos que buscan inspirar, motivar o cambiar percepciones.
- **Estructura de problema-solución**: Esta estructura es especialmente útil en discursos que buscan persuadir o presentar propuestas. En la primera parte, el orador presenta un problema relevante para la audiencia y describe sus efectos o consecuencias. En la segunda parte, ofrece una solución clara y viable, explicando cómo esta puede resolver o mitigar el problema. Esta estructura es eficaz porque crea un sentido de urgencia y lleva a la audiencia a interesarse en la solución que se propone.
- **Estructura de causa y efecto**: La estructura de causa y efecto permite explicar la relación entre un fenómeno y

sus consecuencias, o viceversa. Esta estructura es útil para discursos informativos o educativos, ya que ayuda a la audiencia a comprender la lógica detrás de un evento o situación. Por ejemplo, un orador puede comenzar describiendo un efecto o problema y luego retroceder para analizar las causas subyacentes, o bien, comenzar con las causas y luego explicar sus efectos.

- **Estructura de comparación y contraste**: Esta estructura permite analizar las diferencias y similitudes entre dos temas, conceptos o propuestas. Es especialmente útil para ayudar a la audiencia a tomar decisiones informadas o a evaluar diferentes opciones. La comparación y el contraste pueden presentarse de forma objetiva o con un enfoque persuasivo, dependiendo del propósito del discurso.

- **Estructura de "qué, por qué, cómo"**: Esta estructura es efectiva para discursos educativos o informativos. El orador comienza explicando "qué" es el tema o concepto, luego explica "por qué" es importante o relevante y, finalmente, describe "cómo" se puede aplicar o implementar. Esta técnica es útil para organizar el contenido de manera que la audiencia pueda seguir el discurso con claridad y entender tanto la importancia del tema como sus aplicaciones prácticas.

Las transiciones en la estructura del discurso

Las transiciones son el cemento que une las distintas partes de un discurso, permitiendo que fluya con coherencia y mantenga el interés y la comprensión de la audiencia de principio a fin. En un discurso, las transiciones no solo son conectores entre ideas, sino que también actúan como puntos de pausa que ayudan a los oyentes a procesar la información presentada, preparándolos para lo que viene a continuación. De esta forma, las transiciones cumplen una doble función: facilitan el flujo del discurso y resaltan los momentos clave para enfatizar el mensaje.

La importancia de las transiciones para el flujo del discurso

En un discurso bien estructurado, las transiciones actúan como hilos conductores que guían a la audiencia a través de los diferentes temas o ideas. Sin transiciones claras, la audiencia puede sentirse perdida o desconectada, ya que le resulta difícil seguir el salto de un tema a otro sin señales claras de cambio. Un discurso sin transiciones puede dar la impresión de ser desordenado o confuso, restando credibilidad al orador.

Al utilizar transiciones, el orador suaviza el movimiento entre ideas, permitiendo que la audiencia se adapte al cambio y pueda mantener el foco en el mensaje principal. Esto es especialmente importante en discursos complejos o extensos, donde la falta de transiciones puede llevar a que los oyentes se desconecten, se confundan o pierdan el interés. Por el contrario, una transición bien pensada indica que el orador tiene un control total sobre el contenido y la estructura del mensaje, generando una experiencia más agradable y comprensible para la audiencia.

Las transiciones como herramienta de énfasis y control

Además de facilitar el flujo, las transiciones permiten al orador señalar puntos clave en el discurso y controlar la atención de la audiencia. Cada transición es una oportunidad para enfatizar una idea importante o para preparar al público para un cambio en el tono o contenido del mensaje. Por ejemplo, una frase de transición como "A continuación, vamos a analizar un aspecto crucial..." alerta a la audiencia de que la próxima idea merece especial atención.

Este tipo de transición actúa como un marcador que el orador puede utilizar para subrayar la importancia de ciertos puntos, lo cual es útil para jerarquizar el contenido y para guiar a la audiencia en la interpretación del mensaje. Además, al enfatizar las ideas principales mediante transiciones claras, el orador ayuda a la audiencia a recordar y comprender mejor el contenido, ya que se les indica cuáles son los puntos a los que deben prestar más atención.

Tipos de transiciones y su impacto en la audiencia

Existen diversos tipos de transiciones, y cada una cumple un propósito específico dentro de la estructura del discurso. Estos son algunos de los tipos más comunes de transiciones y el impacto que tienen en la experiencia del oyente:

- **Transiciones de apertura o introducción de un nuevo tema**: Estas transiciones son útiles para señalar el inicio de una nueva sección o punto principal en el discurso. Frases como "A continuación, abordaremos…" o "Ahora bien, vamos a analizar…" preparan a la audiencia para recibir información nueva, ayudando a que el cambio entre temas sea suave y natural.
- **Transiciones de desarrollo o expansión de ideas**: Estas transiciones permiten profundizar en un punto o añadir información complementaria. Por ejemplo, frases como "Para ilustrar esto…" o "Un ejemplo de esto es…" indican que el orador va a desarrollar la idea previamente expuesta, lo cual facilita a la audiencia seguir el flujo de pensamiento del orador y entender cómo se relacionan las ideas.
- **Transiciones comparativas o de contraste**: Estas transiciones son especialmente útiles para destacar diferencias o similitudes entre dos puntos de vista, conceptos o propuestas. Ejemplos de este tipo incluyen frases como "En contraste con esto…" o "Por el contrario…". Estas transiciones permiten a la audiencia visualizar las diferencias o similitudes de manera clara, lo que refuerza la comprensión y el análisis de los temas expuestos.
- **Transiciones para enfatizar un punto**: Las transiciones que indican énfasis son aquellas que marcan un cambio en el tono, sugiriendo que la información que sigue es

particularmente relevante o importante. Frases como "Es crucial destacar que..." o "Lo más importante a recordar es..." son ideales para asegurar que la audiencia centre su atención en una idea fundamental del discurso. Estas transiciones funcionan como un llamado de atención y ayudan a los oyentes a identificar y retener los puntos clave del mensaje.

- **Transiciones de resumen o conclusión parcial**: Al finalizar una sección o punto importante, las transiciones de resumen ayudan a sintetizar la información y a prepararse para el siguiente tema. Frases como "En resumen..." o "Para recapitular..." permiten al orador cerrar una idea y dar un breve repaso antes de pasar a la siguiente sección. Esto ayuda a la audiencia a asimilar lo que ha escuchado y a mantener una comprensión clara del discurso.

- **Transiciones de conclusión general**: Al acercarse al final del discurso, las transiciones de conclusión indican a la audiencia que el mensaje está llegando a su fin. Frases como "Para concluir..." o "Finalmente, quiero recordar que..." preparan a la audiencia para el cierre, generando una expectativa y predisposición a retener el mensaje final. Este tipo de transición es crucial, ya que permite al orador finalizar de manera contundente y dejar una impresión duradera.

Ejemplos prácticos del uso de transiciones en un discurso

Para ilustrar el papel de las transiciones, veamos un ejemplo de cómo un orador podría usar estas herramientas para conectar diferentes partes de su mensaje en un discurso sobre el cambio climático:

- **Introducción**: "Hoy en día, el cambio climático es uno de los temas más urgentes para la humanidad. A continuación, analizaremos el impacto de este fenómeno en nuestra vida cotidiana y en el futuro de nuestro planeta."

- **Transición a un nuevo tema**: "Habiendo comprendido las causas principales del cambio climático, vamos a profundizar en sus efectos específicos, particularmente en los ecosistemas y en la economía global."
- **Transición de desarrollo**: "Para entender mejor este impacto, consideremos el aumento de las temperaturas en las regiones polares como un ejemplo clave de las consecuencias del cambio climático."
- **Transición de contraste**: "En contraste con las regiones polares, veamos ahora los efectos en las zonas tropicales, donde las altas temperaturas están intensificando las sequías."
- **Transición de énfasis**: "Es importante destacar que estos efectos no solo afectan al medio ambiente, sino que también ponen en riesgo la salud y el bienestar de millones de personas."
- **Transición de conclusión parcial**: "En resumen, el cambio climático representa una amenaza seria que no podemos ignorar. Ahora, veamos algunas soluciones posibles para enfrentar este problema."
- **Conclusión final**: "Para concluir, recordemos que nuestras acciones hoy determinarán el futuro de nuestro planeta. Cambiar nuestros hábitos y apoyar políticas sostenibles son pasos esenciales para preservar un mundo habitable."

Debemos advertir que cada transición facilita la comprensión y el seguimiento del discurso, permitiendo que la audiencia avance de manera fluida entre las ideas.

Consejos para el uso efectivo de transiciones en el discurso

Para que las transiciones sean efectivas, el orador debe usarlas de manera estratégica y cuidadosa. Algunos consejos para lograrlo incluyen:

- **Evitar el abuso de transiciones**: Utilizar demasiadas transiciones puede hacer que el discurso suene artificial o forzado. Es importante que las transiciones sean naturales y que solo se utilicen cuando sea necesario.
- **Adaptar el tono de la transición al contexto**: La formalidad o informalidad de una transición debe coincidir con el tono general del discurso. Por ejemplo, en un discurso académico es apropiado usar frases formales como "En conclusión...", mientras que en una charla informal podría ser más efectivo decir "Para terminar, quiero decir...".
- **Usar las pausas para enfatizar las transiciones**: Una breve pausa antes de una transición importante puede dar a la audiencia un momento para reflexionar sobre lo escuchado y prepararse para el próximo punto. Esta técnica potencia el impacto de las transiciones.
- **Variar el lenguaje de las transiciones**: Repetir las mismas frases de transición puede resultar monótono, por lo que es recomendable variar el lenguaje y usar diferentes expresiones para mantener el interés y la frescura en el discurso.

Los elementos de refuerzo en la estructura

Los elementos de refuerzo son herramientas y recursos que el orador utiliza dentro de un discurso para enfatizar y dar mayor profundidad al mensaje, ayudando a que sea más claro, memorable y persuasivo. Estos elementos complementan el contenido principal, permitiendo que el mensaje resuene con la audiencia a nivel emocional, intelectual y práctico. Al incorporar elementos de refuerzo, el orador puede captar y mantener el interés de los oyentes, subrayar puntos clave, aportar credibilidad y facilitar la comprensión.

A continuación, se describen algunos de los elementos de refuerzo más efectivos y cómo se utilizan en el discurso para maximizar su impacto.

1. Historias y anécdotas

Las historias y anécdotas son de los elementos de refuerzo más poderosos, ya que permiten al orador ilustrar su mensaje de una manera humana y relatable. Contar una historia conecta emocionalmente con la audiencia, ayudándola a visualizar y recordar mejor el contenido. Una buena historia, ya sea personal o relacionada con el tema del discurso, puede transformar una idea abstracta en algo tangible y significativo.

- **Impacto**: Las historias crean una conexión emocional, lo cual ayuda a que la audiencia se sienta más involucrada y comprometida con el mensaje.
- **Ejemplo de uso**: En un discurso sobre la importancia de la resiliencia, el orador podría contar una experiencia personal de superación para ilustrar cómo se pueden enfrentar las dificultades.

2. Datos y estadísticas

Los datos y estadísticas aportan credibilidad al discurso y sirven para sustentar los argumentos del orador con información objetiva. Estos elementos de refuerzo ayudan a demostrar la validez de las afirmaciones y a generar confianza en el mensaje. Es importante que los datos sean precisos, relevantes y actualizados, ya que la credibilidad del orador puede depender de la calidad de la información que presenta.

- **Impacto**: Los datos y estadísticas proporcionan una base sólida de evidencia y ayudan a la audiencia a comprender la magnitud o el contexto del tema.
- **Ejemplo de uso**: En un discurso sobre el cambio climático, el orador puede incluir estadísticas sobre el aumento de las temperaturas globales para resaltar la urgencia del problema.

3. Ejemplos específicos

Los ejemplos permiten al orador ilustrar sus puntos con casos concretos que aclaran o amplían el mensaje. Un ejemplo específico puede ayudar a que la audiencia comprenda cómo se aplica el tema en una situación real o práctica, y puede ayudar a simplificar conceptos complejos.

- **Impacto**: Facilitan la comprensión y hacen que el mensaje sea más tangible.
- **Ejemplo de uso**: En un discurso sobre los beneficios del ejercicio, el orador podría citar el caso de una persona que mejoró su salud gracias a una rutina de actividad física regular.

4. Preguntas retóricas

Las preguntas retóricas son preguntas que el orador plantea sin esperar una respuesta de la audiencia. Estas preguntas invitan a los oyentes a reflexionar y a considerar el punto desde una perspectiva personal. Las preguntas retóricas también ayudan a mantener la atención de la audiencia, ya que interrumpen el flujo del discurso y captan el interés de los oyentes.

- **Impacto**: Estimulan la reflexión y ayudan a que la audiencia se involucre activamente en el discurso.
- **Ejemplo de uso**: En un discurso sobre la gestión del tiempo, el orador podría preguntar: "¿Cuántas veces al día sientes que te falta tiempo para hacer todo lo que necesitas?"

5. Citas y referencias

Las citas de expertos, líderes o personas influyentes en el tema pueden dar autoridad al mensaje del orador. Las citas pueden reforzar el punto de vista del orador al incorporar palabras de una fuente confiable, lo que aumenta la credibilidad y la persuasión del discurso. Las referencias a investigaciones, estudios o informes también cumplen esta función.

- **Impacto**: Aportan credibilidad y respaldo al discurso al incluir la perspectiva de figuras relevantes en el tema.
- **Ejemplo de uso**: En un discurso sobre educación, el orador podría citar a Nelson Mandela: "La educación es el arma más poderosa que puedes usar para cambiar el mundo".

6. Metáforas y analogías

Las metáforas y analogías son figuras retóricas que el orador utiliza para explicar ideas complejas de manera sencilla y atractiva. Al comparar un concepto con otro más familiar o fácil de entender, el orador facilita la comprensión de temas abstractos o técnicos, logrando que la audiencia visualice el mensaje.

- **Impacto**: Simplifican conceptos complejos y facilitan la comprensión al asociar ideas nuevas con experiencias conocidas.
- **Ejemplo de uso**: En un discurso sobre la importancia del trabajo en equipo, el orador podría decir: "Un equipo es como una orquesta; cada miembro toca un instrumento diferente, pero juntos crean una armonía".

7. Pausas dramáticas

Las pausas dramáticas son momentos de silencio intencional que el orador utiliza para enfatizar un punto o para darle a la audiencia tiempo para procesar lo que acaba de decir. Las pausas crean un efecto de suspenso y aumentan la expectativa, y también pueden subrayar la importancia de una afirmación.

- **Impacto**: Permiten que el mensaje se asimile de forma más profunda y resaltan las ideas clave.

- **Ejemplo de uso**: Después de exponer una estadística impactante, el orador podría hacer una pausa breve para que la audiencia asimile la gravedad del dato.

8. Visuales y ayudas audiovisuales

Los elementos visuales —como presentaciones de diapositivas, gráficos, imágenes o videos— refuerzan el mensaje al añadir una dimensión visual que capta la atención y facilita la comprensión. Las ayudas visuales pueden ayudar a explicar datos, ilustrar conceptos abstractos y mantener el interés de la audiencia.

- **Impacto**: Aumentan el impacto visual del mensaje y ayudan a ilustrar conceptos de forma clara y atractiva.
- **Ejemplo de uso**: En un discurso sobre estadísticas de salud pública, un gráfico de barras que muestre el aumento de casos de una enfermedad puede ser más impactante que solo mencionarlo en palabras.

9. Demostraciones en vivo

Cuando es posible, una demostración en vivo puede ser una forma dinámica de reforzar un punto. Las demostraciones permiten que la audiencia vea una aplicación práctica del tema en tiempo real, lo que puede hacer el mensaje más convincente y memorable. Este elemento de refuerzo es particularmente efectivo en discursos sobre temas técnicos o procedimientos prácticos.

- **Impacto**: Involucra directamente a la audiencia y convierte el discurso en una experiencia interactiva.
- **Ejemplo de uso**: En un discurso sobre técnicas de relajación, el orador podría hacer una breve demostración de una técnica de respiración para que la audiencia la experimente de inmediato.

10. Llamadas a la acción

Una llamada a la acción es una invitación directa que el orador hace a la audiencia para que actúe o reflexione sobre el tema después del discurso. Este elemento de refuerzo es común al final del discurso y puede incluir una acción específica (como un cambio de hábito) o una reflexión personal.

- **Impacto**: Motiva a la audiencia a actuar, lo cual hace que el mensaje tenga un impacto tangible en sus vidas.
- **Ejemplo de uso**: En un discurso sobre el reciclaje, el orador podría cerrar diciendo: "A partir de hoy, intentemos reducir el uso de plásticos y adoptar un hábito de reciclaje en nuestras casas".

Estructura del discurso y conexión emocional con la audiencia

La estructura del discurso es una herramienta que no solo organiza y clarifica el mensaje, sino que también permite construir una conexión emocional con la audiencia. Una presentación efectiva requiere algo más que datos y argumentos; necesita tocar emocionalmente a los oyentes para que estos sientan el mensaje como algo relevante, importante y personal. Para lograr esta conexión emocional, cada parte del discurso —desde la introducción hasta la conclusión— debe estar diseñada estratégicamente, de modo que la audiencia se sienta involucrada, comprendida y motivada.

La introducción: Capturar la emoción y generar conexión

La introducción es el primer contacto emocional entre el orador y su audiencia. Este es el momento en el que se establece el tono del discurso y se capta la atención del público, por lo que es crucial comenzar con un elemento que despierte su interés y resuene con sus emociones. Una de las formas más efectivas de lograrlo es a través de una **historia conmovedora** o una anécdota personal que permita al orador mostrarse auténtico y vulnerable.

Una historia en la introducción puede cumplir varios objetivos emocionales:

- **Humaniza al orador**: Al compartir una experiencia personal o emotiva, el orador se presenta como una persona accesible y genuina, lo cual genera empatía en la audiencia.
- **Resuena con la experiencia del público**: Si la historia refleja una situación común o una emoción con la que muchos pueden identificarse —como un desafío, un miedo o un logro—, la audiencia se siente conectada emocionalmente y predispuesta a escuchar.
- **Plantea el problema o el tema de una manera emocional**: En lugar de abordar directamente el tema con datos, una historia permite introducirlo de forma humana, generando interés y un sentido de relevancia.

Por ejemplo, un orador que quiere hablar sobre el valor de la perseverancia podría comenzar con una historia breve sobre un momento difícil en su vida en el que tuvo que superar un obstáculo. Esta apertura crea una conexión emocional, estableciendo el tono y ayudando a que la audiencia se sienta en sintonía con el tema desde el inicio.

El desarrollo: Apelando a la lógica sin perder la emoción

Una vez que el orador ha captado la atención emocional de la audiencia en la introducción, el desarrollo del discurso debe equilibrar la emoción inicial con argumentos y datos que aporten **cre**dibilidad y refuercen la conexión con el tema. Este es el momento de profundizar en el contenido principal, brindando hechos, ejemplos y explicaciones que ayuden a la audiencia a comprender mejor el mensaje.

Es importante recordar que el hecho de presentar datos o argumentos no implica una desconexión emocional; por el contrario, estos elementos pueden y deben reforzar el vínculo emocional. La clave está en enfocar los datos y los argumentos de manera que sean significativos para la audiencia:

- **Presentar datos que despierten interés y curiosidad**: Los datos y las estadísticas pueden ser poderosos si se presentan en un contexto emocional. Por ejemplo, un dato alarmante sobre el cambio climático no solo informa, sino que también puede causar un impacto emocional al mostrar la gravedad del problema y la urgencia de actuar.
- **Incluir ejemplos personales o experiencias de otros**: Al introducir ejemplos reales, ya sea personales o de otras personas, el orador convierte los datos en algo tangible y cercano, lo que permite que la audiencia se conecte emocionalmente con el tema.
- **Apelar a valores compartidos**: En esta sección, el orador puede enfatizar valores que resuenen con la audiencia, como la justicia, la solidaridad o la responsabilidad. Al alinearse con estos valores, el orador refuerza la conexión emocional y ayuda a que el mensaje sea interpretado no solo desde la lógica, sino también desde la empatía y el compromiso.

Una estructura bien planeada permite que el orador controle el ritmo emocional del discurso en esta etapa, introduciendo momentos de pausa o reflexión que ayudan a la audiencia a digerir la información y a sentirse emocionalmente conectada con el tema. Por ejemplo, después de exponer un dato impactante, el orador puede hacer una pausa y decir: "Pensemos por un momento en lo que esto significa para nuestras familias y amigos". Esta breve intervención emocional invita a la audiencia a interiorizar el mensaje, reforzando la conexión emocional y cognitiva.

La conclusión: Dejar una impresión emocional duradera

La conclusión es el momento en el que el orador debe sellar la conexión emocional con la audiencia y dejar una impresión duradera que permanezca en su memoria. Después de haber guiado a la audiencia a través de la lógica del discurso y de los datos o argumentos del desarrollo, la conclusión se convierte en el espacio ideal para volver a la emoción y reforzar el propósito del mensaje.

Una conclusión efectiva puede lograr varias cosas:

- **Recapitula el mensaje principal de manera emotiva**: Un breve resumen que incluya las ideas clave permite a la audiencia recordar el mensaje de manera clara. Al integrar una carga emocional en esta recapitulación, el orador hace que el contenido se sienta relevante y cercano.
- **Inspira a la acción o la reflexión**: Las palabras finales pueden incluir una invitación a actuar, ya sea a nivel personal o colectivo. Esta llamada a la acción permite a la audiencia sentir que el mensaje tiene un impacto en sus vidas y que pueden hacer algo con él.
- **Utiliza una frase final memorable o una cita inspiradora**: Terminar el discurso con una frase que resuma el mensaje o con una cita relevante refuerza la emoción y facilita que la audiencia se lleve consigo una última impresión poderosa.

Para lograr este cierre emocional, el orador puede volver a la historia o a la anécdota utilizada en la introducción, conectando así el comienzo y el final del discurso de manera circular. Este recurso no solo ayuda a que el discurso se sienta completo, sino que también genera una sensación de cohesión que impacta emocionalmente. La audiencia, al recordar el inicio y ver cómo se conecta con el final, experimenta el mensaje de manera más profunda y significativa.

El ritmo emocional en el discurso

El ritmo emocional del discurso es un aspecto crucial para mantener la atención y la conexión emocional de la audiencia. Un discurso con un ritmo emocional adecuado es uno que alterna momentos de intensidad y calma, permitiendo que la audiencia experimente una variedad de emociones que la mantienen interesada y comprometida. Algunas estrategias para crear este ritmo incluyen:

- **Alternar entre emoción y lógica**: Comenzar con una historia emotiva, seguir con datos relevantes y concluir con una reflexión inspiradora permite que el discurso tenga una variedad de momentos que capten la atención desde diferentes ángulos.

- **Incluir pausas estratégicas**: Las pausas son herramientas emocionales poderosas que permiten a la audiencia reflexionar sobre lo que se ha dicho y procesar el mensaje en un nivel más profundo. Una pausa después de una frase contundente genera expectación y refuerza el impacto emocional.

- **Usar el lenguaje corporal para reforzar la emoción**: El tono de voz, la postura y los gestos también forman parte de la estructura emocional del discurso. Al cambiar el volumen, el ritmo de la voz o la expresividad, el orador puede enfatizar los momentos emocionales del mensaje y facilitar la conexión con la audiencia.

- **Conectar los puntos con transiciones emocionales**: En lugar de simplemente pasar de un tema a otro, el orador puede utilizar transiciones que conecten emocionalmente los puntos. Por ejemplo, "Ahora que entendemos el problema, pensemos en lo que esto significa para nosotros como comunidad". Esta transición conecta la lógica con la emoción y mantiene a la audiencia inmersa en el mensaje.

Conexión emocional y autenticidad del orador

Para lograr una verdadera conexión emocional, el orador debe transmitir autenticidad y empatía a través de la estructura y el contenido de su discurso. La audiencia percibe cuando el orador está siendo genuino, y esta autenticidad es un puente emocional fundamental. La estructura del discurso debe permitir al orador expresarse de manera honesta, compartiendo sus creencias y emociones reales sobre el tema.

- **Usar un lenguaje sencillo y cercano**: La conexión emocional se fortalece cuando el orador emplea un lenguaje accesible que la audiencia pueda entender e interpretar sin esfuerzo. Al evitar tecnicismos innecesarios o un tono excesivamente formal, el orador se acerca más a la audiencia y crea un ambiente de confianza.
- **Demostrar empatía hacia las experiencias y preocupaciones de la audiencia**: A lo largo del discurso, el orador puede incluir frases que validen las preocupaciones de la audiencia o que muestren comprensión hacia sus experiencias. Por ejemplo, decir algo como "Sé que muchos de nosotros hemos pasado por momentos difíciles…" muestra que el orador comprende la realidad de sus oyentes.

Recuerda que la autenticidad y la empatía son esenciales para que el mensaje llegue a nivel emocional. Una estructura que permita al orador ser genuino en su lenguaje, sus historias y su tono facilita que la audiencia se sienta comprendida y valorada.

Cómo adquirir más conocimiento

Uno de los pilares fundamentales para hablar en público con seguridad y credibilidad es el conocimiento profundo del tema que se va a exponer. Contar con información sólida no solo ayuda a proyectar confianza ante la audiencia, sino que también permite al orador responder preguntas inesperadas, improvisar en caso necesario y adaptar su discurso según la reacción del público. Adquirir más conocimiento sobre el tema que se va a presentar es, en esencia, una inversión en la calidad del mensaje y en la propia reputación como orador.

Estas son las diferentes formas de adquirir y profundizar el conocimiento, no solo en cuanto al contenido específico del discurso, sino también en términos de habilidades de investigación, comprensión de audiencias y desarrollo de una perspectiva amplia que permita abordar los temas de manera integral y efectiva.

1. Investigación exhaustiva del tema

La investigación exhaustiva es el fundamento de cualquier discurso bien estructurado y convincente. Adquirir un dominio completo del tema implica un esfuerzo de inmersión profunda en el contenido, donde no basta con revisar una sola fuente o depender de un único punto de vista. Este tipo de investigación permite que el orador no solo tenga una comprensión general, sino que también se sienta capacitado para explorar el tema desde distintos ángulos, entender sus complejidades y responder con seguridad a preguntas o dudas que puedan surgir. Para lograr esta profundidad, el orador debe diversificar sus fuentes, asegurándose de que su información sea confiable, actualizada y basada en evidencia.

Una investigación completa incluye varios métodos y fuentes que aportan diferentes perspectivas y niveles de precisión. A continuación, se exploran las fuentes clave para realizar una investigación exhaustiva y cómo aprovechar cada una de ellas.

Libros especializados

Los libros especializados son una fuente primaria de conocimiento profundo y detallado sobre casi cualquier tema. Estos textos, escritos por expertos o académicos con amplia experiencia, permiten al orador obtener una visión comprensiva y fundamentada, ya que suelen abordar el tema con más detalle y en un contexto más amplio que los artículos de Internet o los resúmenes rápidos.

Algunos aspectos importantes al utilizar libros especializados como fuente de investigación son:

- **Seleccionar autores reconocidos**: Es importante identificar a autores que sean reconocidos y respetados en el campo del tema a investigar. Los expertos y académicos suelen aportar información confiable basada en años de estudio, lo cual añade credibilidad al discurso.
- **Comparar enfoques y perspectivas**: Consultar varios libros sobre el mismo tema permite ver diferentes enfoques, teorías y opiniones, ayudando al orador a tener una visión más completa. Por ejemplo, en temas de economía, consultar autores con diferentes posturas políticas o escuelas de pensamiento enriquece el análisis.
- **Profundizar en áreas específicas**: Los libros permiten profundizar en aspectos particulares del tema, especialmente aquellos que el orador considera relevantes para su audiencia. Si un tema tiene muchas vertientes, consultar libros especializados en subtemas permite al orador enfocarse en lo más importante para su discurso.

Estrategia de uso:

Para aprovechar al máximo los libros especializados, el orador puede hacer una lectura selectiva, enfocándose en capítulos clave, resúmenes o secciones que aborden el tema principal. Tomar notas organizadas y resaltar ideas principales facilita la consulta rápida en el futuro. También es útil relacionar los conocimientos adquiridos con otros materiales investigados para crear un marco coherente de información que apoye el discurso.

Artículos académicos

Los artículos académicos representan una de las fuentes más confiables y actualizadas para obtener información fundamentada y rigurosa. A diferencia de los libros, los artículos académicos suelen centrarse en estudios recientes, resultados de investigaciones específicas y revisiones críticas de temas concretos. Publicados en revistas científicas y revisados por pares, los artículos académicos son una excelente herramienta para agregar precisión y datos comprobados al discurso.

Algunas claves al utilizar artículos académicos son:

- **Buscar en revistas reconocidas**: Es fundamental consultar artículos publicados en revistas académicas respetadas y especializadas en el área de interés. Las revistas revisadas por pares, como *Nature*, *Science*, o *The Lancet*, aseguran la calidad y precisión de la información.
- **Seleccionar estudios recientes y relevantes**: El conocimiento evoluciona rápidamente, especialmente en campos como la medicina, la tecnología o las ciencias sociales. Elegir estudios recientes ayuda a que el contenido del discurso sea pertinente y actualizado.
- **Utilizar bases de datos académicas**: Bases de datos como Google Scholar, JSTOR, y PubMed facilitan el acceso a artículos académicos y permiten encontrar investigaciones específicas y detalladas. Estos recursos ayudan al orador a encontrar información concreta y sólida que sustente sus argumentos.

Estrategia de uso:

Para aprovechar los artículos académicos, el orador puede empezar por revisar los resúmenes (abstracts) para identificar si el estudio es relevante. Luego, puede profundizar en las secciones de metodología y resultados para entender cómo se obtuvo la información y en qué contexto se puede aplicar. Los artículos también suelen incluir una discusión o conclusión que analiza las implicaciones de los hallazgos, lo cual puede ser útil para reforzar puntos específicos del discurso.

Documentos oficiales y estadísticas

Cuando el tema requiere cifras exactas, tendencias o datos verificables, los documentos oficiales y estadísticas proporcionan la información más confiable y objetiva. Estos documentos incluyen informes gubernamentales, bases de datos de organismos internacionales y encuestas nacionales o globales que ofrecen datos duros, precisos y verificados. Incluir datos de fuentes oficiales agrega un elemento de autoridad al discurso y permite que el orador respalde sus puntos con cifras concretas y verificables.

Algunos ejemplos y consejos para aprovechar estas fuentes son:

- **Informes gubernamentales y de organizaciones internacionales**: Organismos como la Organización Mundial de la Salud (OMS), el Banco Mundial, el Fondo Monetario Internacional (FMI) y otros publican informes periódicos que contienen estadísticas y análisis de temas globales. Consultar estos informes permite acceder a datos confiables y generalmente actualizados.
- **Bases de datos estadísticas**: Sitios web como Statista, el Banco Mundial y las oficinas de estadísticas nacionales proporcionan datos desglosados y específicos sobre temas como economía, salud, medio ambiente y sociedad. Estas estadísticas permiten que el orador respalde sus afirmaciones con datos relevantes y creíbles.
- **Encuestas y estudios de mercado**: Para temas relacionados con el comportamiento social, las encuestas y estudios de mercado son fuentes útiles. Firmas como Pew Research y Gallup publican encuestas y estudios que exploran opiniones, preferencias y tendencias, lo cual

es útil para entender el contexto social y cultural del tema.

Estrategia de uso:

Para incorporar datos oficiales de manera efectiva, el orador debe seleccionar aquellas estadísticas que sean relevantes para su tema y presentarlas en un formato claro y fácil de entender para la audiencia. Explicar las cifras en términos simples y relacionarlas con ejemplos prácticos ayuda a que los datos no solo informen, sino que también generen un impacto emocional y visual en el público.

Fuentes en línea de alta credibilidad

Internet ofrece una gran cantidad de información, pero no toda es confiable. Para una investigación exhaustiva, es crucial seleccionar fuentes en línea de alta credibilidad, como sitios web de universidades, organizaciones internacionales, bibliotecas digitales, y publicaciones reconocidas. A diferencia de las fuentes informales o los blogs personales, estos sitios suelen verificar la información y asegurar su precisión.

Algunos consejos para identificar fuentes confiables en línea incluyen:

- **Verificar la autoría**: Los artículos firmados por expertos en un tema específico o respaldados por instituciones académicas son más confiables que aquellos sin autoría clara.
- **Revisar la fecha de publicación**: La información en Internet se actualiza constantemente. Es recomendable buscar información reciente y asegurarse de que los datos estén actualizados.
- **Analizar la estructura del sitio**: Sitios web que terminan en .edu, .gov, o .org suelen pertenecer a instituciones

educativas, gubernamentales o sin fines de lucro y tienden a proporcionar información confiable.

Estrategia de uso:

Al investigar en Internet, el orador puede utilizar motores de búsqueda académica, como Google Scholar, para encontrar artículos de fuentes confiables. También es útil evaluar la información en función de la bibliografía o referencias que el sitio presenta, ya que las fuentes confiables suelen citar estudios o trabajos de otros expertos.

Organizar y sintetizar la información

Una vez que se ha recopilado la información de diferentes fuentes, el siguiente paso es organizar y sintetizar los datos para integrarlos de forma coherente en el discurso. El objetivo es transformar el conocimiento disperso en un mensaje claro y estructurado que refuerce los puntos principales del discurso.

- **Tomar notas organizadas**: Crear un sistema de notas que incluya citas, referencias y resúmenes de cada fuente facilita la revisión y el acceso rápido a la información.
- **Comparar y contrastar puntos de vista**: Al sintetizar la información, es importante identificar puntos de convergencia y divergencia entre las diferentes fuentes. Esto permite al orador incluir una perspectiva equilibrada y resaltar los matices del tema.
- **Identificar los puntos clave**: Extraer las ideas centrales de cada fuente y relacionarlas con el tema principal del discurso ayuda a reducir la cantidad de información y a enfocarse en lo más relevante para la audiencia.

Estrategia de uso:

Para organizar la información de manera efectiva, el orador puede crear un esquema que incluya los puntos clave de cada sección del discurso y las fuentes de respaldo para cada argumento. Esto no solo facilita la preparación del discurso, sino que también proporciona una guía rápida para consultar la información durante el ensayo o el propio discurso.

2. Desarrollar una mentalidad curiosa

Más allá de la investigación puntual, la curiosidad es una cualidad esencial para adquirir y mantener el conocimiento a lo largo del tiempo. Una mentalidad curiosa lleva al orador a explorar constantemente nuevas ideas, conceptos y teorías, incluso fuera del contexto inmediato de su discurso. Esta práctica amplía su perspectiva, lo que le permite relacionar diferentes temas y enriquecer su comprensión.

Una mentalidad curiosa se cultiva a través de hábitos como:

- **Lectura continua**: Leer de manera regular, no solo sobre el tema específico de un discurso, sino sobre una variedad de temas, permite que el orador adquiera una visión integral. Libros, artículos, revistas, blogs y otros medios son fuentes de conocimiento valiosas que pueden proporcionar inspiración y contexto para futuros discursos.
- **Escuchar podcasts y conferencias**: Los podcasts y las conferencias de expertos en diversas áreas son una excelente manera de conocer puntos de vista y conocimientos frescos. Al escuchar diferentes opiniones, el orador amplía su horizonte y desarrolla un pensamiento crítico y analítico.
- **Plantearse preguntas constantemente**: La curiosidad se nutre de preguntas. Un orador efectivo se pregunta continuamente sobre su tema: ¿Por qué es importante? ¿Qué impacto tiene? ¿Qué piensan otros sobre este tema? Estas preguntas son un motor para la investigación y la reflexión constante.

La curiosidad fomenta una actitud de aprendizaje permanente que permite al orador mantenerse actualizado y adaptar su conocimiento a diferentes contextos, lo cual es fundamental en un mundo que cambia constantemente.

3. Consultar expertos y fuentes confiables

Otra forma de adquirir conocimiento profundo es consultar a expertos en el tema. Los expertos no solo poseen información técnica y específica, sino que también tienen experiencia en su aplicación y conocimiento de las implicaciones prácticas del tema. Consultar a un experto permite acceder a una perspectiva más completa, a resolver dudas puntuales y a descubrir aspectos del tema que tal vez no se encuentran en las fuentes tradicionales de información.

- **Entrevistas y conversaciones con expertos**: Conversar con expertos es una forma poderosa de aprender. Las entrevistas formales o incluso las conversaciones informales pueden aportar valiosos insights y puntos de vista que no están disponibles en libros o artículos.
- **Cursos, seminarios y talleres**: Asistir a cursos o talleres impartidos por especialistas es una excelente forma de adquirir conocimiento profundo. La interacción directa permite plantear preguntas y recibir retroalimentación específica sobre el tema.
- **Redes y comunidades profesionales**: Participar en redes profesionales o comunidades en línea relacionadas con el tema permite interactuar con personas que tienen conocimientos avanzados. Estas comunidades suelen ser espacios de intercambio de ideas, recomendaciones y experiencias que enriquecen el conocimiento del orador.

Estas interacciones con expertos no solo refuerzan el conocimiento del orador, sino que también ayudan a que sus discursos sean más precisos y confiables, ya que integran perspectivas y ejemplos del mundo real.

4. Desarrollar un sistema personal de aprendizaje

Crear un sistema personal de aprendizaje es esencial para que el orador adquiera y retenga conocimiento de manera continua y organizada. Un sistema bien diseñado permite gestionar la información de forma eficiente, facilitando la revisión y actualización de datos y conceptos relevantes. Esto es especialmente importante para quienes desean mejorar su habilidad para hablar en público, ya que un sistema de aprendizaje efectivo no solo facilita el acceso rápido a la información durante la preparación, sino que también aumenta la confianza y la seguridad al momento de presentar.

A continuación, se detallan los elementos clave para desarrollar un sistema de aprendizaje sólido y eficaz, desde la toma de notas hasta la revisión continua y el uso de herramientas tecnológicas.

Tomar notas organizadas

Tomar notas es una de las primeras habilidades en un sistema de aprendizaje, ya que ayuda a estructurar la información de forma comprensible y a retener los puntos clave de lo que se ha aprendido. Sin embargo, tomar notas de manera eficaz requiere un sistema que facilite la consulta rápida y permita capturar las ideas de forma estructurada y lógica.

Para que las notas sean útiles en el futuro, algunos aspectos importantes incluyen:

- **Escribir resúmenes claros y concisos**: Al finalizar una lectura o sesión de aprendizaje, escribir un resumen ayuda a captar las ideas principales y a sintetizar el contenido. Un buen resumen evita la sobrecarga de información y se enfoca en los conceptos clave.
- **Subrayar ideas importantes y palabras clave**: Subrayar o destacar en el texto es una técnica que permite identificar

las ideas más relevantes de un vistazo. Además de subrayar, se pueden usar marcadores de color para diferenciar temas o secciones, facilitando la organización visual de las notas.

- **Anotar preguntas y dudas**: Durante la lectura o el estudio, es útil anotar cualquier pregunta o duda que surja. Esto permite una investigación posterior y ayuda a que el aprendizaje sea más profundo, ya que se enfoca en aspectos que requieren mayor comprensión.
- **Organizar las notas por temas o categorías**: Es recomendable estructurar las notas en secciones temáticas, lo que facilita la búsqueda y revisión posterior. Esto puede hacerse en un cuaderno físico o mediante aplicaciones digitales, que permiten agrupar notas de acuerdo con temas específicos.

Estrategia de uso:

Al tomar notas, es útil adoptar un sistema de organización específico, como el método Cornell o el sistema de mapas mentales. Estos enfoques ayudan a estructurar el contenido de manera lógica, dividiendo las ideas principales, los detalles y los puntos de reflexión en secciones distintas. Utilizar un sistema de notas bien definido permite ahorrar tiempo y facilita la consulta de la información durante la preparación de un discurso o presentación.

Utilizar aplicaciones y herramientas de gestión del conocimiento

En la era digital, las herramientas de gestión del conocimiento han revolucionado la forma en que las personas organizan y acceden a la información. Aplicaciones como Evernote, Notion, Google Keep, OneNote y otras herramientas especializadas permiten a los usuarios almacenar, clasificar y recuperar sus notas de forma rápida y eficaz. Estas herramientas ofrecen múltiples beneficios para el orador, que van desde la

accesibilidad hasta la capacidad de estructurar la información
en un formato personalizable.

Algunas características útiles de estas aplicaciones incluyen:

- **Acceso en cualquier momento y lugar**: Estas herramientas suelen ser multiplataforma, lo que significa que pueden sincronizarse entre dispositivos y accederse en cualquier lugar y momento. Esto es particularmente útil para oradores que desean consultar o actualizar su información mientras están en movimiento.

- **Función de búsqueda rápida**: La mayoría de estas aplicaciones permiten buscar palabras clave dentro de las notas, lo que facilita la localización de información específica sin tener que revisar toda la estructura de notas. Esta funcionalidad ahorra tiempo y permite acceder a la información de manera más ágil.

- **Organización personalizada**: Notion, Evernote y OneNote, por ejemplo, permiten crear carpetas, etiquetas y secciones personalizables. Esto facilita la organización de la información en temas o subtemas específicos, lo cual es útil para estructurar el conocimiento en función de diferentes discursos o temas de interés.

- **Integración de elementos multimedia**: Estas aplicaciones permiten adjuntar imágenes, videos, enlaces y documentos, lo que facilita el almacenamiento de información variada en un solo lugar. Incluir diferentes tipos de archivos en las notas permite al orador organizar sus recursos visuales y audiovisuales junto con la información textual, enriqueciendo el contenido del discurso.

Estrategia de uso:

Para aprovechar al máximo estas herramientas, es recomendable definir una estructura de almacenamiento. Por ejemplo, en Notion o OneNote, se pueden crear páginas principales para cada tema importante, con subpáginas para notas más específicas. Organizar la información por niveles de profundidad facilita la navegación y permite tener acceso rápido a diferentes áreas de conocimiento sin desorganización.

Revisar y actualizar el conocimiento regularmente

Un buen sistema de aprendizaje no solo se basa en acumular información, sino en revisar y actualizar el conocimiento de manera continua. La información está en constante cambio y evolución, especialmente en áreas como tecnología, ciencias o economía, por lo que es esencial que el orador mantenga su información actualizada para garantizar la relevancia de su discurso.

Para mantener el conocimiento actualizado, algunas prácticas recomendadas son:

- **Revisar las notas periódicamente**: Revisar las notas permite reforzar el aprendizaje y recordar los puntos principales. Esta práctica evita que la información se vuelva obsoleta y permite que el orador detecte posibles áreas que necesitan ser revisadas o complementadas con información más reciente.
- **Eliminar o actualizar datos desactualizados**: Si se encuentra que algunos datos o estadísticas han cambiado o ya no son precisos, es útil eliminarlos o reemplazarlos con información actualizada. Esto asegura que el contenido del discurso se mantenga relevante y confiable.
- **Establecer un calendario de revisión**: Programar un tiempo para revisar el sistema de aprendizaje y actualizar los temas importantes, ya sea cada mes o cada tres meses, ayuda a que la revisión se convierta en un hábito. Durante esta revisión, el orador puede verificar si hay cambios importantes en las áreas de conocimiento que son de interés.

Estrategia de uso:

Para asegurarse de que la revisión y actualización del conocimiento sea constante, se pueden establecer alertas o recordatorios en las aplicaciones de gestión. Por ejemplo, Google Keep permite crear recordatorios para revisar notas específicas, mientras que Notion y Evernote pueden configurarse para enviar notificaciones de recordatorio. Estas herramientas ayudan al orador a mantenerse al tanto de sus áreas de conocimiento y a programar las revisiones de manera organizada.

Crear un banco de ideas y reflexiones

Un banco de ideas es un recurso donde el orador puede almacenar todas aquellas ideas, reflexiones, preguntas o temas que surjan en el proceso de aprendizaje. Este banco de ideas no solo es útil para organizar pensamientos, sino que también permite capturar inspiración para futuros discursos o presentaciones.

El banco de ideas puede incluir:

- **Temas de interés**: Guardar ideas para discursos futuros permite que el orador tenga siempre un repertorio de temas disponibles para trabajar. Esto facilita la preparación cuando surge la oportunidad de hablar en público.
- **Reflexiones personales**: Escribir reflexiones sobre el contenido aprendido permite que el orador profundice en los temas y haga conexiones entre conceptos. Estas reflexiones también pueden ser útiles al momento de personalizar el discurso y aportar una perspectiva única.
- **Ideas para elementos de refuerzo**: Guardar ideas para ejemplos, anécdotas o datos relevantes en el banco de ideas permite que el orador tenga a mano contenido de refuerzo para enriquecer sus presentaciones.

Estrategia de uso:

Organizar el banco de ideas en categorías o temas específicos facilita su uso en la planificación de discursos. Además, se puede complementar con etiquetas o descripciones para identificar el propósito de cada idea, reflexión o tema. Esto permite al orador acceder rápidamente a ideas relacionadas con un tema particular y aprovecharlas en el diseño de su discurso.

Implementar la técnica de repetición espaciada

La repetición espaciada es una técnica de estudio que se basa en revisar la información en intervalos de tiempo crecientes para mejorar la retención a largo plazo. Aplicar esta técnica en un sistema de aprendizaje permite que el orador fortalezca la memoria de los temas clave y reduzca la posibilidad de olvidar información relevante.

Algunos métodos para implementar la repetición espaciada incluyen:

- **Tarjetas de memoria o flashcards**: Herramientas como Anki o Quizlet permiten crear tarjetas de memoria con contenido específico. Estas aplicaciones muestran las tarjetas en intervalos de tiempo determinados por el usuario, facilitando el aprendizaje progresivo.
- **Revisiones programadas de las notas**: Revisar las notas y los resúmenes en intervalos determinados (por ejemplo, a la semana, al mes y a los tres meses) fortalece la retención del contenido. Esta técnica puede complementarse con la revisión activa, en la que el orador repasa las notas en voz alta o explica el contenido como si estuviera enseñando a otra persona.

Estrategia de uso:

Para aplicar la repetición espaciada, es útil programar un calendario de revisiones o configurar recordatorios en una aplicación de gestión del conocimiento. Esto asegura que la revisión sea regular y que el contenido se refuerce a medida que el orador se familiariza con los temas.

5. Participar en grupos de discusión y comunidades de aprendizaje

Formar parte de un grupo de discusión o una comunidad de aprendizaje es una estrategia eficaz para profundizar en un tema y conocer diferentes perspectivas. Estos espacios permiten discutir ideas, plantear preguntas y recibir retroalimentación de otras personas interesadas en el mismo tema.

- **Grupos de estudio o foros en línea**: Los foros en línea, como los que se encuentran en plataformas educativas, redes sociales o sitios especializados, permiten que el orador interactúe con personas de diferentes lugares y con diversos niveles de experiencia. Los grupos de estudio y discusión facilitan el intercambio de conocimientos y el aprendizaje colaborativo.
- **Clubes de lectura o discusión**: Participar en un club de lectura relacionado con el tema de interés es una manera enriquecedora de adquirir conocimiento. Al analizar y debatir las ideas de un libro o artículo, se amplía la comprensión y se profundiza en los conceptos.
- **Comunidades profesionales**: Las asociaciones y redes de profesionales en diversas áreas son una excelente fuente de aprendizaje continuo. Estos grupos suelen compartir noticias, tendencias, investigaciones y experiencias prácticas que permiten al orador adquirir conocimiento actualizado.

Participar en comunidades y grupos de discusión no solo es útil para adquirir conocimiento, sino que también ofrece la oportunidad de practicar la exposición de ideas y de recibir retroalimentación sobre la forma en que se expresan, lo cual es valioso para la práctica de hablar en público.

6. Práctica y aplicación del conocimiento

El conocimiento teórico se refuerza cuando se lleva a la práctica. Aplicar el conocimiento en situaciones reales o simular su aplicación en escenarios imaginarios permite que el orador entienda mejor los conceptos y las implicaciones prácticas del tema. La práctica también ayuda a identificar lagunas en el conocimiento, lo cual impulsa al orador a investigar más y a aprender de manera continua.

- **Simulaciones o prácticas de presentación**: Realizar simulaciones de presentación permite practicar cómo se aplicará el conocimiento al hablar en público, facilitando la interiorización del mensaje y detectando posibles áreas de mejora.
- **Desarrollar ejemplos y casos hipotéticos**: Crear ejemplos y escenarios hipotéticos ayuda a aplicar el conocimiento y permite que el orador se sienta más cómodo explicando el tema en diferentes contextos.
- **Reflexionar sobre la experiencia**: Después de cada presentación o simulación, es útil reflexionar sobre el aprendizaje adquirido. Esta reflexión ayuda a mejorar continuamente y a consolidar el conocimiento de una forma práctica y funcional.

¿A quién le vas a hablar? Conoce primero a tu audiencia

Uno de los pilares fundamentales para tener éxito al hablar en público es conocer a la audiencia. Cada grupo de personas es único, y un buen orador sabe que el mismo mensaje no resonará de la misma manera en diferentes públicos. Entender quiénes son las personas a las que se les va a hablar permite adaptar el contenido, el tono y el estilo del discurso, logrando una conexión genuina y asegurando que el mensaje se reciba de forma eficaz.

Conocer a la audiencia significa mucho más que saber su perfil demográfico; implica comprender sus intereses, expectativas, nivel de conocimiento sobre el tema y hasta sus posibles objeciones o preocupaciones. Un mensaje adaptado a las características de los oyentes aumenta la receptividad y maximiza el impacto del discurso, ya que habla directamente a sus necesidades y puntos de vista.

1. Perfil demográfico: La base del conocimiento de la audiencia

El primer paso para conocer a la audiencia es entender su perfil demográfico. Los datos demográficos ofrecen información básica sobre las personas a las que se va a dirigir el mensaje y permiten ajustar el discurso para que sea más relevante y comprensible. Algunos aspectos importantes del perfil demográfico incluyen:

- **Edad**: El rango de edad de la audiencia influye en el estilo de comunicación, en el tipo de ejemplos a utilizar y en el nivel de formalidad. Una presentación para jóvenes puede incluir referencias culturales actuales y un lenguaje más casual, mientras que una audiencia de adultos mayores podría preferir un tono más formal y ejemplos relacionados con experiencias de vida.
- **Género**: Dependiendo del tema, el género de la audiencia puede influir en los puntos de enfoque del discurso o en los ejemplos que se elijan. Aunque es importante evitar estereotipos, en algunos casos puede ser útil adaptar el mensaje para que resuene de manera equitativa con todos los miembros de la audiencia.
- **Nivel educativo**: La formación académica de la audiencia determina el nivel de complejidad con el que se puede abordar el tema. Para una audiencia con una educación especializada en el tema, se pueden utilizar términos técnicos y profundizar en detalles. En cambio, si el

público no tiene conocimientos previos, es necesario simplificar el lenguaje y explicar conceptos básicos.

- **Ubicación geográfica y cultural**: Conocer el origen cultural o geográfico de la audiencia ayuda a evitar expresiones que puedan ser desconocidas o inadecuadas y permite incorporar ejemplos o referencias culturales que la audiencia pueda comprender y valorar.

Estrategia de adaptación:

Para aprovechar esta información demográfica, el orador puede personalizar su discurso en función de los intereses comunes y las características de la audiencia. Por ejemplo, en un discurso sobre el impacto ambiental, si la audiencia está formada por personas de una comunidad rural, el orador puede utilizar ejemplos específicos sobre los efectos del cambio climático en la agricultura o los recursos naturales locales.

2. Intereses y motivaciones de la audiencia

Conocer los intereses y motivaciones de la audiencia es fundamental para adaptar el contenido de manera que sea atractivo y relevante. Cuando el discurso responde a los intereses y deseos de la audiencia, el mensaje se vuelve mucho más poderoso, ya que los oyentes sienten que la presentación está diseñada específicamente para ellos.

Para identificar los intereses y motivaciones de la audiencia, es útil hacerse algunas preguntas, como:

- ¿Por qué están aquí? ¿Qué los motivó a asistir a esta presentación?
- ¿Qué esperan aprender o recibir del discurso?
- ¿Cuáles son sus necesidades o problemas relacionados con el tema?
- ¿Qué valores son importantes para ellos y cómo pueden relacionarse con el mensaje?

Por ejemplo, en un discurso sobre productividad, si la audiencia está compuesta por emprendedores, probablemente su interés se enfoque en cómo mejorar la eficiencia en sus negocios para obtener mejores resultados. En cambio, si el público está formado por estudiantes, su motivación podría estar relacionada con optimizar su tiempo de estudio y mejorar su rendimiento académico.

Estrategia de adaptación:

Para captar el interés de la audiencia, el orador puede personalizar su mensaje en función de estos intereses y motivaciones, utilizando ejemplos y anécdotas que sean pertinentes y relevantes para el grupo. Además, es útil establecer desde el inicio del discurso cómo el tema abordado puede resolver un problema o satisfacer una necesidad de la audiencia. Esto genera un sentido de urgencia y de relevancia que mantiene la atención de los oyentes.

3. Conocimiento previo y nivel de especialización

Comprender el nivel de conocimiento y especialización que la audiencia tiene sobre el tema es esencial para decidir la profundidad y el enfoque del discurso. Hablar en un nivel demasiado técnico o, por el contrario, muy básico, puede provocar que la audiencia se desconecte. El orador debe ajustar el contenido para que se adecúe al nivel de comprensión de los oyentes, evitando tecnicismos innecesarios o, en su caso, profundizando en aspectos avanzados si la audiencia tiene una base sólida en el tema.

Para determinar el nivel de conocimiento de la audiencia, es útil considerar factores como:

- **Profesión u ocupación**: La ocupación de los asistentes puede indicar si están familiarizados con el tema o si es necesario abordarlo de manera introductoria.

- **Experiencia previa**: Si la audiencia ha tenido experiencias relacionadas con el tema, se puede profundizar en aspectos avanzados. Por otro lado, si son novatos en el área, el enfoque debe ser más explicativo y accesible.
- **Familiaridad con términos técnicos**: Si el tema incluye jerga técnica, es importante evaluar si la audiencia la entenderá sin necesidad de aclaraciones. En caso contrario, el orador debe preparar definiciones sencillas para términos complejos.

Estrategia de adaptación:

Una vez que se conoce el nivel de especialización de la audiencia, el orador puede ajustar la estructura del discurso para hacerlo más accesible o avanzado según corresponda. Si la audiencia tiene poca experiencia en el tema, puede comenzar con una introducción general, proporcionando definiciones y ejemplos sencillos. Si, en cambio, es un público experto, el orador puede profundizar en detalles técnicos y ofrecer datos específicos que aporten un valor añadido.

4. Valores y creencias de la audiencia

Para establecer una conexión emocional y significativa, es importante tener en cuenta los valores y creencias de la audiencia. Los valores, creencias y principios que los oyentes consideran importantes influyen en cómo perciben la información y en su disposición a aceptarla o cuestionarla. Entender estos aspectos ayuda al orador a adaptar el mensaje de manera respetuosa y a evitar posibles conflictos o malentendidos.

Los valores y creencias pueden variar dependiendo de factores como la cultura, la religión, la política y las experiencias personales. Un orador sensible a estos factores puede evitar situaciones incómodas y fortalecer el vínculo emocional con su

audiencia, utilizando un enfoque que se alinee con sus
principios.

Estrategia de adaptación:

Para adaptar el discurso a los valores y creencias de la
audiencia, el orador puede elegir palabras y expresiones que
resuenen con esos principios. Además, es útil evitar temas o
términos que puedan interpretarse de manera conflictiva y
optar por un enfoque que muestre empatía hacia las creencias
de los oyentes. Por ejemplo, en un discurso sobre temas de
salud, el orador puede evitar referencias que sean culturalmente
insensibles y, en cambio, centrarse en aspectos universales de
bienestar y calidad de vida.

5. Posibles objeciones y preocupaciones

Conocer las posibles objeciones y preocupaciones de la
audiencia permite que el orador prepare respuestas y estrategias
para abordar esos puntos de manera proactiva. Algunas
personas pueden llegar a una presentación con dudas o reservas
sobre el tema, y anticiparse a estos sentimientos puede hacer
que el mensaje sea más efectivo y convincente.

Para anticipar las posibles objeciones, es útil preguntarse:

- ¿Cuáles son las preocupaciones más comunes en torno a
este tema?
- ¿Existen mitos o concepciones erróneas que puedan
generar resistencia?
- ¿Qué objeciones prácticas, éticas o personales podrían
tener los oyentes?

Estrategia de adaptación:

Para enfrentar estas objeciones de manera efectiva, el orador
puede mencionarlas directamente en el discurso y ofrecer
respuestas basadas en datos, experiencias o argumentos sólidos.

Esta estrategia no solo ayuda a disipar las dudas, sino que también demuestra que el orador es consciente de las preocupaciones de su audiencia y está preparado para abordarlas. Esta anticipación proyecta confianza y credibilidad, aumentando la receptividad del mensaje.

6. Adaptación de la presentación en tiempo real

A pesar de toda la preparación previa, es importante que el orador esté preparado para adaptarse en tiempo real a la reacción de la audiencia. La habilidad de leer las señales no verbales y de ajustar el discurso sobre la marcha es crucial para mantener la conexión con los oyentes. Esta flexibilidad permite al orador abordar las necesidades y expectativas que puedan surgir durante la presentación.

Señales de que la audiencia necesita un cambio en el enfoque pueden incluir:

- **Lenguaje corporal**: Si los oyentes parecen desconectados, es una señal de que puede ser necesario cambiar el ritmo o introducir un ejemplo relevante.
- **Preguntas y comentarios**: La participación activa de la audiencia indica interés, mientras que una falta de preguntas puede sugerir que el tema necesita una explicación adicional.
- **Expresiones de confusión o acuerdo**: Observar reacciones faciales como asentir, sonreír o fruncir el ceño proporciona información sobre la comprensión e interés de la audiencia.

Estrategia de adaptación:

Para adaptarse en tiempo real, el orador puede recurrir a técnicas como hacer preguntas a la audiencia para evaluar su nivel de interés o comprensión, introducir ejemplos inesperados o humor para captar la atención, o bien simplificar el mensaje si nota señales de confusión. Este ajuste muestra flexibilidad y refuerza la empatía del orador, manteniendo el interés y la participación del público.

El objetivo de tu discurso

Uno de los aspectos fundamentales en la planificación y ejecución de un discurso efectivo es definir con claridad el objetivo del mismo. Tener un propósito claro es lo que transforma una simple presentación en una experiencia significativa para la audiencia. Un discurso sin un objetivo bien definido corre el riesgo de volverse confuso, desconectado o irrelevante, mientras que un mensaje con un propósito específico tiene mayor poder de persuasión, motivación e impacto.

El objetivo del discurso guía cada decisión que toma el orador, desde el contenido y el tono hasta los ejemplos y los recursos de apoyo. Este objetivo debe ir más allá de simplemente "informar" o "entretener"; se trata de tener un propósito real, de saber qué se quiere que la audiencia aprenda, sienta o haga al final de la presentación. Ahora aprenderemos cómo identificar, definir y aplicar el objetivo de un discurso de manera que potencie su efectividad y aumente su impacto en los oyentes.

Identificar el tipo de objetivo

Para definir el objetivo de un discurso, es útil clasificarlo en uno de los siguientes tipos principales:

- **Informativo**: El objetivo principal es **educar** o **informar** a la audiencia sobre un tema específico. Aquí, el orador se centra en brindar conocimientos nuevos, aclarar conceptos o compartir hechos relevantes. Un discurso informativo es más efectivo cuando es claro, preciso y está bien estructurado para facilitar la comprensión del tema.

- **Persuasivo**: Un discurso persuasivo busca **convencer** a la audiencia para que adopte una opinión, cambie una actitud o tome una acción concreta. Este tipo de discurso utiliza argumentos lógicos y emocionales, respaldados por evidencia, para influir en el pensamiento o comportamiento de los oyentes.
- **Motivacional**: El objetivo de un discurso motivacional es **inspirar** y **motivar** a la audiencia. Se enfoca en despertar emociones y generar entusiasmo, esperanza o confianza. Los discursos motivacionales suelen utilizar historias personales o ejemplos inspiradores para conectar con la audiencia y animarlos a alcanzar sus metas.
- **Entretenimiento**: En un discurso de entretenimiento, el objetivo es **divertir** a la audiencia, relajarlos o hacerlos pasar un buen rato. Aunque puede tener un mensaje subyacente, el enfoque principal es que el público disfrute la experiencia.

Estrategia para definir el tipo de objetivo:

Antes de construir el contenido, es útil reflexionar sobre lo que se quiere lograr y elegir un tipo de objetivo que se alinee con la situación y las expectativas de la audiencia. Un discurso en un contexto educativo, por ejemplo, podría tener un objetivo informativo, mientras que en un evento de liderazgo empresarial, un objetivo motivacional podría ser más apropiado.

Definir el propósito específico

Una vez identificado el tipo de objetivo, es necesario definir el propósito específico del discurso. Este propósito debe ser concreto, medible y alcanzable para que el orador pueda dirigir su contenido hacia el cumplimiento de esa meta. Un propósito específico puede ayudar al orador a mantenerse enfocado y a evitar desviarse de su mensaje central.

Para definir un propósito específico, es útil responder preguntas como:

- **¿Qué quiero que la audiencia recuerde?**: Es importante identificar las ideas o mensajes principales que se desea que la audiencia retenga una vez finalizado el discurso.
- **¿Qué acción quiero que realicen?**: En discursos persuasivos o motivacionales, el orador puede plantearse objetivos como inspirar a la audiencia a tomar una acción concreta, cambiar un comportamiento o adoptar una perspectiva diferente.
- **¿Qué emociones quiero despertar?**: Para discursos motivacionales o de entretenimiento, definir las emociones que se desean evocar puede ayudar a construir un mensaje que resuene a nivel emocional.

Ejemplo de un propósito específico:

Un ejemplo de propósito específico podría ser: "Al finalizar este discurso, quiero que la audiencia comprenda la importancia del reciclaje y se comprometa a adoptar prácticas sostenibles en su vida diaria". Este propósito es claro y medible, ya que se puede evaluar si la audiencia ha captado la importancia del mensaje y si se siente inspirada a tomar acción.

Estructurar el contenido en torno al objetivo

Una vez definido el objetivo y el propósito específico del discurso, es importante estructurar el contenido de manera que cada elemento contribuya a reforzar ese objetivo. La estructura debe seguir una **lógica clara** que guíe a la audiencia a través del mensaje de manera coherente, aumentando así la probabilidad de que el objetivo sea alcanzado.

Para lograr esto, es útil seguir estas recomendaciones:

- **Introducción alineada con el objetivo**: La introducción debe captar la atención de la audiencia y dejar en claro el objetivo del discurso. Por ejemplo, en un discurso persuasivo sobre la importancia de la actividad física, la introducción podría comenzar con una estadística impactante sobre los beneficios de la actividad física para la salud.

- **Desarrollo que refuerce el mensaje central**: Cada punto que se expone en el desarrollo debe estar conectado con el objetivo del discurso. Si el objetivo es informativo, el desarrollo debe presentar hechos, datos y explicaciones de manera clara. En cambio, si el objetivo es motivacional, el desarrollo debe incluir historias y ejemplos que inspiren a la audiencia.
- **Conclusión que impulse el objetivo**: La conclusión debe resumir los puntos clave y hacer un llamado a la acción o a la reflexión, según corresponda al objetivo. Es el momento de reforzar el mensaje principal y de cerrar el discurso con una nota que resuene con los oyentes.

Ejemplo de estructura:

Si el objetivo del discurso es motivar a un equipo de ventas a mejorar su rendimiento, el orador podría estructurar su discurso de la siguiente manera:

- **Introducción**: Contar una breve historia de superación personal que inspire al equipo.
- **Desarrollo**: Presentar tres ideas clave sobre la importancia de la resiliencia, la disciplina y el trabajo en equipo en el logro de metas.
- **Conclusión**: Reforzar la idea de que, con dedicación y compromiso, cada miembro del equipo puede alcanzar sus objetivos y contribuir al éxito del grupo.

Adaptar el tono y el estilo al objetivo

El tono y estilo del discurso deben reflejar el objetivo. Un discurso persuasivo suele ser apasionado y enérgico, mientras que un discurso informativo es más neutro y centrado en los hechos. Adaptar el tono y estilo al objetivo del discurso ayuda a que el mensaje sea más efectivo y a que la audiencia reciba el mensaje en el contexto adecuado.

* **En discursos informativos**: El tono debe ser objetivo, claro y preciso. El orador debe proyectar profesionalismo y autoridad sobre el tema, lo que aumenta la credibilidad del mensaje.
* **En discursos persuasivos**: El tono puede ser más emotivo y enérgico. El orador puede utilizar lenguaje persuasivo y emocional para conectar con los oyentes y motivarlos a cambiar de opinión o actuar.
* **En discursos motivacionales**: El tono debe ser inspirador y positivo. Se busca conectar emocionalmente, por lo que el lenguaje debe ser optimista y alentador.
* **En discursos de entretenimiento**: El tono puede ser relajado y humorístico. Aquí, el objetivo es disfrutar, por lo que un lenguaje desenfadado y amigable ayuda a crear una atmósfera de diversión.

Ejemplo de adaptación del tono:

Si el objetivo del discurso es motivar a estudiantes a superar el miedo al fracaso, el orador puede optar por un tono alentador y optimista, usando expresiones como "todos somos capaces de aprender de nuestros errores" o "cada obstáculo es una oportunidad para mejorar".

Evaluar el éxito del discurso en función del objetivo

Después de la presentación, es útil evaluar el éxito del discurso en función de si se alcanzó el objetivo planteado. Esta evaluación permite al orador reflexionar sobre qué elementos funcionaron bien y cuáles podrían mejorarse en el futuro. Existen varias maneras de medir si el objetivo se cumplió, como:

- **Retroalimentación de la audiencia**: Escuchar las opiniones de los oyentes, a través de preguntas o comentarios, puede dar una idea de cómo se recibió el mensaje y si el objetivo se alcanzó.
- **Observar la reacción durante el discurso**: Las señales no verbales, como el lenguaje corporal o las expresiones faciales, pueden indicar si la audiencia está interesada, convencida o motivada.
- **Evaluación posterior del impacto**: Si el objetivo era que la audiencia tomara una acción específica, el orador puede evaluar en el tiempo si esa acción se realizó o si se generó algún cambio tangible a raíz del discurso.

Estrategia de evaluación:

Para evaluar el éxito del discurso, el orador puede crear un breve cuestionario para obtener retroalimentación de la audiencia, o bien, observar el nivel de interacción y participación durante el discurso. Si el objetivo era persuasivo, una buena señal de éxito sería que la audiencia exprese interés en aprender más sobre el tema o en tomar acción inmediata.

Las preguntas retóricas

Las preguntas retóricas son una herramienta poderosa en el arte de hablar en público. Se trata de preguntas que el orador plantea a la audiencia sin esperar una respuesta explícita; en cambio, estas preguntas invitan a la reflexión, ayudan a enfatizar un punto y pueden ser utilizadas para guiar a la audiencia a una conclusión específica o para activar su participación mental. A través de las preguntas retóricas, el orador logra que el público se involucre en el mensaje de una manera activa, manteniéndolo atento e interesado en el desarrollo del discurso.

Las preguntas retóricas no solo fortalecen el impacto de un discurso, sino que también pueden ser un recurso clave para estimular la introspección y la empatía, haciendo que la audiencia considere el tema desde su propia perspectiva y experiencias personales. Utilizar preguntas retóricas de manera efectiva requiere comprensión y práctica; el orador debe saber cuándo y cómo utilizarlas para maximizar su efecto.

1. La función de las preguntas retóricas en un discurso

Las preguntas retóricas cumplen varias funciones en un discurso, ya que pueden ayudar a guiar la narrativa, enfatizar ideas clave y activar el pensamiento de la audiencia. Estas preguntas tienen la capacidad de:

- **Fomentar la reflexión**: Las preguntas retóricas invitan a la audiencia a considerar una idea o situación desde una perspectiva personal. Al hacer que los oyentes se pregunten sobre el tema, el orador los involucra emocional y mentalmente en el discurso.
- **Enfatizar puntos clave**: Una pregunta retórica bien colocada puede reforzar una idea o subrayar su importancia. Al formular una pregunta que no necesita respuesta, el orador puede hacer que la audiencia se detenga a reflexionar sobre la idea planteada, dándole un peso especial dentro del discurso.
- **Guiar el pensamiento hacia una conclusión**: Las preguntas retóricas también son útiles para llevar a la audiencia hacia una conclusión específica. Al plantear una serie de preguntas retóricas, el orador puede construir una narrativa que ayude a que el público llegue a una conclusión lógica o emocional de manera natural.
- **Mantener la atención y el interés**: Al hacer preguntas, el orador rompe el flujo de información directa y anima a la audiencia a participar activamente en el proceso de escucha. Esta estrategia permite mantener la atención de los oyentes, ya que la pregunta crea un momento de expectativa.

Ejemplo de función en un discurso:

Imaginemos un discurso sobre la importancia de cuidar el medio ambiente. El orador podría preguntar: "¿Acaso no queremos dejar un mundo mejor para nuestros hijos y nietos?" Esta pregunta retórica invita a la audiencia a reflexionar sobre su responsabilidad hacia el futuro, enfatiza la importancia del tema y genera una conexión emocional.

2. Tipos de preguntas retóricas

Existen diferentes tipos de preguntas retóricas, y cada una tiene un propósito y un efecto específico en la audiencia. Comprender los distintos tipos ayuda al orador a elegir la pregunta adecuada en función del objetivo que quiere lograr en ese momento del discurso.

Preguntas retóricas de reflexión

Estas preguntas están diseñadas para hacer que la audiencia reflexione sobre un tema o situación. No buscan una respuesta concreta, sino que alientan a los oyentes a pensar profundamente y a relacionar el mensaje con sus propias experiencias o valores.

- **Ejemplo**: "¿Cuántas veces nos detenemos realmente a apreciar lo que tenemos?"

Este tipo de pregunta es ideal para discursos motivacionales o inspiradores, donde el orador quiere que el público considere su vida o sus circunstancias desde una nueva perspectiva.

Preguntas retóricas de refuerzo

Las preguntas de refuerzo ayudan a subrayar un punto clave del discurso. Estas preguntas suelen tener una respuesta implícita y sirven para destacar la importancia o la obviedad de una idea. Generalmente, las preguntas de refuerzo están

diseñadas para que la audiencia piense en la respuesta "Sí" o
"No".

- **Ejemplo**: "¿No es acaso la educación el pilar de toda
  sociedad?"

Este tipo de pregunta es útil para reforzar una idea o una
opinión que el orador desea que la audiencia acepte como
cierta.

Preguntas retóricas de conclusión

Las preguntas de conclusión guían a la audiencia hacia una idea
final o una conclusión específica. Este tipo de preguntas son
ideales para la parte final del discurso, ya que ayudan a
sintetizar los puntos tratados y a consolidar el mensaje.

- **Ejemplo**: "Después de todo lo que hemos visto, ¿cómo
  podemos quedarnos sin hacer nada?"

Este tipo de pregunta ayuda a que la audiencia llegue a una
conclusión emocional o racional que el orador quiere destacar al
final del discurso.

Preguntas retóricas de provocación

Las preguntas de provocación se utilizan para desafiar o
confrontar creencias, opiniones o comportamientos de la
audiencia. Este tipo de pregunta es útil para hacer que la
audiencia cuestione sus propias actitudes o suposiciones sobre
el tema.

- **Ejemplo**: "¿Realmente podemos decir que hemos hecho
  todo lo posible por ayudar a los demás?"

Este tipo de pregunta es especialmente útil en discursos
persuasivos, ya que invita a la audiencia a reconsiderar sus

ideas o acciones de una manera que puede ser incómoda, pero también motivadora.

3. Estrategias para utilizar preguntas retóricas eficazmente

Para que las preguntas retóricas tengan el efecto deseado, es importante usarlas de manera estratégica. Algunos consejos para emplearlas eficazmente en un discurso incluyen:

Utilizar preguntas retóricas en momentos clave del discurso

Las preguntas retóricas son más efectivas cuando se colocan en momentos específicos del discurso, como:

- **En la introducción**: Al inicio del discurso, una pregunta retórica puede captar la atención de la audiencia y crear un punto de entrada interesante para el tema. Por ejemplo, en un discurso sobre la importancia de la salud mental, el orador podría comenzar con: "¿Cuándo fue la última vez que te preocupaste por tu bienestar emocional?"
- **En las transiciones entre secciones**: Las preguntas retóricas también pueden servir como puentes entre diferentes partes del discurso. Esto ayuda a guiar a la audiencia a través del contenido y a mantener su interés. Por ejemplo: "Si sabemos que el cambio climático es una amenaza real, ¿por qué no estamos tomando medidas más fuertes?"
- **En la conclusión**: Al final del discurso, una pregunta retórica puede servir para cerrar el mensaje con un pensamiento poderoso. Una pregunta reflexiva en la conclusión permite que la audiencia se lleve el mensaje consigo después del discurso. Ejemplo: "¿No es hora de que cada uno de nosotros asuma su responsabilidad para cambiar el mundo?"

Adaptar las preguntas retóricas al tono y al propósito del discurso

Es importante que las preguntas retóricas se adapten al tono y al objetivo del discurso. Por ejemplo, en un discurso motivacional, las preguntas pueden ser alentadoras y positivas, mientras que en un discurso informativo, pueden ser más neutrales y objetivas.

- **En discursos persuasivos**: Las preguntas pueden ser desafiantes y provocar una reacción emocional en la audiencia, motivándola a reconsiderar sus creencias o comportamientos.
- **En discursos informativos**: Las preguntas retóricas pueden ser más objetivas y servir para hacer que la audiencia piense en el tema desde una perspectiva curiosa, en lugar de desafiarla o incomodarla.

No abusar de las preguntas retóricas

Aunque las preguntas retóricas son poderosas, es importante no abusar de ellas. Un exceso de preguntas retóricas puede hacer que el discurso se sienta forzado o manipulador y que la audiencia se desconecte. Es recomendable usar preguntas retóricas de manera estratégica, colocándolas en momentos clave y evitando que el discurso se convierta en una serie de preguntas sin respuestas.

Ejemplos prácticos de uso de preguntas retóricas en un discurso

Para entender mejor cómo se pueden usar las preguntas retóricas de manera efectiva, consideremos algunos ejemplos prácticos en diferentes tipos de discurso:

- **Discurso sobre el cambio climático**: "¿Es realmente posible que ignoremos los efectos del cambio climático cuando ya estamos viendo sus consecuencias en nuestra vida diaria?"

Este ejemplo invita a la audiencia a reflexionar sobre su propia percepción del problema y prepara el terreno para un mensaje sobre la importancia de tomar acción.

- **Discurso motivacional sobre el éxito personal**: "¿Cuántas veces dejamos nuestros sueños de lado por miedo al fracaso?"

Esta pregunta conecta con los temores y las dudas de la audiencia, generando empatía y preparando el terreno para un mensaje de superación personal.

- **Discurso persuasivo sobre la educación**: "Si todos sabemos que la educación es fundamental para el desarrollo de un país, ¿por qué sigue siendo inaccesible para millones de niños?"

Este ejemplo enfatiza una contradicción social y provoca en la audiencia una reflexión sobre la importancia de actuar para resolver el problema.

Por otro lado, las preguntas retóricas también tienen un impacto emocional, ya que hacen que la audiencia se sienta conectada y comprometida con el mensaje. Las preguntas que apelan a experiencias o valores compartidos generan empatía, haciendo que los oyentes sientan que el orador comprende sus sentimientos o situaciones personales.

Cuando las preguntas retóricas tocan temas universales o apelan a emociones como el orgullo, el miedo o la esperanza, el orador crea un vínculo emocional que facilita que la audiencia se identifique con el mensaje. Este tipo de conexión emocional puede ser determinante para la eficacia del discurso y el nivel de impacto que tenga en los oyentes.

El poder de la improvisación

La improvisación es una de las habilidades más valiosas y a la vez más desafiantes en el arte de hablar en público. Aunque pueda parecer que improvisar implica una falta de preparación, en realidad, la improvisación efectiva es producto de una combinación de dominio del tema, seguridad personal y capacidad de adaptación. Improvisar con éxito permite al orador responder a cambios imprevistos, conectar mejor con la audiencia y, sobre todo, proyectar autenticidad y confianza.

El poder de la improvisación radica en la capacidad de responder con naturalidad y flexibilidad a cualquier situación inesperada, ya sea una pregunta inesperada, una reacción de la audiencia o incluso problemas técnicos. La improvisación transforma el discurso en un acto dinámico y participativo, permitiendo que el orador adapte su mensaje en tiempo real y mantenga una conexión genuina con el público.

Esto es lo que debes conocer para desarrollar esta habilidad, los beneficios que aporta y las estrategias para mejorar la improvisación al hablar en público.

La importancia de la improvisación en un discurso

La improvisación es una habilidad que aporta valor a cualquier discurso, ya que permite al orador adaptarse al momento y reaccionar a las señales de la audiencia o del entorno. Algunos de los aspectos en los que la improvisación enriquece el discurso son:

- **Aumenta la autenticidad**: Cuando un orador improvisa, su discurso suele sonar más natural y espontáneo. Esta autenticidad mejora la conexión emocional con la audiencia, ya que el público percibe que el orador está siendo genuino y no simplemente recitando un guión.

- **Permite responder a la audiencia**: La improvisación facilita que el orador responda a las reacciones, preguntas o inquietudes de la audiencia en tiempo real. Esto demuestra flexibilidad y empatía, y permite que el público se sienta valorado y escuchado.
- **Gestiona situaciones imprevistas**: Los imprevistos son inevitables en las presentaciones en público: un fallo técnico, un comentario inesperado, o un cambio de último minuto. La habilidad para improvisar permite que el orador maneje estas situaciones con calma y mantenga el control.
- **Fortalece la confianza**: La improvisación requiere confianza y seguridad en uno mismo. Con la práctica, el orador aprende a confiar en su capacidad de responder y adaptarse, lo cual proyecta una imagen de seguridad y profesionalismo.

Ejemplo de improvisación en un discurso:

Supongamos que en una charla sobre cambio climático, alguien de la audiencia interrumpe para preguntar cómo las pequeñas acciones individuales pueden marcar la diferencia. Un orador que improvisa puede detenerse, responder a la pregunta y luego continuar el discurso. Esto no solo muestra flexibilidad, sino también disposición para abordar inquietudes específicas de la audiencia, aumentando la efectividad del mensaje.

Cómo desarrollar la habilidad de improvisar

La improvisación es una habilidad que se puede practicar y mejorar con el tiempo. Aunque algunas personas pueden tener una inclinación natural hacia la improvisación, existen técnicas que cualquier orador puede aplicar para mejorar su capacidad de hablar sin un guión rígido.

1. Practicar la improvisación en un entorno controlado

Una de las mejores maneras de desarrollar esta habilidad es practicar en un entorno seguro, donde el orador pueda experimentar y cometer errores sin presión. Algunas ideas para practicar incluyen:

- **Ejercicios de temas aleatorios**: Escoger temas al azar y practicar hablar sobre ellos durante unos minutos sin preparación previa ayuda a entrenar el pensamiento rápido. Con el tiempo, esta práctica permite que el orador se sienta más cómodo hablando espontáneamente.
- **Resumir ideas**: Un ejercicio útil es practicar resumir ideas complejas en pocas palabras. Este ejercicio entrena al orador para identificar las ideas clave y expresarlas de forma clara y breve, una habilidad valiosa en situaciones que requieren improvisación.
- **Practicar con preguntas inesperadas**: Pedir a amigos o colegas que hagan preguntas inesperadas es una excelente forma de practicar la improvisación. Esta técnica permite que el orador se acostumbre a responder sin preparación previa y a construir respuestas coherentes sobre la marcha.

2. Conocer el tema a fondo

El conocimiento profundo del tema es el pilar esencial de la improvisación. Cuanto más conozca el orador sobre el tema, más seguro se sentirá para hablar con soltura y responder preguntas de manera efectiva. Este dominio del contenido permite que el orador improvise sin perder el enfoque, ya que tiene una comprensión clara de los conceptos principales y de los puntos clave que quiere comunicar.

- **Mantenerse actualizado**: Es importante que el orador se mantenga al día con las últimas investigaciones, estudios y noticias sobre el tema. Esta actualización le proporciona contenido fresco y le permite improvisar con datos y ejemplos actuales que pueden captar mejor la atención de la audiencia.

- **Organizar las ideas principales**: Si el orador organiza sus ideas en conceptos clave o en una estructura general, podrá utilizar estos puntos de referencia durante la improvisación. Tener una estructura flexible en mente facilita que el orador mantenga el hilo del discurso mientras adapta su mensaje en tiempo real.

3. Desarrollar la escucha activa

La escucha activa es una habilidad fundamental para la improvisación, ya que permite que el orador capte las reacciones de la audiencia y ajuste su mensaje en consecuencia. La escucha activa no solo implica escuchar preguntas o comentarios, sino también observar el lenguaje corporal y las expresiones faciales de los oyentes para determinar si están interesados, confundidos o emocionados.

- **Observar señales no verbales**: La audiencia suele dar señales de interés o desconexión a través de su postura, expresiones y movimientos. Al observar estas señales, el orador puede ajustar su ritmo, tono o contenido para captar o mantener la atención de los oyentes.
- **Responder a preguntas o comentarios**: La escucha activa también permite que el orador responda a preguntas espontáneas o a comentarios que surjan durante el discurso. Esto muestra empatía y disposición, dos cualidades que fortalecen la conexión con la audiencia.

Ejemplo de uso de la escucha activa:

Imaginemos que en una presentación sobre productividad, el orador observa que la audiencia comienza a perder interés. Con la habilidad de escuchar activamente y observar señales no verbales, el orador puede decidir hacer una pausa, plantear una pregunta o introducir un ejemplo práctico para reactivar el interés del público.

Estrategias para improvisar durante un discurso

Existen diversas estrategias que ayudan a que el orador improvise de manera fluida y efectiva sin perder el control del mensaje.

A continuación, se describen algunas técnicas útiles para mejorar la improvisación al hablar en público.

1. Uso de anécdotas y ejemplos personales

Las anécdotas y experiencias personales son recursos valiosos que facilitan la improvisación, ya que permiten que el orador hable con autenticidad y desde una perspectiva que domina. Las historias personales no solo añaden un toque humano al discurso, sino que también suelen resonar emocionalmente con la audiencia, facilitando la conexión y el interés.

- **Compartir experiencias relacionadas con el tema**: Al improvisar sobre un tema, compartir una experiencia personal permite que el orador mantenga la fluidez y transmita el mensaje de manera directa. Las anécdotas también simplifican el contenido, haciendo que las ideas complejas sean más accesibles para la audiencia.
- **Adaptar las anécdotas en función de la reacción de la audiencia**: El orador puede decidir extender o acortar la historia según el nivel de interés que observe en el público. Esto permite ajustar la improvisación en tiempo real para maximizar su impacto.

2. Formular preguntas a la audiencia

Hacer preguntas a la audiencia es una técnica efectiva que permite al orador ganar tiempo y adaptarse a las respuestas o reacciones. Las preguntas, ya sean retóricas o directas, también fomentan la interacción y estimulan el pensamiento en la audiencia, haciéndola partícipe del discurso.

- **Preguntas retóricas para guiar la reflexión**: Plantear preguntas retóricas permite que el orador introduzca nuevas ideas o transiciones de forma natural, sin perder el ritmo del discurso. Por ejemplo, en un discurso sobre liderazgo, el orador podría preguntar: "¿Quién de ustedes ha enfrentado una situación difícil en el trabajo?"
- **Preguntar directamente a la audiencia**: Hacer preguntas abiertas permite conocer las opiniones o experiencias del público, lo cual facilita la adaptación del mensaje. Además, escuchar las respuestas de la audiencia da al orador la oportunidad de improvisar y construir sobre las ideas compartidas.

3. Aprovechar el humor

El humor es un recurso que puede ser útil para la improvisación, ya que permite relajar el ambiente y conectar con la audiencia de una manera más personal y amigable. El humor, cuando se utiliza de manera apropiada, muestra que el orador se siente cómodo en la situación y proyecta confianza.

- **Usar el humor de manera espontánea**: La improvisación con humor debe ser genuina y espontánea. Comentarios ligeros, observaciones divertidas o respuestas ingeniosas pueden ayudar a romper la tensión y a mantener la atención de la audiencia.
- **Adaptarse al nivel de formalidad**: Es importante que el orador considere el contexto y el nivel de formalidad del evento antes de hacer uso del humor. En algunos casos, un comentario demasiado informal puede no ser apropiado, por lo que es útil evaluar las reacciones de la audiencia para ajustar el tono.

Beneficios de la improvisación en el desarrollo personal y profesional

Además de enriquecer el discurso, la improvisación tiene beneficios significativos en el desarrollo personal y profesional del orador:

* **Aumenta la confianza**: La práctica de la improvisación mejora la autoconfianza, ya que permite que el orador se sienta seguro de su capacidad para manejar situaciones imprevistas.
* **Mejora la capacidad de adaptación**: La improvisación entrena al orador para adaptarse a diferentes contextos y audiencias, una habilidad útil en cualquier entorno profesional.
* **Fomenta la creatividad**: La improvisación estimula el pensamiento creativo, ya que el orador debe encontrar soluciones rápidas y originales para mantener la fluidez del discurso.

Claridad en el discurso

La claridad en el discurso es uno de los pilares más importantes para hablar en público de manera efectiva. Cuando un orador transmite sus ideas de forma clara y precisa, se asegura de que la audiencia comprenda el mensaje sin esfuerzo y, al mismo tiempo, retenga lo que se ha dicho. La claridad no solo ayuda a evitar malentendidos o confusión, sino que también proyecta profesionalismo y autoridad, ya que un discurso claro demuestra que el orador domina el tema y es capaz de comunicarlo de manera accesible y lógica.

Alcanzar la claridad en el discurso no depende únicamente del vocabulario o de la gramática; requiere organización, intención y empatía. Es decir, el orador debe considerar siempre las necesidades y perspectivas de la audiencia para que su mensaje sea relevante, comprensible y fácil de seguir.

1. Estructurar el discurso de manera lógica

La claridad comienza con una estructura organizada y lógica. Un discurso bien estructurado ayuda a que la audiencia siga el flujo de ideas sin perderse, entendiendo cada punto en relación con el anterior. Esta estructura suele dividirse en tres partes principales: introducción, desarrollo y conclusión.

Introducción clara y precisa

La introducción es el primer contacto de la audiencia con el tema y el orador, por lo que es crucial que sea clara y directa. En esta parte, el orador debe presentar el objetivo de su discurso y proporcionar un breve resumen de los puntos principales que abordará. Esta claridad inicial permite que la audiencia sepa qué esperar y la ayuda a estar mentalmente preparada para seguir el hilo de las ideas.

Desarrollo organizado por secciones

En el desarrollo, es importante organizar las ideas en secciones o bloques temáticos, cada uno de los cuales debe abordar un aspecto específico del tema. Esta estructura facilita la comprensión, ya que permite que la audiencia procese la información de manera gradual. Cada sección debe conectarse con la siguiente a través de transiciones claras y coherentes, lo cual ayuda a que el mensaje fluya y a que los oyentes entiendan la relación entre los puntos.

Conclusión que refuerce el mensaje central

La conclusión es el cierre del discurso y debe resumir de manera concisa las ideas principales, reforzando el mensaje central. Una conclusión clara deja una impresión duradera en la audiencia y le permite recordar los puntos más importantes del discurso sin dificultad.

Ejemplo de estructura clara:

Supongamos que el orador está dando un discurso sobre la importancia de la educación financiera. La estructura podría ser:

- **Introducción**: Explicar brevemente qué es la educación financiera y por qué es importante.
- **Desarrollo**: Dividir en tres puntos clave: (1) cómo gestionar el dinero, (2) la importancia del ahorro y (3) cómo evitar deudas innecesarias.
- **Conclusión**: Resumir los beneficios de la educación financiera y alentar a la audiencia a tomar el control de sus finanzas.

2. Usar un lenguaje sencillo y directo

Un discurso claro utiliza un lenguaje sencillo y directo que permita a la audiencia entender el mensaje sin necesidad de hacer esfuerzos adicionales. Evitar el uso excesivo de tecnicismos, jergas y expresiones complejas es clave para que el discurso sea accesible y comprensible, especialmente si la audiencia no está familiarizada con el tema.

- **Evitar tecnicismos innecesarios**: A menos que el público sea experto en el tema, es mejor evitar palabras técnicas o complejas. Si es necesario usar términos especializados, el orador debe explicar su significado de forma breve y sencilla.
- **Usar frases cortas y directas**: Las oraciones largas y complicadas tienden a confundir a la audiencia, especialmente en un entorno de habla en público, donde la información se recibe en tiempo real. Las frases cortas y directas permiten que el mensaje se procese rápidamente y sin esfuerzo.
- **Simplificar ideas complejas con ejemplos**: Cuando el tema es complicado, los ejemplos ayudan a ilustrar y simplificar la información, facilitando la comprensión.

Por ejemplo, en un discurso sobre economía, el orador podría explicar términos como "inflación" con un ejemplo cotidiano, como el aumento en el precio de los productos básicos.

Ejemplo de lenguaje sencillo y directo:

Si el tema es el impacto de la tecnología en la educación, en lugar de decir "La implementación de sistemas educativos adaptativos y personalizables permite una experiencia de aprendizaje altamente individualizada", el orador podría decir: "Con la tecnología, los estudiantes pueden aprender a su propio ritmo y según sus necesidades". Este lenguaje sencillo y directo facilita que la audiencia comprenda el mensaje sin esfuerzo.

3. Usar ejemplos y analogías para facilitar la comprensión

Los ejemplos y analogías son herramientas efectivas para mejorar la claridad en el discurso, ya que permiten que la audiencia relacione las ideas abstractas o complejas con situaciones familiares o concretas. Estas herramientas son especialmente útiles cuando el tema es técnico o difícil de entender.

- **Ejemplos**: Los ejemplos prácticos ilustran las ideas y ayudan a la audiencia a visualizar la información. Pueden ser situaciones reales, estudios de caso o experiencias personales que clarifiquen el mensaje.
- **Analogías**: Las analogías comparan conceptos desconocidos con elementos comunes y conocidos, ayudando a que la audiencia comprenda el tema desde una perspectiva accesible. Por ejemplo, un orador que habla sobre la importancia del ahorro podría compararlo con "sembrar una semilla para cosechar frutos en el futuro".

Ejemplo de uso de ejemplos y analogías:

En un discurso sobre el cambio climático, el orador podría decir: "Piensen en nuestro planeta como un hogar. Si dejamos una ventana abierta en pleno invierno, toda la casa se enfría. Lo mismo ocurre con el planeta cuando emitimos gases que dañan la atmósfera". Esta analogía permite que la audiencia entienda el impacto ambiental de manera simple y visual.

4. Reforzar la claridad con transiciones y señales verbales

Las transiciones y señales verbales son elementos clave para la claridad en el discurso, ya que ayudan a la audiencia a seguir el flujo de ideas y a entender la relación entre cada punto. Las transiciones funcionan como puentes que conectan las secciones del discurso, mientras que las señales verbales indican a la audiencia en qué punto del discurso se encuentra el orador.

- **Transiciones entre ideas**: Las frases de transición como "ahora que hemos visto…", "a continuación…", "en resumen…" permiten que la audiencia se prepare para el cambio de tema, facilitando la comprensión del mensaje.
- **Señales verbales para puntos clave**: Frases como "Es importante recordar que…", "Lo más importante es…", o "Quiero enfatizar…" indican que el orador está destacando una idea relevante. Estas señales captan la atención de la audiencia y refuerzan la claridad del mensaje.

Ejemplo de transición y señal verbal:

En un discurso sobre la importancia de la alimentación saludable, el orador podría usar una transición como: "Ahora que entendemos los beneficios de una buena alimentación, veamos cómo podemos implementar cambios simples en nuestra dieta diaria". Esta transición ayuda a la audiencia a seguir el flujo del discurso y a entender que el tema está avanzando a una nueva sección.

5. Evitar la sobrecarga de información

Uno de los errores más comunes que compromete la claridad en el discurso es la sobrecarga de información. Un exceso de datos, cifras o detalles puede confundir a la audiencia y dificultar que retenga los puntos clave. Para evitar esto, el orador debe priorizar la información y enfocarse en las ideas más relevantes y significativas para su mensaje.

- **Seleccionar los puntos más importantes**: Identificar las ideas principales y enfocarse en ellas permite que el mensaje sea claro y conciso. Es mejor exponer pocas ideas con profundidad que intentar cubrir muchos puntos superficialmente.
- **Evitar la repetición innecesaria**: Repetir una idea puede ser útil para reforzar un punto, pero si se hace en exceso, puede resultar tedioso y confuso para la audiencia. Es importante encontrar un equilibrio y evitar la redundancia innecesaria.
- **Simplicidad en las estadísticas y datos**: Si el discurso incluye cifras o datos, es importante presentarlos de manera clara y concisa. En lugar de dar una serie de números complicados, el orador puede resumirlos o presentarlos en un formato fácil de recordar.

Ejemplo de evitar la sobrecarga:

En lugar de dar una lista extensa de cifras sobre el impacto de la contaminación, el orador podría decir: "Cada año, la contaminación del aire causa más de 7 millones de muertes en todo el mundo. Esto nos muestra la gravedad del problema". Esta información es directa y permite que la audiencia retenga el mensaje sin sentirse abrumada.

6. Adaptar el ritmo y el tono para favorecer la claridad

El **ritmo** y el **tono de voz** también son factores importantes para lograr un discurso claro. Hablar demasiado rápido puede hacer que la audiencia pierda detalles importantes, mientras que un ritmo demasiado lento puede hacer que pierdan interés. Un tono de voz claro y modulado ayuda a que el mensaje sea fácil de seguir y evita malentendidos.

- **Pausas estratégicas**: Las pausas permiten que la audiencia procese la información y preparan el terreno para la siguiente idea. Además, una pausa después de una afirmación importante le da a esta el tiempo necesario para que sea asimilada.
- **Variar el tono de voz**: Cambiar el tono de voz en momentos clave ayuda a captar la atención de la audiencia y a enfatizar puntos importantes. Un tono monótono puede hacer que la audiencia pierda el interés, mientras que un tono variado mantiene el mensaje atractivo.

Ejemplo de uso de ritmo y tono:

En un discurso sobre el emprendimiento, el orador podría hacer una pausa después de una frase importante, como: "El éxito en los negocios no llega de la noche a la mañana". Esta pausa permite que el mensaje sea asimilado, y un cambio de tono en las palabras clave podría enfatizar la importancia de la perseverancia.

El anclaje emocional

El anclaje emocional es una técnica fundamental en el arte de hablar en público que permite crear una conexión profunda y duradera entre el orador y la audiencia. Cuando un discurso incluye elementos emocionales, los oyentes no solo comprenden el mensaje en un nivel intelectual, sino que lo sienten y lo internalizan. Las emociones son un puente poderoso que conecta las ideas del orador con las experiencias, valores y aspiraciones de la audiencia, haciendo que el mensaje sea más significativo y memorable.

El anclaje emocional no consiste únicamente en hacer que la audiencia sienta algo, sino en asociar esas emociones directamente con el mensaje o propósito del discurso. Esto permite que las ideas principales se "anclen" en la memoria de los oyentes, incrementando las posibilidades de que recuerden y actúen en función de lo que han escuchado.

Estos son los elementos esenciales para lograr un anclaje emocional efectivo, las técnicas que se pueden utilizar y la importancia de las emociones en la retención y motivación de la audiencia.

La importancia del anclaje emocional en un discurso

Las emociones tienen un papel crucial en cómo procesamos y recordamos la información. Diversos estudios en psicología han demostrado que la información emocionalmente relevante es más fácil de recordar y que las emociones positivas, en particular, pueden mejorar el aprendizaje y la retención. Al establecer un anclaje emocional, el orador:

- **Genera conexión y empatía**: Al mostrar vulnerabilidad o empatía, el orador invita a la audiencia a conectar de manera auténtica, creando un espacio de confianza y cercanía.
- **Refuerza la motivación y la acción**: Las emociones pueden ser un poderoso motor de acción. Un mensaje que despierte sentimientos como la esperanza, la determinación o el sentido de responsabilidad puede motivar a la audiencia a tomar medidas o adoptar nuevas actitudes.
- **Facilita la retención del mensaje**: Cuando un mensaje está ligado a una emoción, es más fácil que la audiencia

lo recuerde a largo plazo. Un discurso que solo presenta
datos y hechos puede ser olvidado rápidamente, pero un
mensaje que emociona deja una huella más profunda.

Ejemplo de anclaje emocional:

Imaginemos un discurso sobre la importancia del voluntariado
en comunidades desfavorecidas. El orador podría contar una
experiencia personal sobre cómo una vez un acto de ayuda
cambió la vida de una familia. Esta historia no solo proporciona
un contexto al mensaje, sino que también ancla la idea de
ayudar a los demás en una emoción positiva y de inspiración,
motivando a la audiencia a considerar el voluntariado.

Técnicas para lograr un anclaje emocional efectivo

Existen diversas técnicas para generar un anclaje emocional en
el discurso, cada una diseñada para evocar diferentes tipos de
emociones en la audiencia. La elección de la técnica dependerá
del tema, el propósito del discurso y las características de la
audiencia.

1. Contar historias personales o anecdóticas:

Una de las técnicas más efectivas para crear un anclaje
emocional es contar historias personales o experiencias que la
audiencia pueda visualizar y sentir. Las historias permiten que
el mensaje sea más cercano y accesible, ayudando a que la
audiencia se vea reflejada en las vivencias del orador o en las de
otros.

- **Historias personales**: Al compartir una experiencia
  propia, el orador se muestra vulnerable y auténtico, lo
  cual genera empatía y conexión emocional. Las historias
  personales también ayudan a que la audiencia perciba al
  orador como alguien real y cercano.
- **Experiencias de terceros**: Si el orador cuenta la historia
  de alguien más —un amigo, un colega o una persona

afectada por el tema del discurso—, también puede evocar emociones. Esto funciona bien cuando el orador no tiene una experiencia personal directa, pero conoce a alguien cuya historia puede ilustrar el mensaje.

Ejemplo de historia para anclaje emocional:

En un discurso sobre perseverancia, el orador podría contar una historia personal sobre un fracaso y cómo logró superarlo. Al compartir cómo enfrentó sus dudas y frustraciones, la audiencia siente empatía y se identifica con las emociones, asociando el mensaje de perseverancia con un ejemplo real y humano.

2. Utilizar el poder de las imágenes mentales

Las imágenes mentales son representaciones vívidas que el orador puede construir a través de descripciones detalladas, permitiendo que la audiencia visualice una situación concreta y sienta emociones asociadas a esa escena. Las imágenes mentales permiten que el orador "pinte" una escena en la mente de los oyentes, haciendo que el mensaje sea más tangible y emocional.

- **Descripciones detalladas**: El orador puede describir una situación específica, empleando detalles sensoriales (colores, sonidos, olores) para hacer que la audiencia se sienta inmersa en la escena. Esto activa la imaginación y genera una respuesta emocional.
- **Escenarios hipotéticos**: Crear un escenario hipotético en el que la audiencia pueda imaginarse a sí misma en una situación específica también genera una reacción emocional. Por ejemplo, en un discurso sobre cambio climático, el orador podría pedir a la audiencia que imagine un futuro afectado por el calentamiento global.

Ejemplo de imagen mental:

En un discurso sobre la crisis de refugiados, el orador podría decir: "Imaginen por un momento que deben abandonar su hogar de la noche a la mañana, sin tiempo para despedirse de amigos o llevar más que una maleta. Imaginen el miedo y la incertidumbre de no saber si volverán a ver su hogar". Esta imagen mental evoca una respuesta emocional fuerte que permite que la audiencia sienta empatía hacia los refugiados.

3. Usar el tono de voz y el lenguaje corporal para reforzar las emociones

El tono de voz y el lenguaje corporal son herramientas que pueden amplificar el anclaje emocional. La forma en que el orador se expresa físicamente y con la voz refuerza la carga emocional del mensaje, ayudando a transmitir sinceridad y profundidad en lo que se dice.

- **Variar el tono de voz**: Usar un tono cálido, pausado o enérgico en los momentos apropiados ayuda a enfatizar las emociones. Por ejemplo, un tono calmado puede transmitir tristeza o reflexión, mientras que un tono enérgico transmite entusiasmo o urgencia.
- **Expresiones faciales y gestos**: Las expresiones faciales y los movimientos de las manos también transmiten emociones. Una expresión triste, una sonrisa sincera o un movimiento de las manos para enfatizar un punto ayudan a reforzar el mensaje emocional.

Ejemplo de uso de tono de voz y lenguaje corporal:

En un discurso sobre el trabajo en equipo, el orador podría sonreír y abrir los brazos al hablar sobre la importancia de la unidad. Este lenguaje corporal y tono de voz amistoso refuerzan el mensaje positivo sobre la colaboración, haciendo que la audiencia sienta el valor de trabajar juntos.

4. Elegir emociones que conecten con el tema y la audiencia

Para lograr un anclaje emocional efectivo, es fundamental que el orador elija emociones que sean relevantes para el tema y resonantes para la audiencia. No todas las emociones son adecuadas para todos los temas o audiencias; el orador debe identificar cuáles emociones serán más impactantes y motivadoras en el contexto de su discurso.

Ejemplo de selección de emociones según el tema:

- **Discursos de concientización**: Emociones como la empatía, la tristeza o el sentido de responsabilidad suelen ser efectivas en temas como la pobreza, el cambio climático o la injusticia social, ya que motivan a la audiencia a reflexionar y a querer actuar.
- **Discursos de motivación**: En temas como liderazgo o emprendimiento, emociones como la inspiración, el optimismo y la confianza ayudan a que la audiencia sienta que puede alcanzar sus objetivos.
- **Discursos de celebración o reconocimiento**: En eventos de celebración o reconocimiento, emociones como el orgullo, la gratitud y la alegría son las más adecuadas, ya que crean un ambiente positivo y de camaradería.

Estrategia para elegir emociones relevantes

Para elegir las emociones adecuadas, el orador puede considerar el contexto del evento y las características de la audiencia. Por ejemplo, en un evento corporativo sobre innovación, el orador podría enfatizar emociones de curiosidad y entusiasmo, mientras que en una conferencia sobre responsabilidad social, podría enfocarse en la empatía y el sentido de responsabilidad.

5. Evitar la manipulación emocional

El anclaje emocional es una herramienta poderosa, pero debe usarse con responsabilidad. Manipular las emociones de la audiencia con exageraciones o apelaciones no auténticas puede dañar la credibilidad del orador y generar rechazo. Las emociones en el discurso deben surgir de manera genuina y estar al servicio de un mensaje auténtico, sin intentar forzar reacciones o aprovecharse de la vulnerabilidad de los oyentes.

- **Evitar exageraciones**: Presentar situaciones de manera exagerada o dramática puede hacer que el discurso parezca inauténtico o manipulador. La audiencia puede percibir esta intención y desconectarse emocionalmente.
- **Apelar a emociones genuinas**: El orador debe asegurarse de que las emociones que quiere evocar surjan de una necesidad real y de un propósito legítimo. La autenticidad es clave para que el mensaje sea aceptado y para que la audiencia sienta una conexión real.

Ejemplo de evitar la manipulación emocional:

En un discurso sobre salud pública, en lugar de exagerar las consecuencias de una enfermedad para asustar a la audiencia, el orador puede explicar los riesgos de manera realista y utilizar una historia personal o un caso verídico para ilustrar la importancia de la prevención.

El vocabulario adecuado

El vocabulario adecuado es un elemento esencial en cualquier discurso, ya que el uso de las palabras correctas puede marcar la diferencia entre un mensaje efectivo y uno confuso o ineficaz. El vocabulario adecuado permite que el orador comunique sus ideas de manera clara, precisa y atractiva, facilitando que la audiencia comprenda y se conecte con el mensaje. Elegir las palabras correctas es especialmente importante porque el lenguaje tiene un poder significativo sobre las emociones, la comprensión y la persuasión.

Hablar en público implica pensar cuidadosamente en el público al que se dirige el mensaje, en el tono adecuado para el contexto y en cómo el vocabulario seleccionado puede realzar el contenido del discurso.

1. Conocer a la audiencia para adaptar el vocabulario

El primer paso para elegir el vocabulario adecuado es conocer a la audiencia. El orador debe preguntarse quiénes son los oyentes y qué tipo de lenguaje les resultará más accesible y atractivo. Adaptar el vocabulario a las características de la audiencia es fundamental para que el mensaje sea bien recibido y comprendido.

Algunos aspectos importantes a considerar para adaptar el vocabulario son:

- **Nivel de conocimiento sobre el tema**: Si la audiencia es experta en el tema, el orador puede utilizar un vocabulario técnico y especializado. Sin embargo, si los oyentes tienen poco conocimiento del tema, es mejor evitar el uso de jerga y optar por palabras y expresiones más simples y accesibles.
- **Contexto cultural y social**: La cultura y el entorno social de la audiencia pueden influir en el tipo de lenguaje que será más efectivo. Es importante evitar expresiones o palabras que puedan ser malinterpretadas o que no sean familiares para ciertos grupos culturales o generacionales.
- **Edad y experiencia profesional**: La edad y la experiencia también influyen en el vocabulario que resultará adecuado. Una audiencia joven puede responder mejor a un lenguaje dinámico y moderno, mientras que una audiencia de profesionales puede apreciar un vocabulario formal y técnico que proyecte autoridad.

Ejemplo de adaptación del vocabulario:

Imaginemos un discurso sobre salud y bienestar dirigido a adolescentes y adultos jóvenes. En lugar de utilizar términos médicos complejos, el orador podría decir: "Hacer ejercicio no solo mejora nuestro cuerpo, sino que también nos hace sentir más felices y tranquilos". Esto facilita la comprensión y conecta

mejor con un público joven, que podría desconectarse si se usan
términos técnicos.

2. sar un lenguaje claro y directo

Para que el discurso sea claro y comprensible, es fundamental
usar un lenguaje claro y directo. Esto implica evitar palabras
innecesarias, frases demasiado largas y construcciones
complicadas que puedan confundir a la audiencia. El objetivo
del orador debe ser que cada palabra aporte valor al mensaje y
facilite la comprensión.

- **Evitar términos vagos o ambiguos**: El orador debe evitar
el uso de términos que puedan tener múltiples
interpretaciones. Palabras como "alguna vez", "muchos"
o "cosas" pueden ser reemplazadas por términos
específicos que clarifiquen la idea.
- **Frases cortas y concisas**: Las oraciones largas y complejas
suelen dificultar la comprensión, especialmente en el
contexto de un discurso en vivo, donde la audiencia no
puede detenerse a analizar cada palabra. Las frases
breves permiten que el mensaje fluya de manera natural
y ayudan a que el público lo procese rápidamente.
- **Evitar jergas y tecnicismos innecesarios**: La jerga y los
tecnicismos son útiles en ciertos contextos, pero pueden
obstaculizar la comprensión si la audiencia no está
familiarizada con ellos. Es recomendable usarlos solo
cuando sea necesario y acompañarlos de una explicación
clara cuando se utilicen.

Ejemplo de lenguaje claro y directo:

Si el orador está hablando sobre los beneficios del ejercicio, en
lugar de decir: "La actividad física regular fomenta la liberación
de neurotransmisores como la serotonina y la dopamina, que
afectan positivamente el estado anímico", podría decir: "Hacer
ejercicio nos hace sentir más felices y tranquilos, porque libera

sustancias en el cerebro que mejoran nuestro ánimo". Esta versión es más directa y fácil de entender para una audiencia general.

3. Elegir palabras que evoquen emociones

El vocabulario no solo sirve para informar, sino también para **evocar emociones** en la audiencia. Las palabras que despiertan sentimientos y emociones ayudan a que el mensaje tenga un mayor impacto y sea memorable. Al seleccionar palabras que conecten emocionalmente, el orador puede hacer que su mensaje resuene en la audiencia y deje una impresión duradera.

- **Usar palabras positivas o inspiradoras**: Las palabras como "logro", "esperanza", "crecimiento" o "fortaleza" transmiten emociones positivas y generan una atmósfera de motivación y optimismo.
- **Evitar palabras que generen rechazo o confusión**: Es importante evitar palabras que puedan causar rechazo o crear una sensación negativa. En lugar de usar términos como "problema" o "dificultad", el orador puede hablar de "desafíos" u "oportunidades de mejora".
- **Usar metáforas y analogías emocionales**: Las metáforas permiten que la audiencia visualice el mensaje y lo sienta en un nivel más personal. Por ejemplo, en lugar de decir "superación de obstáculos", el orador podría usar la metáfora "superar montañas", lo cual genera una imagen mental poderosa.

Ejemplo de palabras que evocan emociones:

En un discurso sobre resiliencia, en lugar de decir "Afrontar los problemas requiere fuerza y paciencia", el orador podría decir: "Para cada montaña que superamos, encontramos una nueva vista que nos inspira a seguir adelante". Este cambio evoca una imagen inspiradora y genera una conexión emocional más profunda.

4. Usar vocabulario visual y concreto

Un vocabulario visual y concreto facilita que la audiencia visualice las ideas y conceptos, lo cual mejora la comprensión y hace que el mensaje sea más memorable. Las palabras visuales y concretas ayudan a que el discurso tenga vida y que la audiencia pueda imaginar lo que el orador está describiendo.

- **Elegir palabras concretas sobre palabras abstractas**: Las palabras abstractas (como "mejora" o "progreso") pueden ser reemplazadas por términos concretos que pinten una imagen en la mente de la audiencia. Por ejemplo, en lugar de "lograr un cambio positivo", el orador puede decir "dar un paso adelante" o "alcanzar una meta".
- **Incluir descripciones sensoriales**: Las descripciones que involucran los sentidos —como colores, sonidos o texturas— permiten que la audiencia visualice el mensaje y lo sienta de manera más intensa.

Ejemplo de vocabulario visual y concreto:

Si el orador está hablando sobre la importancia de la naturaleza, en lugar de decir "La naturaleza es importante para la salud", podría decir: "Imaginen caminar por un bosque verde y sentir la brisa fresca mientras respiran aire puro. Eso es salud para el alma". Este tipo de descripción permite que la audiencia visualice el mensaje y se conecte emocionalmente con él.

5. Usar sinónimos y variaciones para evitar la repetición

La variedad de vocabulario es clave para que el discurso sea atractivo y fluido. La repetición excesiva de palabras puede hacer que el mensaje suene monótono o que la audiencia pierda el interés. Utilizar sinónimos o expresiones alternativas enriquece el lenguaje y permite que el discurso tenga un ritmo natural.

- **Alternar sinónimos y expresiones equivalentes**: Si una palabra o concepto es importante en el discurso, el orador puede buscar sinónimos o expresiones similares para evitar que la repetición aburra a la audiencia.
- **Usar paráfrasis para reforzar ideas**: La paráfrasis permite que el orador reitere una idea clave sin sonar repetitivo. Al expresar la misma idea de diferentes maneras, se refuerza el mensaje y se garantiza que la audiencia lo entienda claramente.

Ejemplo de variedad en el vocabulario:

En un discurso sobre perseverancia, en lugar de repetir la palabra "resiliencia" varias veces, el orador puede alternar con palabras como "fortaleza", "determinación" o "capacidad de adaptación". Esto hace que el discurso sea más dinámico y evita que la audiencia pierda interés.

6. Evitar las muletillas y palabras de relleno

Las muletillas y las palabras de relleno —como "eh", "bueno", "como" o "realmente"— pueden hacer que el discurso suene menos profesional y reducir la claridad del mensaje. Aunque es normal que algunos oradores usen muletillas cuando improvisan, es importante reducir su uso para mejorar la fluidez y proyectar una imagen más segura.

- **Practicar con consciencia del lenguaje**: Al practicar el discurso, el orador puede grabarse y escuchar cuántas veces utiliza palabras de relleno. Esta práctica permite identificar las muletillas y trabajar en su reducción.
- **Pausas estratégicas en lugar de muletillas**: Las pausas son una alternativa útil a las muletillas, ya que permiten que el orador piense en la siguiente idea sin añadir palabras innecesarias. Además, las pausas pueden aumentar la tensión y captar la atención de la audiencia.

Ejemplo de evitar muletillas:

En lugar de decir: "Entonces… bueno, la resiliencia realmente es importante, eh, porque nos permite… enfrentar los problemas", el orador puede decir: "La resiliencia es esencial porque nos permite enfrentar los desafíos". Este discurso sin muletillas es más claro, directo y profesional.

7. Adaptar el vocabulario al tono y estilo del discurso

El tono y estilo del discurso también influyen en el tipo de vocabulario que el orador debe utilizar. En un discurso formal, el lenguaje debe ser profesional y preciso, mientras que en un discurso más relajado o motivacional, el orador puede permitirse usar un vocabulario más informal y cercano.

- **Elegir un tono adecuado para el contexto**: En contextos formales, es importante evitar el uso de palabras coloquiales o informales que puedan hacer que el discurso pierda seriedad. En cambio, en contextos informales, el uso de un lenguaje más sencillo y cercano ayuda a que el público se sienta cómodo y receptivo.
- **Usar metáforas y expresiones idiomáticas con cuidado**: Las expresiones coloquiales pueden ser útiles en contextos informales, pero deben ser usadas con precaución en discursos formales. Además, es importante que estas expresiones sean apropiadas y comprendidas por la audiencia.

Ejemplo de adaptación de vocabulario al tono:

Si el orador está dando una conferencia sobre liderazgo en una universidad, podría usar un tono inspirador y frases como "No se trata solo de ser el jefe; se trata de ser un líder con empatía". En cambio, en una presentación de negocios, el orador podría optar por decir: "El liderazgo efectivo requiere empatía y comprensión hacia el equipo". Esta última versión es más profesional y adecuada para un contexto formal.

La energía adecuada

La energía adecuada es un elemento fundamental para hablar en público de manera eficaz. La energía que el orador proyecta tiene un impacto directo en cómo la audiencia percibe el mensaje y en su nivel de atención e interés. Cuando el orador muestra una energía que se alinea con el propósito del discurso y con el estado emocional que quiere evocar en su audiencia, crea una atmósfera atractiva que facilita la conexión y la comprensión. Sin embargo, mantener la energía adecuada no significa actuar de manera forzada o sobreactuada; se trata de encontrar un equilibrio que permita que el orador exprese su entusiasmo y compromiso sin que el mensaje pierda autenticidad. La energía debe estar siempre en sintonía con el tema, el contexto y la audiencia, lo cual implica que el orador debe ser capaz de ajustar su nivel de energía según la situación.

Uno de los aspectos más importantes para lograr una energía adecuada es conocer el propósito del discurso y las emociones que se desean transmitir. Un mensaje motivacional o inspirador, por ejemplo, requiere un nivel de energía alto y un tono de voz entusiasta que transmita pasión y entusiasmo. En este tipo de discurso, el orador puede utilizar movimientos amplios y un lenguaje corporal activo para mostrar su compromiso con el mensaje. En cambio, en un discurso sobre un tema serio o emotivo, como la pérdida o el duelo, la energía debe ser más contenida y solemne, proyectando empatía y respeto. Aquí, el orador podría optar por un tono más bajo y pausado, evitando gestos exagerados para mantener la atmósfera de solemnidad. Entender la intención del mensaje permite que el orador adapte su energía de manera que potencie el contenido sin desentonar con el contexto.

El manejo de la energía también involucra el uso de la voz y el lenguaje corporal. Una voz firme y proyectada comunica confianza y seguridad, lo cual ayuda a captar la atención de la audiencia desde el inicio. Variar el tono y el volumen de la voz, además, permite enfatizar ciertos puntos y evita que el discurso suene monótono. Las pausas estratégicas también son una herramienta valiosa, ya que permiten que el orador mantenga el ritmo y que la audiencia asimile los puntos clave. En cuanto al lenguaje corporal, una postura abierta y gestos naturales ayudan a proyectar una energía positiva y accesible, mientras que movimientos controlados y dirigidos refuerzan la intención detrás de cada idea. Es importante que el orador mantenga contacto visual con la audiencia, ya que esto transmite seguridad y permite que la audiencia se sienta incluida en la comunicación.

La empatía hacia la audiencia es otro componente esencial para ajustar la energía. El orador debe ser capaz de leer las reacciones de la audiencia en tiempo real y adaptarse a ellas. Si percibe señales de desconexión o desinterés, puede aumentar su nivel de energía, utilizando un tono de voz más dinámico o introduciendo una anécdota que revitalice el discurso. Por otro lado, si la audiencia se muestra receptiva y emocionalmente conectada, el orador puede mantener una energía más calmada y cercana, permitiendo que el mensaje fluya de manera orgánica. Este tipo de adaptabilidad muestra a la audiencia que el orador está presente y atento a sus necesidades, lo cual refuerza la conexión y la hace sentir valorada.

Además de proyectar una energía adecuada, es importante que el orador cuide de su propia energía física y mental antes del discurso. Esto implica descansar bien, alimentarse de manera equilibrada y practicar ejercicios de relajación para reducir el estrés. Mantener una buena condición física y mental permite que el orador tenga la resistencia y claridad necesarias para transmitir su mensaje sin agotarse. La preparación física y mental no solo contribuye a mantener una energía estable durante el discurso, sino que también ayuda a proyectar una imagen segura y profesional, lo cual aumenta la credibilidad y confianza del orador frente a la audiencia.

Finalmente, la energía adecuada también implica encontrar un equilibrio entre entusiasmo y control. Si bien es importante proyectar pasión y entusiasmo por el mensaje, el orador debe evitar que esa energía se convierta en una sobrecarga que abrumen a la audiencia. Un exceso de energía puede hacer que el discurso parezca frenético o poco sincero, lo cual podría desconectar a la audiencia en lugar de atraerla. El equilibrio se logra cuando el orador es capaz de transmitir su mensaje de manera auténtica y genuina, dejando que su energía refuerce, pero no eclipse, el contenido. En resumen, la energía adecuada es aquella que potencia el mensaje, sintoniza con la audiencia y permite que el orador se exprese de manera auténtica y conectada. Una energía bien manejada hace que el discurso no solo sea escuchado, sino también sentido y recordado.

La práctica y el feedback

La práctica y el feedback son elementos esenciales en el desarrollo de cualquier orador que quiera perfeccionar su habilidad para hablar en público. Aunque algunas personas tienen un talento natural para expresarse frente a una audiencia, incluso los mejores oradores necesitan practicar para pulir su estilo, mejorar la claridad de su mensaje y asegurarse de que sus ideas se transmitan de manera efectiva. La práctica no solo implica repetir el discurso una y otra vez; también se trata de familiarizarse con el contenido, experimentar con diferentes formas de expresión y adaptarse a distintos tipos de audiencias. Además, el feedback es un componente crucial en este proceso, ya que proporciona una perspectiva externa que permite al orador identificar aspectos de mejora y potenciar sus fortalezas. La combinación de práctica constante y feedback constructivo ayuda al orador a evolucionar y a ganar la confianza necesaria para presentarse con seguridad frente a cualquier audiencia.

La práctica del discurso debe ser un proceso consciente y planificado, en el cual el orador descompone el mensaje y se enfoca en cada uno de los elementos que lo componen. Para empezar, es recomendable practicar en un espacio tranquilo donde el orador pueda concentrarse sin distracciones. Al principio, el objetivo no es memorizar el discurso palabra por palabra, sino familiarizarse con las ideas clave y el flujo de información. Una técnica útil es dividir el discurso en secciones y practicar cada parte por separado, prestando atención a las transiciones y a la coherencia entre los diferentes puntos. Esta práctica estructurada permite que el orador internalice el mensaje y se sienta más cómodo con el contenido, lo cual le da la flexibilidad necesaria para adaptarse e improvisar si es necesario durante la presentación.

Una vez que el orador se siente familiarizado con el contenido, es importante practicar frente a un espejo o, mejor aún, grabarse en video para observar el lenguaje corporal, el tono de voz y las expresiones faciales. Ver una grabación de la práctica proporciona información valiosa sobre la postura, los gestos y la forma en que se proyecta la energía. Al revisar el video, el orador puede notar aspectos que no percibe mientras está hablando, como muletillas, pausas inadecuadas, expresiones faciales que no corresponden con el mensaje o gestos repetitivos. Esta autocrítica es una oportunidad para realizar ajustes y perfeccionar los detalles, logrando que el mensaje sea coherente y que el lenguaje corporal esté alineado con el contenido. Practicar frente a un espejo o en video también ayuda a que el orador se familiarice con su propia imagen, lo cual reduce la ansiedad y aumenta la confianza.

Además de la autocrítica, el feedback externo es fundamental para el crecimiento del orador. Recibir comentarios de personas que representan al tipo de audiencia a la que se dirigirá el discurso proporciona una perspectiva realista sobre cómo será recibido el mensaje. Los amigos, familiares o colegas pueden ofrecer opiniones sobre la claridad del mensaje, la efectividad del lenguaje corporal, el tono de voz y otros aspectos que podrían necesitar ajustes. Es importante que el orador busque feedback de personas que puedan ser objetivas y constructivas en sus observaciones, ya que el objetivo no es recibir elogios, sino identificar oportunidades de mejora. Al recibir feedback, el orador debe tener una actitud abierta y dispuesta a escuchar, sin tomar los comentarios de manera personal. La retroalimentación constructiva es una herramienta invaluable para mejorar y para entender cómo se puede adaptar el mensaje para que tenga un mayor impacto.

Un aspecto clave al recibir feedback es aprender a diferenciar entre los comentarios que son constructivos y aquellos que son subjetivos o poco específicos. Los comentarios constructivos son aquellos que ofrecen sugerencias claras y específicas, como "Deberías hacer una pausa después de cada punto importante" o "Sería mejor si te movieras menos para evitar distracciones". Estos comentarios le dan al orador algo concreto en lo que trabajar. En cambio, los comentarios vagos como "Habla con más entusiasmo" o "Pareces nervioso" son menos útiles, ya que no ofrecen una guía clara para mejorar. El orador debe aprender a valorar los comentarios que le aportan una perspectiva clara y enfocarse en aquellos aspectos que puede ajustar para mejorar la calidad del discurso.

La práctica no solo ayuda a perfeccionar el contenido, sino que también permite que el orador gane fluidez y confianza. A medida que el orador repite el discurso y ajusta los detalles en función del feedback recibido, empieza a sentirse más cómodo con el mensaje y con su estilo de presentación. Esta confianza se proyecta en su lenguaje corporal, en su tono de voz y en la seguridad con la que comunica cada idea. La práctica regular también permite que el orador mejore su capacidad para reaccionar a situaciones imprevistas. Cuando alguien está bien preparado, es más fácil mantener la calma y adaptarse si surge una pregunta inesperada o si hay una interrupción. La fluidez adquirida a través de la práctica reduce la dependencia de un guión, permitiendo que el orador se exprese de forma natural y auténtica.

Finalmente, es importante recordar que la práctica y el feedback son procesos continuos. Un buen orador no deja de practicar ni de buscar retroalimentación, incluso si ya tiene experiencia en hablar en público. Cada discurso es una nueva oportunidad para aprender y perfeccionar el estilo personal. Con cada práctica, el orador adquiere nuevas habilidades y herramientas que enriquecen su capacidad de comunicación. La búsqueda constante de mejora es lo que permite a los oradores alcanzar un nivel de maestría y proyectar profesionalismo en cada presentación. Al final, la práctica y el feedback son los pilares que sostienen el crecimiento y la evolución de cualquier orador comprometido con su desarrollo.

Capítulo 3: El poder del lenguaje no verbal

Cuando pensamos en un discurso impactante, solemos enfocarnos en las palabras que utilizaremos para transmitir nuestro mensaje. Sin embargo, el lenguaje no verbal —nuestra postura, gestos, tono de voz y expresiones faciales— juega un papel tan importante como las palabras mismas. De hecho, estudios en comunicación sugieren que más del 60% de lo que la audiencia percibe y recuerda de un discurso está basado en elementos no verbales. El lenguaje no verbal tiene el poder de amplificar el mensaje, crear una conexión profunda con la audiencia y transmitir seguridad y autenticidad.

El lenguaje no verbal es esencial porque refuerza y le da credibilidad a nuestras palabras. Un mensaje contundente puede perder fuerza si la postura, el tono de voz o el contacto visual del orador no están alineados con lo que se está diciendo. Por ejemplo, un tono de voz débil o una postura cerrada pueden sugerir inseguridad, aunque el discurso esté bien estructurado y tenga contenido valioso. Por otro lado, un lenguaje no verbal congruente con el mensaje proyecta confianza y genera en la audiencia una percepción positiva y de credibilidad.

Además, el lenguaje no verbal permite que el orador se conecte emocionalmente con la audiencia. La postura abierta, el contacto visual y los gestos expresivos crean una atmósfera de cercanía, invitando a la audiencia a involucrarse y a responder al mensaje de manera activa. La conexión emocional es un aspecto fundamental para que el mensaje no solo se entienda, sino que también se sienta y se recuerde.

En este capítulo, descubrirás cómo cada aspecto del lenguaje no verbal puede ser utilizado estratégicamente para complementar y potenciar tu mensaje. Aprenderás cómo proyectar confianza a través de tu postura, a utilizar el tono de voz para captar y mantener la atención, y a emplear gestos y expresiones que le den vida a tus palabras. Al dominar el lenguaje no verbal, estarás desarrollando una presencia auténtica y persuasiva que hará que tu mensaje sea memorable y que tu conexión con la audiencia sea genuina.

Tu postura

La postura es un aspecto esencial del lenguaje no verbal en una presentación pública. La manera en que el orador se posiciona y sostiene su cuerpo envía mensajes claros a la audiencia incluso antes de que comience a hablar. Una postura adecuada proyecta seguridad, autoridad y profesionalismo, mientras que una postura inestable o insegura puede afectar negativamente la percepción del público y reducir el impacto del mensaje.

A continuación, desglosamos los elementos clave de una postura eficaz para hablar en público.

1. Postura erguida y equilibrada

- **Posición de los pies**: Mantén los pies separados a la altura de los hombros y bien plantados sobre el suelo. Esta posición proporciona equilibrio y estabilidad, proyectando una imagen de firmeza y seguridad.
- **Espalda recta**: Evita encorvarte o inclinarte hacia adelante, ya que esto puede transmitir inseguridad. Una espalda recta muestra confianza y apertura.
- **Distribución del peso**: Asegúrate de que el peso esté distribuido equitativamente entre ambos pies. Cambiar constantemente de un pie a otro o balancearse puede indicar nerviosismo.

Esta posición erguida y equilibrada permite una respiración libre y evita tensiones en el cuerpo, lo que facilita la proyección de la voz y permite que el orador se sienta más seguro.

2. Alineación de la cabeza y contacto visual

- **Cabeza erguida**: Mantener la cabeza en alto proyecta seguridad y permite un contacto visual efectivo. Mirar hacia el suelo o mantener la cabeza baja puede hacer que el orador parezca inseguro o desconectado de la audiencia.
- **Contacto visual**: Establecer contacto visual directo con la audiencia es esencial para crear una conexión. Trata de mirar a diferentes personas en la sala o dirigirte a distintas secciones de la audiencia para incluir a todos. Esto transmite apertura y sinceridad.

El contacto visual y una cabeza erguida muestran interés y compromiso, haciendo que la audiencia perciba al orador como una persona confiable y segura.

3. Posición de los brazos y las manos

- **Brazos relajados a los lados**: Evita cruzar los brazos sobre el pecho o mantener las manos en los bolsillos, ya que estos gestos pueden interpretarse como señales de cierre o desinterés. Mantener los brazos relajados a los lados proyecta apertura.
- **Gestos controlados**: Usa las manos para enfatizar puntos importantes, pero evita los gestos excesivos o nerviosos. Movimientos amplios y naturales transmiten energía y seguridad, mientras que movimientos repetitivos o tensos pueden distraer a la audiencia.

Una postura abierta con los brazos relajados invita a la audiencia a conectar con el orador y permite que el mensaje fluya de manera más natural y accesible.

4. Control del movimiento y posición de los pies

- **Movimiento controlado**: Mantenerse en un solo lugar por demasiado tiempo puede parecer rígido, mientras que moverse constantemente puede distraer a la audiencia. Utiliza movimientos moderados y controlados para acercarte a diferentes partes de la audiencia o para enfatizar puntos específicos del discurso.
- **Evitar los pasos nerviosos**: Caminar de un lado a otro sin propósito transmite inseguridad. En lugar de esto, muévete estratégicamente y mantén una postura firme cuando hables.

Un desplazamiento equilibrado ayuda a que el orador mantenga la atención de la audiencia y permite que el mensaje llegue con mayor fuerza.

5. El efecto de la postura en el estado emocional del orador

- **Confianza interna**: Adoptar una postura erguida y abierta no solo impacta la percepción de la audiencia, sino también la autoconfianza del orador. Estudios han demostrado que una postura de poder —como una posición erguida con los hombros relajados— puede aumentar la seguridad y reducir la ansiedad.
- **Relajación y calma**: Una postura firme y abierta facilita una respiración profunda y controlada, lo cual ayuda a reducir los nervios. Esta conexión entre postura y respiración permite que el orador se sienta más cómodo y relajado durante la presentación.

Mantener una postura adecuada beneficia tanto la percepción externa como el bienestar emocional del orador, ayudándole a proyectar una imagen segura y a sentirse más preparado.

6. Práctica de la postura

- **Práctica frente al espejo o en video**: Ensayar el discurso frente a un espejo o grabarse en video permite que el orador observe y corrija su postura. Notar si tiende a encorvarse, cruzar los brazos o moverse de forma nerviosa ayuda a realizar ajustes previos a la presentación.
- **Feedback de terceros**: Solicitar comentarios de amigos o colegas sobre la postura y el lenguaje corporal es útil para obtener una perspectiva externa. Este feedback puede revelar gestos o posturas que el orador no nota por sí mismo.

Practicar de manera consciente y recibir retroalimentación permite que el orador perfeccione su postura, proyectando profesionalismo y seguridad al momento de la presentación.

El tono de voz

El **tono de voz** es una herramienta poderosa en el arte de hablar en público y uno de los aspectos más importantes del lenguaje no verbal. A través del tono de voz, el orador comunica emociones, enfatiza ideas y crea una conexión emocional con la audiencia. Mientras que las palabras constituyen el contenido del mensaje, el tono de voz transmite el "cómo" del mensaje, influyendo directamente en cómo la audiencia recibe, interpreta y recuerda lo que se ha dicho. Un tono de voz adecuado puede hacer que el mensaje sea más persuasivo, inspirador o cercano, mientras que un tono inadecuado puede restarle impacto e incluso generar una desconexión con el público.

Estos son los elementos clave que definen el tono de voz y las estrategias para aprovecharlo eficazmente en cualquier presentación.

1. La importancia del tono en la comunicación emocional

- **Refleja emociones**: El tono de voz permite que el orador exprese emociones como entusiasmo, alegría, seriedad o empatía. Al usar un tono cálido y cercano, el orador puede mostrar su entusiasmo o su interés en el tema, mientras que un tono más serio y pausado puede transmitir respeto o solemnidad. La audiencia percibe estas emociones y se siente más conectada con el mensaje.
- **Genera conexión**: A través del tono, el orador crea un puente emocional con la audiencia, haciéndola sentir que el mensaje está dirigido a ella de manera personal. Un tono de voz que muestre empatía y sinceridad puede hacer que la audiencia se sienta escuchada y valorada, aumentando su receptividad al mensaje.

Al adaptar el tono de voz a las emociones y al contexto del discurso, el orador logra que su mensaje no solo sea escuchado, sino también sentido, lo cual incrementa su impacto y memorabilidad.

2. Elementos que conforman el tono de voz

El tono de voz está compuesto por varios elementos que, en conjunto, le dan al mensaje una cualidad única y significativa:

- **Volumen**: El volumen determina la intensidad del mensaje. Hablar en un tono moderadamente alto ayuda a captar la atención de la audiencia, mientras que bajar el volumen en ciertos momentos puede crear una atmósfera de intimidad o suspenso. El orador debe ser capaz de variar el volumen según la situación y el mensaje que quiere enfatizar.
- **Entonación**: La entonación se refiere a las variaciones de tono que el orador utiliza a lo largo del discurso. Una entonación variada y dinámica mantiene el interés de la

audiencia, mientras que un tono monótono puede hacer que el mensaje suene aburrido o carente de emoción.

- **Ritmo**: El ritmo o velocidad del discurso también afecta cómo se percibe el tono. Un ritmo más rápido puede transmitir energía o urgencia, mientras que un ritmo pausado permite que la audiencia reflexione sobre ideas importantes. Alternar entre ritmos ayuda a darle dinamismo al discurso.
- **Pausas estratégicas**: Las pausas son una herramienta poderosa para el tono de voz, ya que permiten que el orador enfatice puntos clave y mantenga la atención de la audiencia. Hacer una pausa después de una afirmación importante le da tiempo a la audiencia para asimilar la información y refuerza el impacto del mensaje.

Al combinar estos elementos, el orador logra un tono de voz que no solo transmite el mensaje, sino que también refuerza el significado y las emociones que desea comunicar.

3. Ajuste del tono de voz según el contexto y el tema

El tono de voz debe adaptarse tanto al tema del discurso como al contexto en el que se presenta:

- **Temas formales o serios**: En discursos sobre temas formales o serios —como la salud, la justicia o los derechos humanos— es recomendable utilizar un tono respetuoso y controlado. Un tono de voz calmado y pausado ayuda a que la audiencia perciba el mensaje con el peso y la seriedad que merece.
- **Temas motivacionales o inspiradores**: En un discurso motivacional, el tono debe ser enérgico y apasionado. Un tono alto, acompañado de una entonación dinámica, genera entusiasmo y puede inspirar a la audiencia a actuar o cambiar su perspectiva.
- **Contextos informales o distendidos**: En un entorno más relajado, como una charla entre amigos o un evento de entretenimiento, el tono puede ser más casual y cercano.

Este tipo de tono permite que la audiencia se sienta cómoda y receptiva, facilitando una atmósfera de confianza.

Adaptar el tono al contexto y al tema permite que el orador transmita el mensaje de manera efectiva y que la audiencia perciba la autenticidad del orador, lo cual fortalece la conexión emocional.

4. Estrategias para mejorar el uso del tono de voz

Para dominar el tono de voz, el orador puede implementar diversas estrategias que lo ayuden a transmitir el mensaje con mayor claridad y fuerza:

- **Practicar con grabaciones**: Grabar el discurso y escucharlo permite que el orador identifique variaciones de tono, ritmo y volumen. Esta autocrítica ayuda a ajustar y perfeccionar el tono de voz antes de la presentación en vivo.
- **Observar la respuesta de la audiencia**: Durante la presentación, el orador debe estar atento a las reacciones de la audiencia. Si nota que la audiencia pierde interés, puede elevar el tono de voz o acelerar el ritmo para captar su atención. Por otro lado, si observa que la audiencia está emocionalmente conectada, puede bajar el tono y hacer pausas para mantener la conexión.
- **Experimentar con diferentes tonos y ritmos**: Practicar con diferentes tonos y ritmos para distintos puntos del discurso permite que el orador encuentre el estilo que mejor se adapte a su mensaje y a su personalidad. Esta experimentación ayuda a que el discurso fluya de manera natural y auténtica.
- **Usar pausas para enfatizar puntos clave**: Hacer pausas estratégicas justo antes o después de un punto importante permite que el orador refuerce el impacto del mensaje. Las pausas también le dan a la audiencia tiempo

para procesar la información, especialmente si se trata de un tema complejo o emocionalmente significativo.

Con estas estrategias, el orador puede afinar su tono de voz, logrando una comunicación más efectiva y conectada con la audiencia.

5. El impacto del tono de voz en la percepción de la audiencia

El tono de voz tiene un impacto directo en la percepción de la audiencia. Dependiendo del tono, la audiencia puede interpretar al orador como confiado, cercano, autoritario o incluso distante. Por ejemplo:

- **Confianza y autoridad**: Un tono firme y claro proyecta confianza y autoridad, ayudando a que la audiencia vea al orador como una figura profesional y competente. Esto es especialmente importante en discursos persuasivos o informativos, donde la credibilidad del orador es esencial para el impacto del mensaje.
- **Empatía y cercanía**: Un tono cálido y pausado transmite empatía, lo cual permite que la audiencia se sienta comprendida y conectada emocionalmente con el mensaje. Esto es especialmente útil en discursos sobre temas personales o en contextos de apoyo y motivación.
- **Entusiasmo y energía**: Un tono enérgico y positivo muestra entusiasmo, lo cual inspira a la audiencia y crea una atmósfera de motivación y optimismo. Este tipo de tono es ideal para discursos motivacionales, presentaciones de proyectos o eventos de celebración.

El tono de voz adecuado permite que el orador proyecte una imagen alineada con el mensaje, facilitando que la audiencia reciba el mensaje de la forma en que fue intencionado.

6. Errores comunes en el uso del tono de voz y cómo evitarlos

Algunos errores comunes en el uso del tono de voz pueden disminuir el impacto de un discurso. Identificar y evitar estos errores es fundamental para mejorar la efectividad del mensaje:

- **Monotonía**: Hablar en un tono monótono sin variaciones de entonación puede hacer que el discurso suene aburrido y que la audiencia pierda interés. Para evitar la monotonía, el orador debe practicar con variaciones de tono y ritmo, ajustando su voz para enfatizar diferentes puntos.
- **Volumen inapropiado**: Hablar demasiado bajo puede hacer que el mensaje no se escuche bien, mientras que un volumen excesivo puede resultar agresivo. Practicar el volumen adecuado para cada punto del discurso y para el espacio donde se hablará ayuda a mantener la claridad y la comodidad de la audiencia.
- **Ritmo acelerado**: Hablar demasiado rápido puede dificultar la comprensión del mensaje y hacer que el orador parezca nervioso. Para evitar este error, es recomendable que el orador practique a un ritmo pausado, respirando entre frases y utilizando pausas estratégicas.
- **Excesivas muletillas vocales**: El uso de muletillas como "eh" o "um" puede restar profesionalismo y hacer que el orador parezca inseguro. La práctica de pausas en lugar de muletillas ayuda a que el discurso sea más limpio y profesional.

Al estar consciente de estos errores y trabajar para corregirlos, el orador puede mejorar su tono de voz, logrando que su mensaje sea recibido con claridad y profesionalismo.

Los silencios

Aunque generalmente se percibe como un vacío que debe evitarse, el silencio tiene un papel fundamental en la comunicación efectiva y, cuando se utiliza conscientemente, puede mejorar significativamente el impacto del discurso. Dominar el uso de los silencios permite al orador proyectar seguridad, enfatizar puntos importantes y crear una conexión profunda con la audiencia. Incorporar silencios estratégicos en una presentación no solo enriquece el mensaje, sino que también refleja una comunicación madura y profesional, mostrando que el orador está en control de sus palabras y de su presencia.

Ahora, descubriremos por qué es crucial adoptar el uso consciente de los silencios para mejorar el lenguaje no verbal al hablar en público.

1. Los silencios como herramienta de énfasis

Los silencios crean espacio para el énfasis y son una forma poderosa de subrayar ideas clave. Al hacer una pausa justo después de una afirmación importante, el orador da tiempo a la audiencia para asimilar el mensaje, permitiendo que el contenido se fije en su memoria. Esta pausa no es una interrupción del discurso, sino una manera de permitir que las palabras resuenen, aumentando su significado y relevancia. Sin estos momentos de pausa, el mensaje corre el riesgo de volverse una serie de palabras continuas que pueden abrumar a la audiencia.

Además, el uso de silencios para enfatizar muestra un dominio del mensaje y una intención clara de que cada punto tenga el peso adecuado. Al adoptar este concepto, el orador proyecta seguridad y confianza en lo que está diciendo, mostrando que cada palabra cuenta y tiene un propósito. Los oyentes interpretan el uso consciente de los silencios como una señal de que el orador ha pensado cuidadosamente en su mensaje, lo cual fortalece su credibilidad y autoridad.

2. Crear impacto emocional y suspenso

El silencio no solo sirve para enfatizar, sino que también puede ser una herramienta para crear impacto emocional y suspenso. Una pausa bien colocada antes de una revelación importante o después de plantear una pregunta retórica mantiene a la audiencia en suspenso, generando una expectativa que aumenta el valor del mensaje que sigue. Este manejo del ritmo a través de los silencios permite que el discurso se vuelva una experiencia emocional, manteniendo a la audiencia en el borde de su asiento y más comprometida con el contenido.

El dominio del silencio también permite que el orador controle la atmósfera de la sala. Un silencio justo antes de un momento emotivo permite que la audiencia se prepare para lo que sigue y establece un ambiente de receptividad y sensibilidad. Este enfoque es especialmente valioso en discursos de motivación, temas personales o presentaciones en las que el orador busca conectar emocionalmente con la audiencia. Adopta el uso de silencios como una estrategia para involucrar a los oyentes a nivel emocional, haciendo que cada momento del discurso sea memorable y significativo.

3. Los silencios proyectan seguridad y confianza

Uno de los mayores beneficios del uso de los silencios es que proyectan una imagen de seguridad y control. Los oradores novatos tienden a llenar cada segundo con palabras por miedo al "vacío" que deja el silencio. Sin embargo, un orador experimentado sabe que el silencio es una señal de control, de que no tiene prisa y de que está completamente cómodo con el mensaje que está entregando. Al hacer una pausa, el orador muestra que está en control de su discurso y de sus emociones, lo cual refuerza la percepción de confianza y profesionalismo.

Proyectar confianza es esencial para ganarse la credibilidad y la atención de la audiencia. Cuando un orador utiliza el silencio con seguridad, la audiencia percibe que tiene dominio del tema y que no necesita apresurarse para hacer que el mensaje sea relevante. Esta confianza se transmite de manera no verbal, mejorando la percepción de la audiencia sobre el orador y haciéndola más receptiva a sus palabras. Para quienes desean mejorar su lenguaje no verbal, adoptar los silencios es una práctica que refleja madurez comunicativa y una comprensión profunda del valor de cada palabra.

4. Dar espacio para la reflexión de la audiencia

El silencio es fundamental para dar tiempo a la audiencia para reflexionar sobre lo que se ha dicho. A diferencia de la lectura o el diálogo, un discurso es un flujo constante de información que la audiencia recibe en tiempo real, lo que puede dificultar la asimilación completa de cada idea. Un breve silencio permite que los oyentes procesen el mensaje, interpreten el significado y lo relacionen con sus propias experiencias o conocimientos. Este tiempo de reflexión enriquece el impacto del mensaje y aumenta las posibilidades de que la audiencia lo retenga y lo comprenda en profundidad.

Además, dar tiempo para la reflexión también muestra respeto por la audiencia. Indica que el orador valora el tiempo de sus oyentes y no está simplemente "bombardeándolos" con información. Adoptar esta práctica como parte del lenguaje no verbal transmite consideración y empatía hacia la audiencia, cualidades que fortalecen la conexión y la interacción positiva entre el orador y el público.

5. Reducción del estrés y mejora del control del discurso

Para el orador, el silencio también es una herramienta útil para reducir el estrés y mantener el control del ritmo del discurso. Al permitir pausas naturales en el discurso, el orador puede respirar profundamente, relajar el cuerpo y reorganizar sus pensamientos. Esta práctica de pausas estratégicas ayuda a evitar la ansiedad que puede surgir al intentar hablar sin interrupción, lo cual es especialmente útil en situaciones de nerviosismo o en discursos largos.

Los silencios también permiten que el orador recupere el control si se ha desviado del tema o si ha perdido el hilo del discurso. Una pausa breve proporciona el tiempo necesario para reorientarse y retomar el mensaje de forma fluida y coherente. Al integrar los silencios, el orador proyecta calma y control, lo cual beneficia tanto su seguridad personal como la percepción que la audiencia tiene de su habilidad para gestionar el discurso. Adoptar los silencios como una herramienta de control permite que el orador administre mejor su energía y enfoque durante la presentación, creando una comunicación más equilibrada y efectiva.

6. Silencios para gestionar preguntas y comentarios

En contextos donde se permite la participación de la audiencia, como en conferencias o sesiones de preguntas y respuestas, los silencios juegan un papel fundamental para dar espacio a la interacción. Después de plantear una pregunta o abrir la oportunidad para que el público participe, es importante que el orador haga una pausa. Este silencio demuestra que el orador valora las opiniones y respuestas de la audiencia y que está dispuesto a escucharlas. No apresurarse a llenar el espacio muestra respeto por los pensamientos de los demás y crea un ambiente de colaboración y apertura.

En estos momentos, el silencio también permite al orador observar las reacciones de la audiencia y ajustar su respuesta en función de ellas. Un buen orador no solo habla, sino que también escucha, y los silencios durante la interacción facilitan esta habilidad. Adoptar esta práctica mejora el lenguaje no verbal, mostrando una actitud de apertura y disponibilidad que fortalece la conexión y el respeto mutuo entre el orador y su audiencia.

7. Evitar la sobrecarga de información

Por último, el silencio es una herramienta que ayuda a evitar la sobrecarga de información. En un discurso donde el orador habla sin pausas, la audiencia puede sentirse abrumada y tener dificultades para retener los puntos importantes. Al introducir pausas estratégicas, el orador permite que la audiencia asimile el contenido y se concentre en las ideas principales, evitando la saturación de información. Estos momentos de silencio funcionan como puntos de descanso mental para los oyentes, quienes pueden retomar la atención de manera más efectiva y seguir el hilo del discurso sin sentirse abrumados.

Las microexpresiones

Las microexpresiones son gestos faciales rápidos y sutiles que reflejan emociones auténticas y a menudo involuntarias. Estas expresiones ocurren en fracciones de segundo, generalmente entre 1/25 y 1/15 de un segundo, y pueden ser difíciles de percibir conscientemente. Sin embargo, incluso cuando no se reconocen a nivel consciente, las microexpresiones son detectadas de manera inconsciente por quienes nos rodean y tienen un impacto importante en la percepción y conexión que establecemos con nuestra audiencia.

Dominar el conocimiento y el uso de las microexpresiones es esencial para mejorar la comunicación no verbal al hablar en público, ya que estas expresiones pueden reforzar la sinceridad, empatía y autenticidad de un mensaje.

A continuación, exploramos la importancia de las microexpresiones en el contexto de una presentación en público y cómo el orador puede volverse más consciente de ellas para potenciar su conexión con la audiencia.

1. ¿Qué son las microexpresiones y por qué importan?

Las microexpresiones son expresiones faciales involuntarias que revelan emociones genuinas, como felicidad, sorpresa, miedo, tristeza, enojo, desagrado y desprecio. Estas expresiones aparecen de forma natural y automática, y son difíciles de ocultar, lo cual las convierte en una manifestación auténtica de los sentimientos del orador. Dado que ocurren en una fracción de segundo, las microexpresiones pueden pasar desapercibidas; sin embargo, tienen un efecto en la audiencia porque estas captan y responden a las emociones subyacentes que el orador transmite.

Las microexpresiones son importantes en la comunicación pública porque ayudan a reforzar la autenticidad del mensaje. Cuando el orador muestra emociones reales a través de microexpresiones, la audiencia percibe que el mensaje proviene de un lugar sincero y honesto, lo cual genera confianza y empatía. Además, estas expresiones permiten que el público conecte emocionalmente con el orador, pues las microexpresiones reflejan un rango de emociones humanas que todos pueden entender y a las cuales pueden responder instintivamente. Incorporar la conciencia de las microexpresiones en el lenguaje no verbal es una habilidad poderosa que fortalece la conexión emocional y mejora la percepción del orador.

2. Principales microexpresiones y su significado

Conocer y reconocer las principales microexpresiones permite al orador volverse más consciente de sus propias reacciones y mejorar la comunicación emocional con la audiencia.

Algunas de las microexpresiones más comunes y sus significados incluyen:

- **Alegría**: Se manifiesta con una ligera elevación de las comisuras de los labios y el llamado "brillo en los ojos", donde los ojos se entrecierran un poco. Esta expresión muestra satisfacción y entusiasmo, lo cual transmite energía positiva y motivación a la audiencia.
- **Sorpresa**: Se refleja en la apertura de los ojos y de la boca. La sorpresa es una emoción breve que capta la atención de la audiencia y puede ser usada en momentos específicos del discurso para enfatizar un punto o para responder a una pregunta inesperada.
- **Miedo**: El miedo se manifiesta en la apertura de los ojos y en una ligera elevación de las cejas. Esta microexpresión puede percibirse cuando el orador está nervioso o inseguro, y aunque es natural sentir miedo, es útil practicar para manejar esta reacción y proyectar seguridad.
- **Tristeza**: Las cejas se inclinan hacia arriba y los ojos pierden su brillo, mientras que las comisuras de los labios bajan. La tristeza en un discurso es una emoción que puede despertar empatía, especialmente si el tema es sensible o personal. Al mostrar tristeza de manera sincera, el orador puede conectar emocionalmente con la audiencia.
- **Enojo**: El enojo se manifiesta con el ceño fruncido, labios presionados y una tensión en los músculos faciales. Esta microexpresión puede ayudar a enfatizar un punto de desacuerdo o frustración en un contexto adecuado, pero debe manejarse con cuidado para evitar que se perciba como hostilidad.
- **Desagrado**: Se refleja en la arruga de la nariz y el labio superior levantado. El desagrado puede ser una respuesta a una idea o tema desagradable, y el orador puede usarlo para mostrar desacuerdo o desaprobación de forma sutil.
- **Desprecio**: El desprecio se expresa con una ligera elevación unilateral de la comisura de los labios. Aunque es una emoción que indica superioridad o desdén, puede

utilizarse de manera moderada para indicar ironía o descontento sin ofender a la audiencia.

Al reconocer estas microexpresiones, el orador puede entender cómo sus emociones y reacciones impactan en la audiencia y cómo esta responde emocionalmente. Adoptar la conciencia de estas microexpresiones permite al orador controlar mejor su expresión facial y transmitir emociones adecuadas al mensaje.

3. Usar las microexpresiones para reforzar el mensaje

Las microexpresiones pueden ser una herramienta poderosa para reforzar el mensaje cuando se usan de manera consciente y adecuada. Al hacer coincidir sus microexpresiones con el contenido del discurso, el orador logra que su lenguaje no verbal y verbal estén alineados, aumentando la efectividad y claridad del mensaje.

- **Alineación con el contenido emocional**: Si el orador está hablando de un tema motivacional, como la superación de obstáculos, una sonrisa sutil o un brillo en los ojos pueden enfatizar la positividad y esperanza en el mensaje. Del mismo modo, en un discurso sobre un tema serio, como la salud mental, una expresión de empatía o tristeza puede mostrar la sensibilidad del orador hacia el tema.
- **Respuesta auténtica a preguntas o comentarios**: Cuando la audiencia plantea una pregunta difícil o inesperada, la microexpresión de sorpresa o de interés genuino demuestra que el orador está presente y comprometido. Esto refuerza la autenticidad y muestra que el orador está interactuando de forma real y no automática.
- **Control de la tensión emocional**: En temas controversiales o en situaciones de presión, una expresión controlada y neutral puede ayudar a mantener la calma. El orador debe ser consciente de no mostrar enojo o desprecio involuntariamente, ya que estas

microexpresiones pueden alejar a la audiencia o hacer que perciba al orador como alguien poco abierto al diálogo.

La incorporación de las microexpresiones en el lenguaje no verbal permite que el orador no solo hable, sino que también exprese su mensaje de manera visible, haciendo que la audiencia lo perciba como alguien comprometido y sincero.

4. Evitar las microexpresiones negativas involuntarias

Aunque las microexpresiones pueden ser herramientas poderosas, algunas microexpresiones involuntarias pueden tener un impacto negativo en la percepción de la audiencia si no se gestionan correctamente.

- **Evitar el enojo y el desagrado no intencionados**: Las microexpresiones de enojo o desagrado, como fruncir el ceño o arrugar la nariz, pueden surgir cuando el orador está nervioso o cuando algo no sale como estaba planeado. Estas expresiones, aunque naturales, pueden proyectar una imagen de frustración o desprecio. Practicar frente a un espejo o grabarse en video puede ayudar al orador a identificar y reducir estas microexpresiones.
- **Control de la sorpresa**: La sorpresa excesiva en el escenario puede ser interpretada como inseguridad o falta de preparación. Aunque es normal sorprenderse ante una pregunta inesperada, el orador debe practicar para responder con calma y proyectar seguridad.
- **Evitar las sonrisas nerviosas**: Las sonrisas pueden denotar calidez y apertura, pero una sonrisa nerviosa en el momento equivocado puede restar seriedad al mensaje. Es importante que el orador sea consciente de cuándo sonríe y que lo haga de forma natural y en el contexto adecuado.

Al identificar y gestionar estas microexpresiones negativas, el orador evita que su mensaje se perciba como contradictorio o inauténtico, proyectando en cambio una imagen de seguridad y profesionalismo.

5. Estrategias para mejorar el control de las microexpresiones

Para mejorar el control de las microexpresiones y utilizarlas eficazmente en el lenguaje no verbal, el orador puede adoptar las siguientes estrategias:

- **Practicar en el espejo o con grabaciones de video**: Observarse en el espejo o revisar grabaciones permite identificar expresiones involuntarias y ver cómo reaccionamos naturalmente a ciertos temas o preguntas. Esta práctica ayuda a que el orador sea más consciente de sus microexpresiones y sepa cómo ajustarlas.
- **Observar a otros oradores**: Ver a otros oradores que dominan el uso de las microexpresiones es una forma útil de aprender. Observar cómo expresan emociones y cómo adaptan sus microexpresiones al contexto del discurso proporciona ejemplos prácticos y facilita el aprendizaje.
- **Usar ejercicios de relajación y respiración**: La tensión y el estrés pueden provocar microexpresiones involuntarias. Practicar técnicas de respiración y relajación antes de hablar en público permite que el orador reduzca el nerviosismo, manteniendo el control de sus emociones y expresiones faciales.
- **Recibir retroalimentación de terceros**: Pedir a amigos o colegas que observen el discurso y comenten sobre las expresiones faciales ayuda a identificar microexpresiones que pueden pasar desapercibidas para el orador. La retroalimentación es clave para mejorar y controlar el lenguaje no verbal.

Con estas estrategias, el orador puede perfeccionar el uso de sus microexpresiones, proyectando una imagen genuina y emocionalmente equilibrada que fortalece la conexión con la audiencia.

Los gestos

Los **gestos** son una de las formas más expresivas del lenguaje no verbal y juegan un papel crucial en la forma en que un orador transmite su mensaje. A través de los gestos, el orador puede enfatizar puntos clave, clarificar conceptos y crear una conexión más auténtica y dinámica con la audiencia. Un gesto bien utilizado es capaz de potenciar el mensaje verbal, proporcionando señales visuales que refuerzan las palabras y ayudan a que la audiencia recuerde y comprenda mejor el contenido. Sin embargo, los gestos también pueden ser un arma de doble filo; gestos excesivos, inapropiados o nerviosos pueden distraer o incluso confundir a la audiencia.

Veamos los aspectos clave del uso de los gestos en una presentación pública y cómo pueden mejorar la efectividad del lenguaje no verbal.

1. La importancia de los gestos en la comunicación pública

Los gestos ayudan a dar vida al discurso, mostrando que el orador está involucrado y comprometido con su mensaje. Cuando alguien habla de manera estática y sin movimiento, puede dar la impresión de ser distante, rígido o incluso aburrido. Los gestos, en cambio, proporcionan dinamismo y energía, proyectando entusiasmo y seguridad en el mensaje. Además, los gestos facilitan la comunicación de ideas complejas de manera visual, permitiendo que la audiencia vea y entienda conceptos que podrían ser difíciles de explicar solo con palabras.

Un uso adecuado de los gestos también proyecta profesionalismo y confianza. Un orador que utiliza gestos controlados y bien intencionados da la impresión de tener dominio sobre su presentación, transmitiendo una imagen de seguridad. Adoptar el uso de gestos en la comunicación pública es esencial para quienes buscan mejorar su lenguaje no verbal y lograr una comunicación más completa, clara y efectiva.

2. Tipos de gestos y su impacto en el mensaje

Existen varios tipos de gestos que un orador puede utilizar para enriquecer su discurso. Conocerlos y saber cómo aplicarlos permite al orador elegir el gesto adecuado en el momento oportuno, haciendo que el mensaje verbal sea aún más poderoso.

- **Gestos ilustrativos**: Estos gestos ayudan a acompañar y describir el contenido del mensaje verbal. Por ejemplo, cuando el orador habla de "tamaño" o "cantidad", puede mostrarlo con las manos (abriendo las manos para indicar grandeza, juntándolas para algo pequeño, etc.). Este tipo de gesto facilita la comprensión de la audiencia al darle una referencia visual de la idea.
- **Gestos enfáticos**: Los gestos enfáticos se utilizan para resaltar puntos importantes o para expresar emociones. Movimientos como un puño cerrado o una mano golpeando suavemente la palma de la otra transmiten convicción y determinación, y pueden ayudar a subrayar la importancia de una idea.
- **Gestos simbólicos**: Los gestos simbólicos son aquellos que tienen un significado específico y que la audiencia puede reconocer fácilmente. Por ejemplo, levantar el pulgar en señal de aprobación o asentir con la cabeza para indicar acuerdo. Estos gestos permiten que el orador se comunique de manera clara y directa, reforzando el mensaje sin necesidad de explicaciones adicionales.
- **Gestos reguladores**: Estos gestos sirven para regular la interacción entre el orador y la audiencia. Por ejemplo, levantar una mano para pedir que la audiencia espere un momento o para indicar que aún no es el momento de

intervenir. Este tipo de gestos ayuda a gestionar el flujo de la presentación y a mantener el control del discurso.

- **Gestos adaptativos**: Estos son gestos inconscientes que pueden reflejar nerviosismo, como tocarse el rostro, jugar con un bolígrafo o cruzarse de brazos. Aunque son naturales, es importante minimizarlos, ya que pueden distraer a la audiencia y dar la impresión de inseguridad.

3. La sincronización de los gestos con el mensaje verbal

Para que los gestos sean efectivos, es esencial que estén sincronizados con el contenido del mensaje verbal. Los gestos deben complementar lo que se está diciendo, en lugar de restarle claridad o crear confusión. Cuando el orador utiliza gestos que no corresponden con sus palabras, la audiencia puede percibir un mensaje incongruente, lo cual puede afectar la credibilidad y la claridad del mensaje.

- **Refuerzo del significado**: Los gestos que se alinean con las palabras ayudan a reforzar el significado. Por ejemplo, si el orador dice "dar un paso adelante" mientras mueve una mano hacia adelante, la audiencia recibe una señal visual que refuerza el contenido. Esta sincronización entre palabras y gestos hace que el mensaje sea más claro y fácil de recordar.
- **Evitar gestos automáticos o repetitivos**: Los gestos que se realizan de forma repetitiva y sin propósito, como mover las manos constantemente sin un motivo claro, pueden distraer a la audiencia y reducir la efectividad del mensaje. Es importante que el orador sea consciente de sus gestos y se asegure de que cada movimiento tenga un propósito y esté alineado con el discurso.
- **Utilizar gestos para guiar la atención**: Los gestos pueden dirigir la atención de la audiencia hacia puntos específicos del discurso. Por ejemplo, señalar hacia la pantalla cuando se muestra una presentación visual o mover las manos en dirección a la audiencia cuando se

plantea una pregunta invita a los oyentes a enfocarse en el contenido. Estos gestos guían la atención y hacen que el discurso sea más interactivo.

Practicar la sincronización de los gestos permite al orador mejorar su lenguaje no verbal, logrando que cada gesto potencie y refuerce el mensaje que quiere comunicar.

4. Los gestos como herramienta de conexión emocional

Los gestos también cumplen una función importante en la conexión emocional con la audiencia. A través de gestos abiertos y acogedores, el orador proyecta cercanía y accesibilidad, lo cual hace que la audiencia se sienta cómoda y valorada. Un lenguaje corporal cerrado o rígido, en cambio, puede dar la impresión de distancia o frialdad, creando una barrera emocional entre el orador y su público.

- **Gestos abiertos**: Gestos como abrir los brazos, extender las palmas de las manos hacia la audiencia o realizar movimientos amplios transmiten apertura y disposición. Estos gestos generan confianza, haciendo que la audiencia perciba al orador como alguien accesible y sincero.
- **Gestos de invitación**: Movimientos que señalan hacia la audiencia, como abrir las manos hacia ellos o inclinarse ligeramente hacia adelante, crean un ambiente de participación e invitan al público a sentirse parte del mensaje. Estos gestos también proyectan empatía y muestran que el orador está interesado en la audiencia.
- **Controlar el uso de los gestos en momentos de emociones fuertes**: En temas delicados o emotivos, como en discursos sobre pérdida o adversidad, los gestos deben ser más sutiles para mostrar respeto y sensibilidad. Un gesto demasiado exagerado en estos momentos puede parecer inapropiado o insensible.

Adoptar el uso consciente de los gestos como herramienta de conexión emocional permite que el orador establezca una relación más genuina con su audiencia, haciendo que el mensaje sea no solo entendido, sino también sentido.

5. Evitar los gestos que reflejan nerviosismo o inseguridad

Los gestos involuntarios o repetitivos pueden ser un reflejo de nerviosismo o inseguridad, y es importante que el orador aprenda a identificarlos y minimizarlos para proyectar una imagen más segura. Algunos de estos gestos incluyen:

- **Tocar el rostro o el cabello**: Estos gestos pueden ser una señal de nerviosismo o distracción. Evitar llevar las manos al rostro o al cabello permite que el orador mantenga una imagen profesional y controlada.
- **Cruzar los brazos**: Aunque algunas personas cruzan los brazos por comodidad, en el lenguaje no verbal este gesto suele interpretarse como una postura defensiva o de distanciamiento. Es preferible mantener los brazos relajados y abiertos para proyectar una actitud acogedora.
- **Jugar con objetos**: Mover un bolígrafo, tocar el podio o ajustar constantemente el micrófono pueden distraer a la audiencia y reducir la atención en el mensaje. Estos gestos reflejan nerviosismo y es mejor evitarlos.

Al aprender a identificar y reducir estos gestos, el orador proyecta una imagen de calma y profesionalismo que fortalece su presencia y mejora la percepción que la audiencia tiene de él.

6. Estrategias para mejorar el uso de los gestos

Adoptar el uso efectivo de los gestos en el lenguaje no verbal requiere práctica y autoconciencia.

Con estas estrategias podrás mejorar el uso de los gestos:

- **Practicar frente a un espejo o grabarse en video**: Observar cómo se usan los gestos durante la práctica permite identificar movimientos innecesarios o repetitivos. Practicar frente a un espejo o ver la grabación ayuda a ajustar los gestos y a encontrar un estilo que se sienta natural.
- **Observar a otros oradores exitosos**: Ver presentaciones de oradores experimentados permite observar cómo integran sus gestos con el discurso. Aprender de ejemplos positivos facilita la comprensión de cómo los gestos pueden complementar el mensaje de forma efectiva.
- **Incorporar gestos específicos para puntos clave**: Planificar gestos para ciertos momentos del discurso, como para señalar palabras clave o enfatizar conclusiones, ayuda a dar estructura y propósito al lenguaje corporal. Estos gestos deben sentirse naturales y estar en armonía con el mensaje.
- **Practicar ejercicios de relajación**: Realizar ejercicios de respiración y relajación antes de la presentación reduce el nerviosismo y evita los gestos inconscientes. Esto permite que el orador mantenga una postura relajada y que sus movimientos sean más fluidos y naturales.

Estas estrategias ayudan al orador a controlar y optimizar el uso de los gestos, logrando que el lenguaje no verbal fortalezca el impacto del mensaje y que cada movimiento esté alineado con la intención del discurso.

Las manos y brazos

El uso de las manos y los brazos es fundamental en el lenguaje no verbal, especialmente cuando se habla en público. Estos movimientos pueden complementar el mensaje verbal, enfatizar ideas clave y proyectar confianza y apertura. Las manos y los brazos son herramientas poderosas que, bien utilizadas, enriquecen la comunicación, ayudan a captar la atención de la audiencia y refuerzan la credibilidad del orador. Sin embargo, cuando no se manejan adecuadamente, pueden distraer o restar autoridad. Adoptar un control consciente de los movimientos de manos y brazos es clave para mejorar el impacto del lenguaje no verbal y lograr una conexión genuina con la audiencia.

1. La importancia de la apertura en las manos y brazos

La postura abierta de las manos y los brazos transmite una actitud de accesibilidad, sinceridad y disposición. Cuando el orador mantiene sus manos y brazos abiertos, muestra que está dispuesto a comunicarse y que no tiene nada que ocultar, lo cual genera confianza en la audiencia.

- **Manos visibles**: Es importante que el orador mantenga las manos visibles para la audiencia, ya que ocultarlas puede transmitir desconfianza o inseguridad. Las manos visibles dan la impresión de transparencia y honestidad, permitiendo que la audiencia se sienta más cómoda y receptiva.
- **Evitar cruzar los brazos**: Cruzar los brazos puede interpretarse como un gesto defensivo o de distanciamiento, lo cual crea una barrera entre el orador y la audiencia. Mantener los brazos abiertos y relajados proyecta accesibilidad, invitando a la audiencia a conectar con el mensaje.
- **Gestos que reflejan confianza**: Los movimientos controlados y abiertos de los brazos transmiten seguridad y autoridad. Un orador que usa sus manos y brazos de manera consciente proyecta una imagen de confianza en su mensaje y en sí mismo, lo cual es fundamental para captar la atención de la audiencia.

2. Movimientos para enfatizar ideas clave

Los movimientos de manos y brazos son ideales para enfatizar puntos importantes del discurso. Al realizar gestos específicos en momentos estratégicos, el orador puede destacar ciertas ideas y asegurarse de que la audiencia las recuerde.

- **Gestos de énfasis**: Movimientos como levantar una mano al hacer una afirmación o señalar hacia adelante al hablar de un tema futuro permiten que la audiencia identifique las ideas clave. Estos gestos de énfasis ayudan a que los puntos más importantes del mensaje queden claros y refuercen el contenido verbal.
- **Movimientos amplios y controlados**: Los movimientos amplios de los brazos, como extenderlos ligeramente hacia los lados, comunican apertura y ayudan a captar la atención. Sin embargo, es importante que estos movimientos sean controlados y naturales; gestos excesivamente amplios pueden percibirse como exagerados o forzados.
- **Señalar puntos visuales**: En presentaciones que incluyen material visual, como diapositivas o gráficos, el orador puede usar los brazos para señalar elementos específicos. Esto guía la atención de la audiencia y facilita la comprensión del mensaje visual.

Utilizar los movimientos de manos y brazos para enfatizar permite que el orador marque el ritmo y el tono del discurso, haciendo que el mensaje sea más claro y memorable.

3. Controlar la energía y el ritmo a través de los gestos

El ritmo y la energía de los gestos de manos y brazos también contribuyen a la percepción de la audiencia. Un orador que sabe cuándo acelerar o ralentizar sus gestos tiene más control sobre el flujo de su discurso y puede ajustarlo para mantener el interés.

- **Gestos suaves y pausados**: Los gestos suaves y lentos transmiten calma y control, lo cual es útil en temas delicados o serios. Este tipo de gestos proyecta serenidad y permite que la audiencia procese el mensaje de manera tranquila.

- **Gestos enérgicos y dinámicos**: En temas motivacionales o de entusiasmo, los gestos enérgicos y dinámicos transmiten pasión y compromiso. Un movimiento rápido y enfático de la mano al hacer una afirmación positiva, por ejemplo, puede contagiar la energía del orador a la audiencia.
- **Sincronizar los gestos con el mensaje**: Es importante que los gestos se adapten al ritmo del discurso y al contenido de cada parte. Sincronizar los movimientos de manos y brazos con las ideas permite que el mensaje fluya de manera natural y facilita la comprensión.

Controlar la energía y el ritmo de los gestos permite al orador expresar tanto el contenido como las emociones de manera clara, proyectando una imagen de control y seguridad.

4. Gestos de manos y brazos para facilitar la conexión emocional

Las manos y los brazos también son herramientas valiosas para crear una conexión emocional con la audiencia. A través de gestos que expresan calidez y empatía, el orador puede construir una relación más cercana con el público, lo cual aumenta la receptividad del mensaje.

- **Palmas abiertas**: Mostrar las palmas de las manos transmite sinceridad y apertura. Este gesto invita a la audiencia a confiar en el orador y a recibir el mensaje de forma positiva.
- **Movimientos de inclusión**: Movimientos en los que el orador abre los brazos hacia la audiencia, como si estuviera "invitándolos" a ser parte de la conversación, generan una sensación de inclusión. Este gesto muestra empatía y promueve una atmósfera de colaboración.
- **Gestos de acercamiento**: Inclinarse ligeramente hacia adelante y extender las manos hacia la audiencia en

momentos específicos puede mostrar interés y compromiso. Este movimiento es particularmente efectivo cuando se quiere hacer sentir a la audiencia que el mensaje es personal y relevante para ellos.

Utilizar las manos y los brazos para expresar calidez y cercanía permite que el orador proyecte empatía, haciendo que la audiencia se sienta valorada y comprendida.

5. Evitar los gestos que transmiten nerviosismo o inseguridad

Es común que, en situaciones de nerviosismo, los oradores realicen gestos que denotan inseguridad o distracción, como jugar con las manos o tocarse repetidamente. Aprender a identificar y minimizar estos movimientos ayuda a proyectar una imagen más profesional y segura.

- **Evitar movimientos repetitivos**: Gestos como frotarse las manos, ajustar el anillo o tocarse el cabello pueden percibirse como signos de ansiedad. Estos movimientos distraen y pueden afectar la percepción de la audiencia sobre la confianza del orador.
- **Evitar las manos en los bolsillos**: Colocar las manos en los bolsillos puede proyectar desinterés o inseguridad. Es mejor mantener las manos visibles y activas para mostrar que el orador está comprometido y en control.
- **Evitar cruzarse de brazos**: Cruzar los brazos, además de ser un gesto defensivo, puede dar una imagen de distancia. Mantener los brazos abiertos y en posición neutral ayuda a proyectar apertura y accesibilidad.

Al reducir estos gestos de inseguridad, el orador mejora la percepción de profesionalismo y confianza, captando la atención y la credibilidad de la audiencia.

6. Estrategias para mejorar el control de manos y brazos

Mejorar el uso de las manos y los brazos en una presentación requiere práctica y conciencia.

Con estas estrategias podrás controlar y optimizar estos movimientos:

- **Practicar frente a un espejo o grabarse en video**: Observar cómo se mueven las manos y los brazos en la práctica permite identificar gestos innecesarios o repetitivos. Practicar frente a un espejo o ver una grabación del discurso ayuda a hacer ajustes y a planificar los gestos para momentos clave.
- **Observar a oradores experimentados**: Ver a otros oradores que manejan bien el uso de manos y brazos permite aprender de sus técnicas y adaptar sus gestos a nuestro propio estilo. Esto brinda ideas sobre cómo integrar los movimientos de forma natural en el discurso.
- **Planificar los gestos para ciertos momentos del discurso**: Identificar puntos clave en el discurso donde los gestos pueden enfatizar o aclarar el mensaje es útil para darle estructura y propósito a cada movimiento. Estos gestos planificados deben ser fluidos y estar alineados con el mensaje verbal.
- **Realizar ejercicios de relajación previa**: Practicar técnicas de respiración y relajación antes de hablar en público reduce el nerviosismo y ayuda a que los movimientos sean más controlados y naturales. Esto permite que los gestos fluyan de manera más espontánea durante la presentación.

El contacto visual

El contacto visual es una de las herramientas más poderosas del lenguaje no verbal en la comunicación pública. Mirar a la audiencia directamente a los ojos es un acto que transmite confianza, sinceridad y cercanía, cualidades que fortalecen la conexión entre el orador y quienes lo escuchan. En un discurso, el contacto visual permite al orador establecer una relación más personal y directa con cada individuo, haciendo que el mensaje sea percibido como auténtico y confiable. El contacto visual adecuado no solo facilita la comprensión del mensaje, sino que también hace que la audiencia se sienta involucrada, valorada y parte activa de la presentación.

Adoptar un contacto visual efectivo y consciente requiere práctica y autoconfianza, pero dominar esta habilidad puede transformar un discurso, convirtiéndolo en una experiencia interactiva y memorable.

Ahora analizaremos los beneficios del contacto visual, los errores comunes que se deben evitar y estrategias prácticas para mejorar esta habilidad en el contexto de hablar en público.

1. El contacto visual como generador de confianza y credibilidad

El contacto visual es una herramienta que proyecta confianza y credibilidad. Un orador que mantiene contacto visual con su audiencia demuestra seguridad en sí mismo y en su mensaje, lo cual genera confianza en quienes lo escuchan. Al mirar a los oyentes a los ojos, el orador muestra que está comprometido con lo que dice y que no tiene miedo de sostener su mensaje ante ellos.

- **Confianza en el mensaje**: El contacto visual muestra que el orador está seguro de sus palabras y que cree en el contenido de su discurso. La audiencia, al percibir esta seguridad, se siente más inclinada a confiar en lo que escucha.
- **Proyección de autoridad**: Mirar directamente a los oyentes transmite autoridad y dominio sobre el tema, lo cual es esencial para captar la atención y para que la audiencia perciba al orador como una fuente confiable.

Esta autoridad permite que el mensaje sea recibido con mayor respeto e interés.

- **Romper la barrera entre el orador y la audiencia**: Mantener contacto visual reduce la distancia emocional entre el orador y el público, permitiendo una relación más cercana y menos jerárquica. Esto hace que la audiencia se sienta valorada y parte de la conversación.

2. Creación de una conexión emocional a través del contacto visual

El contacto visual también cumple una función importante en la creación de una conexión emocional con la audiencia. Cuando un orador mira a cada persona a los ojos, logra que cada individuo sienta que el mensaje le habla directamente. Esta conexión emocional genera empatía y hace que la audiencia se sienta comprendida y apreciada.

- **Sentido de pertenencia**: Mirar a la audiencia permite que cada miembro se sienta parte del mensaje y no solo un observador. Esto crea una sensación de pertenencia y participación, aumentando la conexión con el discurso.
- **Escucha y empatía**: El contacto visual también transmite una actitud de escucha activa. Aunque el orador es quien habla, el contacto visual da la impresión de que está "escuchando" las reacciones de la audiencia y ajustando su discurso en función de ellas.
- **Reducción de la distancia emocional**: En temas emotivos o personales, el contacto visual ayuda a reducir la barrera entre el orador y la audiencia, permitiendo una interacción más sincera. Esta conexión emocional hace que la audiencia se sienta más cercana al mensaje, creando un impacto más profundo.

Al adoptar el contacto visual como una herramienta para crear una conexión emocional, el orador logra que el mensaje sea recordado y sentido de manera más intensa por la audiencia.

3. Cómo utilizar el contacto visual para gestionar la atención de la audiencia

El contacto visual es una herramienta eficaz para dirigir y mantener la atención de la audiencia. Cuando el orador alterna su mirada entre los diferentes miembros del público, hace que cada persona se sienta observada e incluida en la conversación, lo cual aumenta el nivel de concentración e interés.

- **Alternar la mirada**: Dirigir la mirada hacia diferentes secciones de la audiencia ayuda a mantener el interés de todo el público. Esto muestra que el orador está hablando para todos y no solo para un grupo o sector específico, evitando que los oyentes pierdan el interés.
- **Mirada estratégica en momentos clave**: En puntos importantes del discurso, el orador puede hacer una pausa breve y mirar directamente a alguien en la audiencia para enfatizar el mensaje. Esta estrategia hace que la audiencia preste atención y capte la relevancia de lo que se dice.
- **Crear un efecto de participación**: Mirar a la audiencia de manera intermitente y directa genera un efecto de participación. Los oyentes sienten que pueden ser observados en cualquier momento, lo cual los mantiene atentos y enfocados en el mensaje.

Esta herramienta de gestión de la atención permite que el orador mantenga la participación y el enfoque de la audiencia en todo momento, asegurando que su mensaje sea escuchado y comprendido por todos.

4. Errores comunes al utilizar el contacto visual y cómo evitarlos

A pesar de su importancia, el contacto visual puede ser mal utilizado o interpretado si no se maneja adecuadamente. Conocer y evitar los errores más comunes ayuda a que el orador proyecte seguridad y empatía sin que el contacto visual se vuelva incómodo o forzado.

- **Mirar solo a una persona o sector**: Uno de los errores más comunes es enfocarse en una sola persona o en un área específica de la audiencia, lo cual puede hacer que el resto del público se sienta ignorado. Es importante que el orador distribuya la mirada para incluir a todos los asistentes.
- **Evitar la mirada por nerviosismo**: Muchos oradores miran al suelo, al techo o hacia sus notas por nerviosismo, evitando el contacto visual con la audiencia. Este comportamiento proyecta inseguridad y hace que el mensaje parezca poco creíble. Es fundamental practicar para mantener la mirada en la audiencia y transmitir seguridad.
- **Contacto visual excesivo**: Aunque el contacto visual es importante, sostener la mirada de manera fija e ininterrumpida puede resultar incómodo para el oyente. Es mejor alternar la mirada entre diferentes personas y secciones, manteniéndola por unos pocos segundos en cada punto.

Al evitar estos errores, el orador mejora la calidad de su contacto visual, proyectando una imagen segura y haciendo que la audiencia se sienta valorada y conectada con el mensaje.

5. Estrategias para mejorar el contacto visual

Adoptar un contacto visual efectivo requiere práctica y autoconciencia.

Con estas estrategias prácticas podrás mejorar el uso del contacto visual en una presentación pública:

- **Practicar frente a un espejo o con amigos**: Ensayar el discurso frente a un espejo o con personas de confianza ayuda a practicar el contacto visual y a volverse consciente de los patrones de mirada. Esta práctica permite que el orador se sienta más cómodo al mirar a otros durante el discurso.

- **Distribuir la mirada por zonas**: Para mantener la atención de toda la audiencia, el orador puede dividir la sala en varias zonas e ir alternando la mirada en cada una de ellas. Esto asegura que cada sección de la audiencia se sienta incluida y comprometida con el mensaje.
- **Mirar a diferentes personas en momentos específicos**: Para enfatizar puntos importantes, el orador puede dirigir la mirada a diferentes individuos en momentos clave. Esto no solo refuerza el mensaje, sino que también crea un ambiente de interacción y cercanía.
- **Usar el "triángulo de contacto visual"**: Al hablar frente a un grupo numeroso, el orador puede imaginar un triángulo en la audiencia y alternar la mirada entre los puntos de este triángulo. Esta técnica hace que la mirada se distribuya de manera uniforme, cubriendo toda la audiencia.

6. Beneficios internos del contacto visual para el orador

El contacto visual no solo beneficia a la audiencia, sino también al orador. Mantener contacto visual durante el discurso ayuda a reducir la ansiedad y a mejorar la seguridad personal. Cuando el orador observa las reacciones de la audiencia, obtiene retroalimentación directa sobre el impacto de su mensaje, lo cual le permite ajustar su tono y ritmo de manera más efectiva.

- **Reducción del nerviosismo**: Aunque al principio puede parecer intimidante, mirar a la audiencia ayuda a que el orador se sienta más en control. Esta interacción directa reduce la sensación de "hablar solo" y permite que el orador se enfoque en personas reales, lo cual disminuye la ansiedad.

- **Retroalimentación instantánea**: Al observar la expresión de los oyentes, el orador puede notar si la audiencia está interesada, confundida o emocionada, lo cual le permite ajustar su mensaje en tiempo real. Esta retroalimentación visual mejora la calidad del discurso y ayuda a mantener el interés.
- **Refuerzo de la seguridad personal**: Cuando el orador mantiene contacto visual y observa la reacción positiva de la audiencia, su confianza aumenta. La atención y receptividad de la audiencia motivan al orador y refuerzan su seguridad en el mensaje.

Al adoptar el contacto visual no solo como una herramienta de comunicación, sino también como una fuente de retroalimentación y motivación, el orador se beneficia a nivel emocional, sintiéndose más seguro y satisfecho con su desempeño.

La proxémica

La **proxémica** es una rama del lenguaje no verbal que se enfoca en el uso y percepción del espacio personal y la distancia en la comunicación. Al hablar en público, la proxémica juega un papel fundamental en la manera en que el orador se conecta con su audiencia. La distancia física entre el orador y su público, así como su posición en el escenario, transmite mensajes sutiles sobre su autoridad, cercanía y disposición a interactuar. La proxémica, bien utilizada, ayuda a establecer una conexión cómoda y accesible, proyectando confianza y permitiendo una experiencia de comunicación más interactiva y memorable.

Adoptar una conciencia de la proxémica permite que el orador optimice el espacio físico para mejorar el impacto de su mensaje y la relación con la audiencia.

Es vital conocer los aspectos fundamentales de la proxémica en la comunicación pública y cómo el manejo adecuado del espacio

y la distancia pueden mejorar la percepción del orador y la
receptividad del público.

1. Comprender las zonas de proximidad y su efecto en la comunicación

La proxémica se basa en la idea de que existen diferentes zonas
de proximidad que influyen en cómo se percibe el mensaje del
orador. Estas zonas —íntima, personal, social y pública—
afectan la interacción en función de la distancia física.

- **Zona íntima (0 a 45 cm)**: Esta es la distancia más cercana
y se reserva generalmente para familiares y personas de
confianza. En la comunicación pública, la zona íntima no
suele utilizarse, ya que invadir esta distancia puede
incomodar a la audiencia.
- **Zona personal (45 cm a 1.2 m)**: Esta zona se utiliza en
interacciones amistosas o cercanas. En un discurso, el
orador puede aproximarse a esta zona al interactuar con
los oyentes o responder preguntas, mostrando
disposición y apertura sin invadir la comodidad del
público.
- **Zona social (1.2 m a 3.6 m)**: Es la distancia ideal en la
comunicación pública y de negocios. Al mantenerse en
esta zona, el orador proyecta profesionalismo y respeto
por el espacio personal de la audiencia, evitando que esta
se sienta incómoda.
- **Zona pública (más de 3.6 m)**: Esta zona se utiliza para
discursos formales ante grandes audiencias o en espacios
amplios. Aunque la distancia es mayor, el orador puede
conectar con el público a través de gestos amplios, un
tono de voz enérgico y un uso adecuado de los
desplazamientos.

Adoptar la proxémica en función de las zonas de proximidad
permite que el orador adapte la distancia física a la naturaleza

de su mensaje y al tamaño de la audiencia, asegurando que el público se sienta cómodo y receptivo.

2. Usar el espacio para proyectar autoridad y seguridad

El uso del espacio es un elemento clave para proyectar autoridad y seguridad en el escenario. Un orador que ocupa el espacio de manera consciente y se desplaza con confianza proyecta una imagen de control y dominio sobre su mensaje.

- **Posicionarse en el centro del escenario**: Estar en el centro permite que el orador se convierta en el punto focal de la audiencia, lo cual refuerza su autoridad y visibilidad. La posición central indica que el orador está en control de la presentación y que confía en lo que está diciendo.
- **Desplazamientos estratégicos**: Moverse en el escenario de manera deliberada permite al orador mantener el interés y el dinamismo del discurso. Los desplazamientos deben ser controlados y estar alineados con el ritmo del mensaje; por ejemplo, acercarse a la audiencia al explicar un punto importante o retroceder ligeramente para dar una sensación de reflexión.
- **Uso de todo el escenario**: Aprovechar el espacio del escenario evita que el orador se vea estático o limitado. Al desplazarse de un lado a otro, puede dirigir su atención a diferentes partes de la audiencia, mostrando que se está comunicando con todos y no solo con un sector.

El uso seguro y consciente del espacio proyecta una imagen de profesionalismo, lo cual aumenta la confianza de la audiencia en el orador y fortalece la credibilidad del mensaje.

3. La proxémica como herramienta para crear cercanía emocional

La proxémica también es fundamental para crear una cercanía emocional con la audiencia. A través del acercamiento físico en momentos clave, el orador puede transmitir accesibilidad, empatía y disposición a escuchar.

- **Aproximación en momentos específicos**: Al acercarse físicamente al público cuando comparte una historia personal o habla de un tema sensible, el orador genera una sensación de cercanía y empatía. Este movimiento crea una conexión emocional y hace que el mensaje sea más íntimo y significativo.
- **Uso del contacto visual al acercarse**: Al acortar la distancia, el orador puede intensificar la conexión emocional al hacer contacto visual directo. Esto permite que la audiencia sienta que el mensaje está dirigido a ellos de forma personal, generando una atmósfera de complicidad y confianza.
- **Retroceso para permitir la reflexión**: En momentos en los que el orador quiere que la audiencia reflexione sobre una idea, retroceder ligeramente da espacio para que el público procese la información sin sentirse presionado. Este uso del espacio muestra respeto por el proceso de pensamiento de la audiencia.

Un manejo intencional de la proximidad física en función del mensaje emocional fortalece la relación entre el orador y la audiencia, haciendo que el discurso sea sentido de manera personal y auténtica.

4. Errores comunes en el uso de la proxémica y cómo evitarlos

Aunque la proxémica es una herramienta poderosa, su mal uso puede generar incomodidad o incluso rechazo en la audiencia. Conocer los errores más comunes permite que el orador evite estos problemas y logre una conexión efectiva y cómoda con su público.

- **Invadir el espacio personal**: Acercarse demasiado a la audiencia, especialmente sin una razón clara, puede hacer que los oyentes se sientan invadidos o incómodos. Es importante mantener una distancia adecuada y aproximarse solo en momentos estratégicos.
- **Quedarse estático en un solo punto**: Permanecer en un solo lugar durante toda la presentación puede hacer que el discurso se sienta monótono o distante. Es mejor moverse en el escenario de forma controlada para mantener el interés y llegar a diferentes sectores de la audiencia.
- **Movimientos excesivos y sin propósito**: Los desplazamientos constantes y sin propósito pueden distraer a la audiencia y hacer que el orador parezca nervioso o desorganizado. Es importante que cada movimiento tenga un objetivo claro y esté alineado con el contenido del discurso.

Evitar estos errores permite que el orador proyecte una imagen de control y profesionalismo, maximizando el impacto de la proxémica en la presentación.

5. Estrategias para mejorar el uso de la proxémica en una presentación

Adoptar una proxémica efectiva requiere práctica y planificación.

A continuación, algunas estrategias que ayudan a mejorar el manejo del espacio y la distancia en una presentación:

- **Planificar los desplazamientos según el contenido**: Identificar momentos específicos del discurso en los que un cambio de posición puede reforzar el mensaje permite que el orador use el espacio de manera estratégica. Por

ejemplo, acercarse al público al contar una anécdota
personal o moverse hacia el centro al dar una conclusión
importante.

- **Practicar en el espacio real o en uno similar**: Ensayar el
discurso en el espacio donde se realizará o en un entorno
similar permite que el orador se familiarice con el área y
que ajuste sus desplazamientos en función de las
dimensiones y la disposición del lugar.

- **Distribuir la atención de manera uniforme**: Para
mantener la conexión con toda la audiencia, el orador
puede dividir el espacio en varias secciones e ir
alternando su posición para dirigirse a cada una de ellas.
Esto asegura que todos los miembros de la audiencia se
sientan incluidos y valorados.

- **Usar pausas en el movimiento para resaltar ideas**:
Pausar el movimiento en momentos específicos puede
dar mayor peso a ciertas ideas. Por ejemplo, detenerse al
dar una conclusión importante o al hacer una pregunta
permite que el mensaje resuene en la audiencia.

Estas estrategias ayudan al orador a gestionar la proxémica de
manera consciente, logrando una comunicación visual y
espacial que refuerza el impacto del mensaje.

6. Beneficios internos del manejo de la proxémica para el orador

El uso efectivo de la proxémica no solo beneficia a la audiencia,
sino también al orador. Adoptar una proxémica consciente y
controlada permite al orador reducir el nerviosismo y aumentar
su confianza al interactuar con el espacio.

- **Reducción de la ansiedad**: Moverse en el escenario de
manera controlada y consciente reduce la tensión y el
nerviosismo que puede provocar estar frente a una
audiencia. Los desplazamientos ayudan a liberar energía

nerviosa y a proyectar una imagen de tranquilidad y seguridad.

- **Mayor control sobre el ritmo del discurso**: El manejo del espacio permite que el orador controle el ritmo del discurso y que ajuste su velocidad en función de la reacción de la audiencia. Esto facilita una presentación más fluida y estructurada.

- **Sensación de dominio sobre el espacio**: Cuando el orador se siente cómodo ocupando el espacio, proyecta una imagen de control y autoridad que aumenta su confianza y mejora la percepción de la audiencia.

Adoptar la proxémica como una herramienta interna de gestión de la ansiedad y control del espacio permite que el orador se sienta más seguro y que proyecte una imagen profesional y cómoda.

Capítulo 4: La persuasión para convencer a cualquier persona

Hablar en público también se trata de influenciar y convencer. La persuasión es una de las herramientas más poderosas en la comunicación, y quienes la dominan tienen la capacidad de inspirar, motivar y guiar a su audiencia hacia una idea, una decisión o una acción. En este capítulo, explicaremos los principios de la persuasión, aquellos fundamentos psicológicos que nos permiten conectar profundamente con los oyentes y dirigir sus emociones, pensamientos y percepciones.

La persuasión se basa en leyes psicológicas universales, como la reciprocidad, el compromiso y la consistencia, que nos ayudan a construir credibilidad y confianza con la audiencia. También es esencial comprender la importancia de factores como la prueba social, la autoridad y el agrado, todos elementos que, cuando se utilizan correctamente, fortalecen el mensaje y nos ayudan a ser más convincentes. Además, el poder del storytelling nos permite darle vida al mensaje, transformándolo en una experiencia memorable y significativa para quien nos escucha.

Vamos a explicar estos principios uno por uno, explicando cómo cada ley de la persuasión puede aplicarse de manera ética y efectiva en un discurso. Aprenderás a crear una conexión auténtica con tu audiencia, a estructurar tu mensaje de manera que inspire y a emplear técnicas específicas que aumenten la credibilidad y el impacto de tu presentación.

Ley de la reciprocidad

La Ley de la Reciprocidad es uno de los principios más poderosos de la persuasión y se basa en una regla social profundamente enraizada en la mayoría de las culturas: la tendencia humana a devolver los favores recibidos. Esta ley sugiere que cuando alguien nos da algo, sentimos una obligación casi inmediata de devolver el gesto, ya sea con una acción, una respuesta positiva o un favor a cambio. La reciprocidad es un mecanismo básico en las relaciones humanas que facilita el intercambio, la cooperación y la confianza entre las personas. En el contexto de hablar en público y persuadir a una audiencia, la Ley de la Reciprocidad se convierte en una herramienta estratégica que puede aumentar la receptividad, la disposición a actuar y la conexión emocional con el mensaje.

Para un orador, comprender y aplicar la Ley de la Reciprocidad en su discurso significa ofrecer algo valioso a la audiencia, de manera que esta sienta el deseo de corresponder de alguna forma, ya sea adoptando una actitud positiva, apoyando una idea o actuando en función del mensaje.

Ahora, veamos cómo funciona este principio, por qué es tan efectivo y cómo se puede aplicar en la comunicación persuasiva para convencer y conectar con cualquier persona.

1. El funcionamiento de la Ley de la Reciprocidad

La reciprocidad se basa en un sentido de **obligación social** que nos impulsa a devolver los favores recibidos, sin importar si estos son grandes o pequeños. Este impulso se explica en parte por la necesidad de mantener relaciones equilibradas y justas. Las personas sienten una incomodidad natural si perciben que reciben más de lo que dan, ya que esto rompe el equilibrio en las relaciones sociales. Devolver el favor, entonces, es una forma de restablecer ese equilibrio y de demostrar gratitud y respeto hacia la persona que nos ha dado algo.

En un contexto de persuasión, la reciprocidad se activa cuando el orador ofrece a su audiencia algo de valor: puede ser información útil, una historia emotiva, una idea inspiradora o incluso un pequeño detalle, como un consejo práctico. Al dar primero, el orador genera una sensación de deuda en la audiencia, lo cual la hace más receptiva al mensaje y más inclinada a corresponder con una respuesta favorable, como prestar atención, participar activamente o apoyar una idea.

2. La efectividad de la reciprocidad en la persuasión

La Ley de la Reciprocidad es especialmente efectiva porque activa una **respuesta emocional** y **cultural** en las personas. La reciprocidad no es solo un reflejo social; también se convierte en una expectativa personal. Cuando alguien da primero, la otra persona siente que tiene que devolver el gesto para ser justa y para mantener su integridad. Esta respuesta no requiere una justificación lógica, ya que la reciprocidad se basa en emociones y en normas sociales profundamente arraigadas.

- **Genera gratitud**: La reciprocidad provoca una sensación de gratitud que motiva a las personas a actuar. Cuando el orador ofrece algo valioso sin esperar nada a cambio, la audiencia siente una gratitud espontánea que la lleva a responder positivamente.
- **Facilita la conexión emocional**: Al aplicar la reciprocidad, el orador establece un lazo emocional con la audiencia, demostrando que no solo busca convencer, sino también contribuir y enriquecer. Esta conexión emocional es esencial para que la audiencia se sienta comprometida y abierta al mensaje.
- **Inspira lealtad y compromiso**: En contextos donde se construyen relaciones a largo plazo, como en conferencias, presentaciones de negocios o discursos motivacionales, la reciprocidad ayuda a crear un vínculo duradero. Cuando alguien se siente en deuda con el

orador, tiende a recordarlo positivamente y a buscar formas de devolver el valor recibido.

3. Estrategias para aplicar la reciprocidad en una presentación

La aplicación efectiva de la Ley de la Reciprocidad en un discurso requiere dar a la audiencia algo significativo, algo que realmente mejore su experiencia o que enriquezca su vida de alguna forma. A continuación, algunas estrategias para aplicar la reciprocidad en una presentación:

- **Compartir historias personales o lecciones valiosas**: Las historias personales y lecciones importantes representan un acto de generosidad. Al compartir experiencias propias que tienen un valor educativo o emocional, el orador muestra vulnerabilidad y autenticidad. Esto crea una sensación de conexión y provoca un deseo en la audiencia de devolver el gesto con apoyo o comprensión.
- **Ofrecer consejos prácticos o "tips" útiles**: Cuando el orador proporciona información valiosa y aplicable, la audiencia se siente agradecida por el conocimiento que puede usar en su vida diaria. Por ejemplo, un orador que comparte un consejo sobre productividad o manejo del estrés ofrece un beneficio inmediato a la audiencia, que percibe el valor del mensaje y se siente motivada a responder de manera positiva.
- **Usar palabras de aprecio y gratitud hacia la audiencia**: Agradecer a la audiencia por su tiempo y atención y expresar reconocimiento genuino hacia su presencia es una forma sencilla pero efectiva de reciprocidad. Estas palabras de agradecimiento demuestran que el orador valora a su audiencia, lo cual inspira reciprocidad en forma de mayor compromiso y atención.
- **Ofrecer un recurso gratuito o una herramienta adicional**: En algunos contextos, como conferencias o talleres, el orador puede ofrecer un recurso adicional, como un ebook, una guía, o un enlace a una plataforma.

Este detalle añade valor a la presentación y hace que la
audiencia se sienta agradecida y más inclinada a
responder positivamente.

Con estas estrategias, el orador no solo enriquece la experiencia
de la audiencia, sino que también activa un sentido de gratitud
y compromiso que fortalece la receptividad del mensaje.

4. Evitar la reciprocidad manipulativa

Es fundamental que la Ley de la Reciprocidad se use de manera
auténtica y genuina, evitando cualquier intento de
manipulación. La reciprocidad debe surgir de una intención
genuina de aportar valor a la audiencia, sin crear expectativas o
presiones. Cuando el orador ofrece algo valioso con sinceridad,
la audiencia lo percibe como un gesto positivo y responde de
forma natural. En cambio, si el público percibe que el orador
solo está "dando para recibir", puede desconfiar y volverse
resistente al mensaje.

- **No exigir una respuesta**: Es importante que el orador
  nunca exprese una expectativa explícita de respuesta o
  gratitud. La reciprocidad debe fluir de manera natural y
  auténtica, sin imponer una carga emocional en la
  audiencia.
- **Evitar los favores forzados**: Ofrecer favores o detalles
  que resulten forzados o ajenos al tema de la presentación
  puede hacer que la audiencia sienta incomodidad o
  desconfianza. Es mejor que el orador se concentre en
  ofrecer valor a través del contenido del mensaje,
  permitiendo que la reciprocidad sea una reacción natural.
- **Ser transparente y auténtico**: La reciprocidad funciona
  mejor cuando el orador es genuino y no intenta disfrazar
  una intención manipulativa. La sinceridad y la
  autenticidad son la clave para que la audiencia perciba el
  gesto como una verdadera contribución y no como una
  estrategia forzada.

Al adoptar la reciprocidad de forma ética y auténtica, el orador garantiza que su mensaje sea recibido de manera positiva, sin generar resistencia o desconfianza en la audiencia.

5. Los beneficios de la reciprocidad en la retención del mensaje

Uno de los beneficios más valiosos de la Ley de la Reciprocidad es que **aumenta la retención del mensaje**. Cuando el orador ofrece algo significativo, la audiencia tiende a recordar no solo el favor recibido, sino también la experiencia completa de la presentación y el mensaje.

- **Asociación positiva**: La reciprocidad genera emociones positivas, como gratitud y aprecio, que quedan asociadas con el mensaje del orador. Esta asociación emocional facilita que la audiencia recuerde el mensaje a largo plazo.
- **Compromiso personal**: Cuando la audiencia recibe algo valioso, se siente comprometida y motivada a participar o actuar en función del mensaje. Este compromiso aumenta las probabilidades de que la audiencia retenga y aplique el contenido.
- **Conversión de oyentes en defensores del mensaje**: La reciprocidad puede motivar a la audiencia no solo a recordar el mensaje, sino también a compartirlo con otros. Cuando una persona se siente agradecida por lo que ha recibido, tiende a hablar positivamente del orador y de su mensaje, promoviendo una mayor difusión.

Esto permite que el mensaje no solo sea comprendido en el momento, sino que también se convierta en una experiencia significativa y duradera para la audiencia.

Ley de compromiso y consistencia

La **Ley de Compromiso y Consistencia** es un principio psicológico fundamental en la persuasión que explica cómo las personas tienden a mantener sus decisiones y comportamientos una vez que se han comprometido con ellos. Cuando alguien realiza un compromiso, incluso uno pequeño, siente una fuerte motivación interna para ser consistente con esa decisión en el futuro. Este impulso por la consistencia es una forma de alinearse con la propia identidad y con las expectativas sociales, y se convierte en una poderosa herramienta en la comunicación y la persuasión. Aplicar la Ley de Compromiso y Consistencia en un discurso permite que el orador anime a su audiencia a comprometerse gradualmente con su mensaje, lo cual aumenta la probabilidad de que adopten sus ideas o tomen acciones concretas en el futuro.

Comprender y utilizar esta ley implica saber cómo lograr compromisos pequeños, honestos y significativos que lleven a la audiencia a actuar de acuerdo con los principios o valores presentados. La Ley de Compromiso y Consistencia no busca forzar una respuesta; más bien, invita a la audiencia a involucrarse de forma voluntaria y a sentirse comprometida con sus decisiones, generando así una conexión más profunda y sostenible con el mensaje. A continuación, se detalla cómo funciona esta ley, por qué es efectiva y cómo se puede aplicar en el contexto de hablar en público para convencer y persuadir a cualquier persona.

1. ¿Cómo funciona la Ley de Compromiso y Consistencia?

La Ley de Compromiso y Consistencia se basa en el principio de que las personas quieren actuar de manera coherente con sus decisiones previas. Esto se debe a que mantener la consistencia en las acciones refuerza la identidad personal, la autopercepción y la imagen pública. Cuando alguien se compromete con una pequeña decisión o acción, como decir "estoy de acuerdo" o tomar un pequeño paso en favor de una causa, siente una obligación interna de actuar de acuerdo con esa decisión en el futuro, tanto para ser fiel a sí mismo como para cumplir con las expectativas de los demás.

Este deseo de ser consistente actúa como una motivación natural para tomar decisiones más grandes o para asumir compromisos adicionales relacionados con el compromiso inicial. En un discurso persuasivo, el orador puede aprovechar esta ley para llevar a la audiencia a tomar una acción o a adoptar una idea, comenzando con un pequeño compromiso que fortalezca su disposición hacia el mensaje.

2. Por qué la Ley de Compromiso y Consistencia es efectiva

La efectividad de la Ley de Compromiso y Consistencia en la persuasión radica en que apela a la necesidad humana de coherencia y autoafirmación. Cuando las personas se comprometen con algo, no solo están tomando una decisión; también están reafirmando sus valores y creencias. Esta reafirmación les da una sensación de seguridad y control sobre sus propias acciones, lo cual les permite tener una imagen positiva de sí mismos.

- **Refuerza la identidad personal**: Al comprometerse, las personas sienten que están actuando de acuerdo con su identidad y sus valores. Esto es especialmente poderoso cuando el orador logra que la audiencia se comprometa con algo que coincide con sus principios o aspiraciones personales.
- **Genera una obligación interna**: El compromiso crea una sensación de responsabilidad personal que no depende de presiones externas. Esta responsabilidad es una fuerza que motiva a la audiencia a actuar de manera congruente con el mensaje sin necesidad de que el orador haga demandas adicionales.
- **Fomenta la lealtad y el compromiso a largo plazo**: Una vez que las personas se comprometen con una idea o acción, es más probable que se mantengan fieles a ella a lo largo del tiempo. Esto convierte a la audiencia en aliados del mensaje, que no solo lo aceptan en el

momento, sino que también lo llevan consigo y lo
defienden en el futuro.

Adoptar la Ley de Compromiso y Consistencia en la
comunicación persuasiva permite que el mensaje se convierta en
algo significativo para la audiencia, que no solo lo entiende,
sino que también se siente comprometida y dispuesta a actuar
en función de él.

3. Estrategias para aplicar la Ley de Compromiso y Consistencia en una presentación

Para aplicar la Ley de Compromiso y Consistencia en un
discurso, es importante crear oportunidades para que la
audiencia haga compromisos pequeños y progresivos que
refuercen su conexión con el mensaje. A continuación, algunas
estrategias efectivas para lograrlo:

- **Solicitar una pequeña respuesta positiva**: Una de las
formas más simples de aplicar esta ley es pedir a la
audiencia que asienta con la cabeza o que levante la
mano en respuesta a una pregunta. Por ejemplo, si el
orador pregunta, "¿Quién quiere tener éxito en su vida?",
y algunos miembros de la audiencia responden
afirmativamente, han dado un pequeño primer paso que
los compromete con el tema y los hace más receptivos a
los pasos siguientes.
- **Hacer preguntas reflexivas**: Formular preguntas que
lleven a la audiencia a reflexionar sobre sus propios
valores o experiencias es otra estrategia eficaz. Preguntas
como "¿Qué es lo más importante para ustedes en su
vida profesional?" o "¿Se han propuesto alguna vez
mejorar en esta área?" hacen que los oyentes se conecten
internamente con el tema, creando un compromiso
personal con la reflexión que están haciendo.
- **Invitar a la audiencia a imaginar un escenario positivo**:
Pedir a los oyentes que se visualicen en una situación

deseada, como logrando una meta o adoptando un hábito positivo, genera una conexión emocional con el mensaje. Esta visualización se convierte en un compromiso mental que motiva a la audiencia a actuar en función del mensaje.

- **Proponer una acción pequeña y específica**: Al final del discurso, el orador puede sugerir una acción simple y fácil de realizar que esté alineada con el mensaje. Por ejemplo, puede pedir que la audiencia se comprometa a reflexionar sobre el tema durante el día, que busquen más información o que compartan la idea con alguien más. Este primer paso pequeño fortalece la disposición a tomar acciones mayores en el futuro.

Con estas estrategias, el orador no solo invita a la audiencia a escuchar el mensaje, sino que también la motiva a comprometerse activamente con él. Esto fortalece la conexión y crea una base para acciones futuras.

4. El compromiso y la consistencia en la creación de un cambio duradero

La Ley de Compromiso y Consistencia es especialmente útil cuando se busca generar un cambio duradero. Al conseguir que la audiencia tome un pequeño compromiso, el orador establece una base sobre la cual construir una transformación progresiva.

- **Establecimiento de un efecto "dominó"**: Un pequeño compromiso inicial, como aceptar una idea o estar de acuerdo en mejorar un aspecto de la vida, puede llevar a compromisos más grandes con el tiempo. Cada acción pequeña refuerza la consistencia, y la persona se siente más motivada a mantener el cambio.
- **Cambio de mentalidad**: A medida que una persona actúa de manera consistente con sus compromisos, su mentalidad y su percepción de sí misma cambian para alinearse con esos compromisos. Esto crea un cambio

interno que es más sostenible y menos dependiente de factores externos.

* **Generación de hábitos**: Cuando un compromiso inicial se refuerza a lo largo del tiempo, tiene el potencial de convertirse en un hábito. Al guiar a la audiencia para que dé pasos pequeños y consistentes en dirección a sus metas, el orador facilita la creación de cambios duraderos en su comportamiento y en su vida.

El compromiso y la consistencia como estrategia para el cambio ayuda a que el mensaje del orador se convierta en una experiencia significativa para la audiencia, que no solo escucha, sino que actúa en consecuencia.

5. Evitar una percepción de presión o manipulación

Para que la Ley de Compromiso y Consistencia sea eficaz, es esencial que el orador la aplique de manera genuina y sin manipulación. La consistencia funciona mejor cuando surge de un compromiso voluntario, no de una presión externa. Si el orador intenta manipular o presionar a la audiencia, esta puede percibir la intención y volverse resistente al mensaje.

* **Ofrecer opciones en lugar de imponer compromisos**: En lugar de forzar a la audiencia a tomar una decisión, el orador puede presentar varias opciones para que los oyentes elijan cómo se sienten cómodos respondiendo al mensaje. Esto muestra respeto por la autonomía de la audiencia.
* **Evitar los compromisos extremos**: Pedir un compromiso pequeño y fácil es mucho más efectivo que solicitar un cambio drástico desde el inicio. Los compromisos extremos pueden intimidar o generar resistencia, mientras que los compromisos pequeños son aceptados con mayor facilidad.
* **Mostrar empatía y comprensión**: Ser consciente de las posibles dudas de la audiencia y expresar empatía

permite que el orador gane la confianza del público. Al hacer sentir a la audiencia valorada y respetada, el orador fortalece su disposición a comprometerse sin sentirse forzada.

Por ende, si se adopta una aproximación auténtica y respetuosa, el orador utiliza el compromiso y la consistencia de manera ética, asegurando que la audiencia responda positivamente y de forma voluntaria.

6. Beneficios de la Ley de Compromiso y Consistencia en la retención del mensaje

Uno de los grandes beneficios de la Ley de Compromiso y Consistencia es que aumenta la retención del mensaje. Cuando las personas se comprometen con una idea, es más probable que la recuerden y que actúen en función de ella.

- **Mayor disposición a reflexionar**: Un pequeño compromiso hace que la audiencia continúe reflexionando sobre el mensaje incluso después del discurso. Este proceso de reflexión aumenta las probabilidades de retención y de que la audiencia lo aplique en su vida.
- **Aumento de la lealtad hacia el mensaje y el orador**: Los compromisos generan una conexión emocional entre la audiencia y el mensaje. Al comprometerse, la audiencia desarrolla una afinidad y un sentido de lealtad, lo cual aumenta la posibilidad de que compartan el mensaje y lo recomienden a otros.
- **Conversión de oyentes en embajadores del mensaje**: Las personas que se comprometen genuinamente con una idea tienden a defenderla y a comunicarla a otros. La consistencia convierte a la audiencia en embajadora del mensaje, permitiendo que este se difunda más allá del evento o discurso original.

Adoptar el compromiso y la consistencia como una estrategia en la comunicación pública no solo fortalece la conexión en el momento del discurso, sino que también asegura que el mensaje perdure y tenga un impacto a largo plazo.

Ley de la prueba social

Este principio sugiere que las personas tienden a adoptar comportamientos, creencias o decisiones que han sido aprobados o seguidos por otros. En esencia, la prueba social se basa en la tendencia humana a buscar señales de comportamiento aceptable o exitoso en los demás, especialmente en situaciones de incertidumbre o duda. Cuando observamos que otros están haciendo algo o creyendo en algo, es más probable que lo consideremos correcto o beneficioso y decidamos hacer lo mismo. Este principio se encuentra en la base de muchas interacciones y es una herramienta poderosa en la comunicación persuasiva, ya que permite que el orador influya en su audiencia al mostrar que otras personas ya han adoptado su mensaje.

Para un orador, aplicar la Ley de la Prueba Social significa usar ejemplos, testimonios y casos de éxito que demuestren cómo otros han apoyado, creído o actuado en función de la idea que está presentando. Esta evidencia externa refuerza la validez del mensaje, generando una sensación de confianza y seguridad en la audiencia.

1. ¿Cómo funciona la Ley de la Prueba Social?

La prueba social funciona porque las personas tienden a buscar la validación de los demás, especialmente cuando se enfrentan a decisiones o situaciones desconocidas. Este comportamiento se explica en parte por el deseo de pertenencia y el miedo al rechazo. Ver que otros han tomado una decisión o han adoptado una creencia nos proporciona una especie de "seguridad" de que esa decisión es aceptable y probablemente correcta. Este fenómeno se observa con frecuencia en comportamientos de grupo y es especialmente efectivo cuando el orador puede demostrar que personas con características o valores similares a los de la audiencia ya han apoyado su mensaje.

La prueba social es particularmente útil cuando el mensaje puede generar incertidumbre o cuando el orador está presentando una idea innovadora. La prueba social actúa como una referencia que reduce la duda y aumenta la disposición de la audiencia a aceptar el mensaje.

2. La efectividad de la prueba social en la persuasión

La Ley de la Prueba Social es efectiva porque **reduce la incertidumbre** y **refuerza la confianza** de la audiencia en el mensaje al mostrar que ya ha sido validado por otros. Las personas tienden a confiar en el "poder del grupo" y sienten que si una idea o comportamiento es seguido por muchos, probablemente sea una buena opción.

- **Valida el mensaje**: La prueba social actúa como un aval, demostrando que la idea ha sido aceptada o implementada exitosamente por otros. Esto crea una percepción de credibilidad y fiabilidad en el mensaje, lo cual reduce la resistencia de la audiencia.
- **Genera pertenencia**: Mostrar que otras personas, especialmente aquellas con características o valores similares, han adoptado el mensaje ayuda a la audiencia a sentir que pertenece a un grupo o comunidad. Esto les da la tranquilidad de saber que están tomando una decisión alineada con los demás.
- **Inspira confianza en la acción**: Cuando la audiencia ve que otros han actuado en función del mensaje, se siente más motivada y segura de hacer lo mismo. La prueba social actúa como una confirmación de que el camino es seguro y positivo.

3. Estrategias para aplicar la Ley de la Prueba Social en una presentación

Para aplicar la prueba social en una presentación, el orador debe proporcionar ejemplos y evidencias de cómo otras personas han adoptado y apoyado la idea. A continuación, algunas estrategias efectivas para lograrlo:

- **Usar testimonios y casos de éxito**: Compartir testimonios de personas que ya han experimentado los beneficios del mensaje es una forma directa y efectiva de aplicar la prueba social. Estos testimonios pueden incluir frases de clientes, usuarios, colegas o personas influyentes que hayan respaldado la idea.
- **Mostrar estadísticas y datos**: Las estadísticas que muestran cómo un grupo de personas ha apoyado o adoptado el mensaje fortalecen la prueba social. Por ejemplo, si un porcentaje significativo de personas ha tenido éxito al aplicar un método específico, el orador puede presentar estos datos como una forma de validar el mensaje.
- **Citar expertos y figuras reconocidas**: Referirse a expertos o figuras de autoridad que respalden el mensaje es otra manera de aplicar la prueba social. La audiencia siente que está siguiendo el ejemplo de alguien respetado y conocedor, lo cual reduce la incertidumbre y aumenta la disposición a aceptar el mensaje.
- **Mostrar apoyo en redes sociales o comentarios positivos**: En un contexto moderno, el apoyo en redes sociales, como "likes", comentarios positivos y opiniones en línea, funciona como una prueba social poderosa. Mencionar que el mensaje ha sido bien recibido en plataformas sociales hace que la audiencia sienta que forma parte de una comunidad que respalda la idea.

Estas estrategias permiten que el orador demuestre de manera visual y efectiva que su mensaje ya cuenta con el respaldo de otros, generando una mayor disposición en la audiencia para considerarlo y adoptarlo.

4. La prueba social para reducir la incertidumbre en la audiencia

Uno de los mayores beneficios de la Ley de la Prueba Social es que **reduce la incertidumbre** y facilita la toma de decisiones en la audiencia. Cuando las personas no están seguras de cómo actuar o qué pensar, recurren al comportamiento de los demás como una señal de guía.

- **Proporciona una referencia segura**: Mostrar que otros han tomado la misma decisión y han tenido éxito en ella proporciona a la audiencia una referencia de que la idea es segura y confiable. Este enfoque es particularmente útil en temas nuevos o poco conocidos, donde la audiencia puede tener dudas iniciales.
- **Crea una sensación de normalidad**: Cuando el orador muestra que su mensaje ha sido adoptado por muchos, hace que la audiencia perciba esa idea como algo común y normal, reduciendo la resistencia. La percepción de que "todos lo están haciendo" es una fuerza motivadora que facilita la aceptación.
- **Fomenta la acción a través de la influencia social**: Cuando la audiencia observa que otras personas han actuado en función del mensaje, se siente motivada a actuar de la misma manera. La prueba social genera una sensación de que formar parte de esa "acción colectiva" es positivo y les anima a tomar decisiones en consonancia.

Al reducir la incertidumbre y proporcionar una referencia clara, la prueba social permite que el orador facilite la toma de decisiones en su audiencia, aumentando su disposición a aceptar y actuar en función del mensaje.

5. Evitar la prueba social manipulativa

Es fundamental que la prueba social se use de manera auténtica
y ética, evitando cualquier intento de manipulación. Si la
audiencia percibe que el orador está exagerando o
distorsionando la realidad para crear una falsa prueba social, es
probable que genere desconfianza y resistencia.

- **Utilizar pruebas reales y verificables**: Es importante que
el orador solo utilice testimonios, datos y ejemplos que
puedan ser verificados o que sean creíbles. La
autenticidad es clave para que la audiencia sienta
confianza en la prueba social presentada.
- **Evitar exageraciones o afirmaciones falsas**: Aunque los
datos positivos y las historias de éxito son útiles, es
fundamental que el orador evite cualquier exageración.
La audiencia puede percibir rápidamente cuando algo
parece demasiado bueno para ser cierto, lo cual reduce la
credibilidad del mensaje.
- **Ser transparente sobre las limitaciones**: En casos donde
la prueba social no es universal, el orador puede
mencionar que la experiencia de otros puede variar. Este
enfoque transparente genera confianza, ya que muestra
que el orador es honesto y no está tratando de engañar a
la audiencia.

6. Los beneficios de la prueba social en la retención del
mensaje

La Ley de la Prueba Social no solo aumenta la disposición de la
audiencia a aceptar el mensaje, sino que también mejora la
retención del mensaje. Las personas recuerdan más y mejor
aquellas ideas que sienten que son compartidas y respaldadas
por un grupo amplio de personas.

- **Asociación con experiencias colectivas**: La prueba social
crea un vínculo entre el mensaje y una experiencia

colectiva. Esta asociación facilita que la audiencia recuerde el mensaje como parte de un "movimiento" o una idea popular.

- **Refuerzo de la validez**: La prueba social valida el mensaje y lo asocia con un comportamiento confiable, lo cual facilita que la audiencia lo retenga y lo considere en el futuro.
- **Motivación para compartir el mensaje**: Las personas tienden a compartir más fácilmente ideas que tienen un respaldo social. La prueba social convierte a la audiencia en embajadora del mensaje, facilitando que este se difunda más allá del evento o presentación original.

Esto permite que el mensaje sea no solo aceptado, sino también recordado y compartido de manera más efectiva.

Ley de la autoridad

La Ley de la Autoridad es un principio clave en la persuasión que afirma que las personas tienden a confiar y seguir las recomendaciones de figuras o fuentes que consideran legítimas y con conocimientos en un área determinada. En otras palabras, cuando un mensaje es respaldado por alguien que tiene una posición de autoridad, es más probable que sea aceptado y valorado por la audiencia. Esta ley de persuasión es eficaz porque apela a la necesidad humana de buscar guía en personas con experiencia, conocimiento o estatus, especialmente en situaciones de incertidumbre o cuando se requiere tomar decisiones importantes.

Para un orador, adoptar la Ley de la Autoridad significa proyectarse como una figura confiable y experta en su tema, o bien apoyarse en la autoridad de otras personas o fuentes reconocidas. De este modo, el orador puede ganar la confianza de la audiencia, reducir sus dudas y aumentar la probabilidad de que su mensaje sea aceptado. En este capítulo, profundizaremos en cómo funciona la Ley de la Autoridad, por qué es tan efectiva y cómo se puede aplicar en el contexto de una presentación para convencer a cualquier persona.

1. ¿Cómo funciona la Ley de la Autoridad?

Esta ley se basa en la tendencia humana a confiar en figuras de autoridad cuando enfrentan situaciones complejas o desconocidas. Esta inclinación tiene raíces psicológicas y culturales: en muchos aspectos de la vida, las personas son entrenadas para seguir la dirección de figuras de autoridad (como padres, maestros, expertos o líderes) a fin de asegurar su bienestar y tomar decisiones más acertadas. Esto ocurre porque se asume que una figura de autoridad tiene conocimientos superiores, mayor experiencia o una visión más completa de la situación.

En una presentación persuasiva, la autoridad puede manifestarse de diversas maneras. El orador puede presentarse a sí mismo como una figura de autoridad, o puede apoyar su mensaje en expertos o instituciones reconocidas en el tema. Esta autoridad proporciona una sensación de respaldo y validez al mensaje, facilitando que la audiencia lo acepte y se sienta segura al seguirlo.

2. La efectividad de la autoridad en la persuasión

La Ley de la Autoridad es extremadamente efectiva en la persuasión porque reduce la incertidumbre y aumenta la confianza. Cuando una idea o recomendación proviene de una figura de autoridad, la audiencia tiende a asumir que esta está fundamentada y que puede seguirse con seguridad.

- **Genera confianza**: Las personas sienten que una figura de autoridad tiene los conocimientos y la experiencia necesarios para guiar sus decisiones, lo cual reduce la necesidad de investigar por su cuenta. Esta confianza en la autoridad permite que el mensaje sea recibido con una disposición positiva.

- **Facilita la aceptación del mensaje**: Cuando la audiencia percibe al orador como una autoridad o alguien con conocimiento profundo, es más probable que acepte el mensaje sin cuestionamientos excesivos, lo cual aumenta la efectividad de la persuasión.
- **Refuerza la credibilidad del orador**: La autoridad no solo valida el mensaje, sino también al orador, permitiéndole proyectar una imagen de profesionalismo, confiabilidad y liderazgo.

Al adoptar la Ley de la Autoridad en un discurso, el orador no solo persuade a la audiencia, sino que también fortalece su posición como líder de opinión y fuente confiable.

3. Estrategias para aplicar la Ley de la Autoridad en una presentación

Para aplicar la Ley de la Autoridad en una presentación, el orador debe construir una imagen de credibilidad y apoyarse en fuentes o figuras reconocidas. A continuación, algunas estrategias para hacerlo de manera efectiva:

- **Presentar la propia experiencia y conocimientos**: Al comenzar el discurso, el orador puede mencionar brevemente su experiencia, educación o logros relevantes en el tema. Esto establece al orador como alguien con conocimientos y autoridad, lo cual facilita que la audiencia confíe en él desde el inicio.
- **Utilizar citas de expertos y estudios**: Apoyar el mensaje en citas de expertos, investigaciones científicas o estudios reconocidos refuerza la autoridad del mensaje. Cuando la audiencia observa que el orador ha investigado y se basa en datos confiables, percibe que el mensaje es creíble y está bien fundamentado.
- **Mostrar afiliaciones con instituciones respetadas**: Si el orador tiene alguna afiliación o conexión con

instituciones, organizaciones o profesionales reconocidos, mencionarlo puede ayudar a reforzar su autoridad. Esto funciona particularmente bien si la audiencia respeta o valora esas instituciones.

- **Citar leyes, normas o estándares**: En temas relacionados con normas, regulaciones o leyes, citar directamente estos estándares respalda el mensaje. La autoridad de un estándar o una regulación proporciona un marco claro y confiable para que la audiencia acepte el mensaje como válido.

Estas estrategias ayudan al orador a construir una autoridad auténtica y a presentar su mensaje de forma respaldada, lo cual facilita la persuasión y genera mayor credibilidad.

4. La autoridad como herramienta para reducir la resistencia en la audiencia

Una de las ventajas más valiosas de la Ley de la Autoridad es que ayuda a reducir la resistencia de la audiencia. Cuando una recomendación o idea viene respaldada por una figura de autoridad, es menos probable que las personas se sientan inclinadas a cuestionarla o a resistirse, ya que la autoridad crea una percepción de seguridad.

- **Confianza en la validez del mensaje**: La autoridad elimina la necesidad de "probar" el mensaje en muchos casos, ya que la audiencia confía en la validez de la idea solo porque está respaldada por alguien con conocimiento. Esto facilita que la audiencia acepte el mensaje sin cuestionamientos excesivos.
- **Reduce la necesidad de justificación adicional**: Cuando el orador es percibido como una autoridad, no necesita justificar cada detalle del mensaje, lo cual permite que el discurso sea más directo y enfocado.
- **Minimiza las objeciones**: La presencia de una autoridad reduce la tendencia de la audiencia a generar objeciones

o dudas, ya que la autoridad proporciona una base sólida y confiable.

Al reducir la resistencia, la autoridad permite que el orador entregue su mensaje de forma más clara y efectiva, logrando una aceptación más rápida y segura en la audiencia.

5. Evitar el uso manipulativo de la autoridad

Es fundamental que la Ley de la Autoridad se utilice de forma **ética y auténtica**, sin intentar manipular a la audiencia. Si el orador exagera su autoridad o presenta información engañosa, la audiencia puede percibirlo como deshonesto, lo cual reduce la credibilidad y genera rechazo.

- **No exagerar la propia autoridad**: El orador debe ser honesto sobre sus conocimientos y experiencia. Exagerar la autoridad puede ser contraproducente, ya que la audiencia puede percibir la manipulación y volverse escéptica o desconfiada.
- **Usar fuentes de autoridad genuinas**: Es importante que el orador se base en fuentes o figuras reconocidas y respetadas. Citar autoridades dudosas o irrelevantes puede hacer que la audiencia cuestione la validez del mensaje.
- **Ser transparente sobre los límites del conocimiento**: La autoridad no significa saberlo todo. Cuando el orador es honesto sobre los límites de su conocimiento, muestra humildad y autenticidad, lo cual genera más confianza en la audiencia.

6. Los beneficios de la autoridad en la retención del mensaje

La Ley de la Autoridad no solo ayuda a que la audiencia acepte el mensaje, sino que también mejora la retención del mensaje a largo plazo. Cuando las personas perciben que una idea ha sido respaldada por una figura de autoridad, tienden a recordarla y considerarla válida incluso después de la presentación.

- **Refuerzo de la credibilidad del mensaje**: Cuando la audiencia sabe que el mensaje está respaldado por una autoridad, es más probable que lo recuerde como una referencia confiable y válida.
- **Aumento de la disposición a actuar**: La autoridad no solo facilita la aceptación, sino también la acción. Cuando una figura de autoridad recomienda una acción, la audiencia tiende a estar más dispuesta a llevarla a cabo.
- **Difusión del mensaje**: Las personas tienden a compartir más fácilmente ideas que provienen de una figura de autoridad. Al presentar el mensaje con respaldo de autoridad, el orador facilita que la audiencia se convierta en defensora del mensaje y lo difunda.

Al adoptar la autoridad de manera legítima, el orador no solo asegura la aceptación de su mensaje en el momento, sino también su retención y difusión en el futuro.

Ley de la escasez

Este es un principio poderoso en la persuasión que se basa en la idea de que las personas valoran más aquello que es limitado o difícil de obtener. En otras palabras, cuando algo es escaso o está disponible solo por un tiempo determinado, aumenta su atractivo y su valor percibido. La escasez crea una sensación de urgencia y exclusividad, lo que motiva a las personas a actuar de inmediato para no perder la oportunidad. Esta ley de la persuasión se utiliza comúnmente en contextos de ventas y marketing, pero también es muy efectiva al hablar en público o en cualquier situación de comunicación persuasiva, ya que impulsa a la audiencia a comprometerse con una idea, una acción o un cambio de mentalidad.

Para un orador, aplicar la Ley de la Escasez significa destacar las oportunidades limitadas, el tiempo finito o los beneficios exclusivos de adoptar su mensaje o sus recomendaciones. Al hacer que la audiencia perciba que el acceso a los beneficios o ideas es temporal o limitado, el orador aumenta la probabilidad de que tomen acción en el momento.

1. ¿Cómo funciona la Ley de la Escasez?

La Ley de la Escasez funciona porque las personas tienden a valorar más lo que es difícil de obtener y a temer perder algo que podría ser beneficioso. La escasez provoca una reacción emocional conocida como "miedo a perder" o fear of missing out (FOMO). Cuando alguien siente que una oportunidad es limitada, es más probable que se sienta motivado a actuar de inmediato para asegurarse de no perderla.

Esta reacción es tanto racional como emocional. Racionalmente, la escasez indica que algo tiene un valor especial o una alta demanda, lo cual lo hace deseable. Emocionalmente, la posibilidad de perder una oportunidad activa una respuesta de urgencia y necesidad en las personas. Al crear un entorno en el que algo es limitado o exclusivo, el orador desencadena este mecanismo psicológico, lo que impulsa a la audiencia a valorar el mensaje y a actuar en consecuencia.

2. La efectividad de la escasez en la persuasión

La Ley de la Escasez es altamente efectiva en la persuasión porque **genera una respuesta emocional inmediata y fomenta la acción rápida**. Cuando la audiencia percibe que el acceso a un beneficio es limitado, su enfoque se centra en actuar antes de que la oportunidad desaparezca.

- **Incrementa el valor percibido**: La escasez hace que algo sea visto como más valioso, incluso si su valor real no cambia. La exclusividad convierte el mensaje en algo especial, lo que aumenta su atractivo y relevancia.
- **Crea una sensación de urgencia**: La escasez impulsa a las personas a actuar rápidamente para evitar perder una oportunidad. Este sentido de urgencia es crucial para

superar la inercia o la procrastinación, motivando a la
audiencia a tomar decisiones sin postergarlas.

- **Genera exclusividad**: La escasez no solo provoca
urgencia, sino también una sensación de pertenencia
exclusiva. Saber que solo algunos tendrán acceso a una
idea, recurso o beneficio crea un atractivo adicional, ya
que las personas tienden a valorar lo que no todos
pueden obtener.

Al adoptar la Ley de la Escasez en la persuasión, el orador logra
que su mensaje sea percibido como valioso y urgente,
aumentando la disposición de la audiencia a actuar en el
momento.

3. Estrategias para aplicar la Ley de la Escasez en una presentación

Aplicar la Ley de la Escasez en una presentación implica crear
una percepción de que la oportunidad que se ofrece es limitada
o exclusiva, lo cual motiva a la audiencia a actuar de inmediato.
A continuación, algunas estrategias para aplicar esta ley de
manera efectiva:

- **Destacar los beneficios limitados en el tiempo**: Si el
mensaje ofrece algún beneficio que se aplica solo durante
un tiempo específico, el orador puede enfatizar que "la
oportunidad es temporal" o que "estos beneficios solo
estarán disponibles hasta cierto momento". Esto motiva a
la audiencia a aprovechar la oportunidad sin dudar.
- **Usar palabras que enfatizan la escasez**: Frases como
"por tiempo limitado", "última oportunidad" o "solo
disponible para un grupo selecto" ayudan a que la
audiencia perciba la urgencia y la exclusividad del
mensaje. Estas palabras generan una reacción emocional
que impulsa a la acción.
- **Ofrecer un beneficio exclusivo para los primeros en
actuar**: El orador puede ofrecer un beneficio adicional a

quienes actúen primero, como un recurso extra, una reunión especial o un descuento. Este enfoque crea un incentivo adicional y refuerza la urgencia en la audiencia, motivando a actuar sin demora.

- **Presentar datos de demanda o popularidad**: Cuando el orador menciona que un concepto, recurso o idea es altamente demandado o que muchas personas ya lo han adoptado, aumenta la percepción de escasez. La audiencia siente que debe actuar pronto para no quedar fuera de la oportunidad.

Estas estrategias permiten que el orador implemente la Ley de la Escasez de forma ética y persuasiva, generando urgencia y aumentando la disposición de la audiencia a tomar acción.

4. La escasez como motivador para tomar decisiones inmediatas

La Ley de la Escasez es particularmente útil para motivar a la audiencia a tomar decisiones en el momento. Cuando algo es percibido como limitado, se genera una reacción emocional que lleva a actuar rápidamente para evitar perder la oportunidad.

- **Reduce la procrastinación**: La escasez elimina la tendencia a "dejarlo para después" y motiva a la audiencia a actuar de inmediato. Esto es útil cuando el orador quiere evitar que la audiencia posponga la decisión o que pierda el impulso para actuar.
- **Refuerza el sentido de importancia**: Al indicar que algo es limitado, el orador transmite que la idea o el beneficio tiene un valor especial y no está disponible en cualquier momento. Esto aumenta la percepción de importancia en la audiencia y la impulsa a valorar el mensaje.
- **Incrementa el compromiso de la audiencia**: Cuando las personas deciden actuar ante una oportunidad limitada, se sienten más comprometidas y conectadas con la decisión. Este compromiso refuerza la relación con el

mensaje y facilita que la audiencia lo retenga y lo
defienda en el futuro.

La escasez convierte la presentación en una experiencia única y
urgente, asegurando que la audiencia no solo entienda el
mensaje, sino que se sienta motivada a actuar en el momento.

5. Evitar el uso manipulativo de la escasez

Es importante que la Ley de la Escasez se use de manera ética y
auténtica para evitar una percepción de manipulación. Si el
orador intenta exagerar o crear una escasez artificial, la
audiencia puede percibirlo como engañoso y perder confianza
en el mensaje.

- **Ser honesto sobre la escasez**: Si la oportunidad es
realmente limitada o exclusiva, el orador debe
comunicarlo de forma clara y honesta. Sin embargo, si la
escasez es inventada o exagerada, puede generar una
percepción negativa en la audiencia.
- **Evitar la presión excesiva**: Aunque la escasez implica
una sensación de urgencia, el orador debe evitar
presionar a la audiencia para que actúe de inmediato. La
decisión debe ser motivada por la percepción de valor, no
por una presión manipulativa.
- **Usar la escasez como un incentivo genuino**: La escasez
funciona mejor cuando representa un beneficio real para
la audiencia, como una oportunidad limitada para
mejorar en algún aspecto de su vida. Esto asegura que el
mensaje sea percibido como útil y auténtico.

Al utilizar la escasez de manera ética, el orador mantiene la
confianza y el respeto de la audiencia, asegurando que el
mensaje sea bien recibido y no genere resistencia.

6. Los beneficios de la escasez en la retención y la acción

La Ley de la Escasez no solo motiva a la audiencia a actuar en el momento, sino que también mejora la retención del mensaje y aumenta la probabilidad de que el público lo valore y lo comparta.

- **Incrementa la memorabilidad del mensaje**: La escasez hace que el mensaje se destaque en la mente de la audiencia, ya que perciben que representa una oportunidad única. Esto facilita que el mensaje sea recordado y valorado en el tiempo.
- **Facilita la acción inmediata**: La urgencia creada por la escasez reduce las barreras para la acción, lo que aumenta la probabilidad de que la audiencia responda de inmediato. Esta respuesta rápida refuerza el impacto y el compromiso con el mensaje.
- **Aumenta la probabilidad de compartir el mensaje**: Cuando una oportunidad es limitada o exclusiva, la audiencia tiende a hablar de ella y a compartirla con otros, lo cual facilita que el mensaje se difunda más allá de la presentación.

Al adoptar la escasez como una herramienta en la comunicación persuasiva, el orador asegura que el mensaje tenga un impacto duradero y que la audiencia se sienta motivada a actuar y a compartirlo.

Ley de la unidad

Este es un principio de persuasión que se basa en la idea de que las personas son más proclives a aceptar un mensaje o a tomar una acción cuando sienten que pertenecen a un mismo grupo o comparten una identidad en común con el emisor. Este principio se fundamenta en la necesidad humana de conexión y pertenencia, una tendencia que impulsa a las personas a alinearse con quienes consideran parte de su "unidad" o grupo. Esta unidad puede ser de naturaleza familiar, cultural,

ideológica, profesional o cualquier otro tipo de vínculo que haga
sentir a las personas que comparten algo esencial.

Para un orador, aplicar la Ley de la Unidad significa encontrar y
enfatizar los elementos en común que existen entre él y su
audiencia. Al demostrar que comparte sus valores, intereses o
experiencias, el orador crea una conexión auténtica que facilita
la aceptación del mensaje. Esta conexión emocional y
psicológica hace que el mensaje se perciba como más relevante y
confiable, generando una influencia persuasiva más profunda y
duradera.

1. ¿Cómo funciona la Ley de la Unidad?

La Ley de la Unidad funciona porque las personas tienden a
confiar más en quienes consideran parte de su grupo o con
quienes sienten un vínculo compartido. Este vínculo activa una
sensación de empatía y confianza que reduce las barreras de
resistencia y aumenta la receptividad al mensaje. En términos
psicológicos, los seres humanos encuentran seguridad en los
grupos a los que pertenecen, ya que estos grupos ayudan a
definir su identidad y valores. Cuando un orador se presenta
como parte de ese mismo grupo o muestra una conexión
genuina con la audiencia, esta percibe su mensaje como
proveniente de "uno de los suyos".

En un contexto de persuasión, la Ley de la Unidad es
particularmente útil para que el orador haga sentir a la
audiencia que están en el mismo equipo, que comparten
aspiraciones y que están unidos en la búsqueda de un objetivo o
ideal común. Esta unidad facilita la aceptación del mensaje, ya
que la audiencia se siente comprendida y conectada con el
orador.

2. La efectividad de la unidad en la persuasión

La Ley de la Unidad es efectiva porque activa emociones de empatía, conexión y lealtad. Cuando las personas sienten que pertenecen a una unidad o grupo, desarrollan una lealtad natural hacia sus miembros y están más dispuestas a apoyar sus ideas o propuestas. Esto ocurre porque la pertenencia a un grupo despierta la necesidad de ayudar, proteger y mantener la armonía dentro de ese grupo.

- **Fortalece la confianza en el orador**: Cuando la audiencia percibe que el orador es parte de su "unidad", la confianza se establece de manera casi automática. La audiencia siente que el orador comprende su realidad y que, por lo tanto, su mensaje es auténtico y confiable.
- **Genera una sensación de seguridad**: La unidad brinda un sentido de pertenencia y seguridad, lo cual reduce la resistencia y la desconfianza. Esto hace que la audiencia esté más abierta a aceptar el mensaje, ya que lo percibe como alineado con sus intereses.
- **Fomenta el compromiso y la acción**: La unidad impulsa a las personas a actuar en conjunto para lograr objetivos compartidos. Cuando el orador destaca la unidad con su audiencia, esta se siente motivada a comprometerse con el mensaje y a tomar acciones en función de sus metas comunes.

Al adoptar la Ley de la Unidad en la persuasión, el orador crea un ambiente de cooperación y confianza, logrando que su mensaje sea recibido con una actitud de apoyo y aceptación.

3. Estrategias para aplicar la Ley de la Unidad en una presentación

Para aplicar la Ley de la Unidad en una presentación, el orador debe identificar los aspectos que lo conectan con la audiencia y enfatizarlos de manera auténtica.

A continuación, algunas estrategias efectivas para lograrlo:

- **Compartir experiencias comunes**: Contar historias personales o experiencias que reflejen situaciones que la audiencia también ha vivido es una manera poderosa de generar unidad. Al mostrar que ha enfrentado los mismos desafíos o ha tenido aspiraciones similares, el orador se convierte en alguien cercano y comprensible para la audiencia.
- **Usar un lenguaje inclusivo**: Palabras como "nosotros", "nuestro" y "todos" ayudan a que la audiencia se sienta incluida y partícipe del mensaje. Este lenguaje inclusivo refuerza la sensación de que el orador y la audiencia son parte de un mismo grupo con un objetivo compartido.
- **Resaltar valores o ideales comunes**: Identificar valores o principios que la audiencia considere importantes, como la perseverancia, la justicia, la empatía o la excelencia, y alinear el mensaje con estos valores refuerza la unidad. La audiencia se sentirá motivada a aceptar el mensaje al ver que está en sintonía con sus propios ideales.
- **Mostrar empatía hacia los desafíos de la audiencia**: Demostrar una comprensión genuina de las dificultades, preocupaciones o metas de la audiencia crea una conexión empática que refuerza la unidad. Al expresar que comprende y valora la realidad de su audiencia, el orador se gana su respeto y simpatía.

Estas estrategias ayudan al orador a aplicar la Ley de la Unidad de forma auténtica, logrando que la audiencia se sienta escuchada y conectada, lo cual facilita la aceptación del mensaje.

4. La unidad como herramienta para crear un cambio positivo

La Ley de la Unidad es especialmente útil cuando el orador desea motivar a la audiencia a **realizar un cambio o a tomar una acción**. Cuando las personas sienten que forman parte de un grupo que comparte sus valores y metas, es más probable que se sientan motivadas a contribuir y a colaborar en la búsqueda de un objetivo común.

- **Fomenta la cooperación**: La unidad invita a la audiencia a trabajar en equipo para lograr un cambio positivo. Cuando el orador enfatiza que él y la audiencia comparten una meta, se genera un ambiente de cooperación donde todos se sienten responsables y motivados.
- **Refuerza el sentido de propósito**: La unidad otorga un propósito compartido, ya que permite que la audiencia vea el objetivo como algo que beneficiará a todos. Este sentido de propósito es una fuerza motivadora que impulsa a la audiencia a actuar con determinación.
- **Crea una comunidad comprometida**: La unidad no solo motiva a la audiencia en el momento, sino que también crea un vínculo a largo plazo. Cuando las personas sienten que son parte de una comunidad, desarrollan un compromiso duradero y están más dispuestas a seguir apoyando el mensaje en el futuro.

Al adoptar la unidad como un motivador para el cambio, el orador logra que su mensaje no solo sea aceptado, sino también impulsado por una audiencia comprometida y dispuesta a actuar.

5. Evitar el uso manipulativo de la unidad

Es importante que la Ley de la Unidad se utilice de manera auténtica y respetuosa, sin intentar manipular a la audiencia. Si el orador simula una conexión o intenta utilizar la unidad de manera manipulativa, la audiencia puede percibirlo como deshonesto, lo cual generará desconfianza.

- **Ser honesto y transparente sobre la conexión**: La unidad debe basarse en aspectos reales y genuinos. Si el orador exagera o finge tener una conexión que no es verdadera, la audiencia lo percibirá rápidamente, lo cual afectará la credibilidad del mensaje.

- **Evitar crear divisiones o exclusión**: La unidad no debe ser utilizada para crear un "nosotros contra ellos". El orador debe enfocarse en la inclusión y en construir un ambiente positivo, en lugar de usar la unidad para dividir o crear conflictos.
- **Mostrar respeto por las diferencias**: Aunque el orador busque crear unidad, es importante reconocer que la audiencia también tiene perspectivas y experiencias diversas. Mostrar respeto por estas diferencias fortalece la credibilidad del orador y demuestra su autenticidad.

Al utilizar la unidad de manera ética, el orador construye una conexión genuina con la audiencia, asegurando que su mensaje sea recibido con confianza y empatía.

6. Los beneficios de la unidad en la retención y la difusión del mensaje

La Ley de la Unidad no solo facilita la aceptación del mensaje, sino que también aumenta la retención y la disposición de la audiencia a compartir el mensaje. Cuando las personas sienten una conexión de grupo, son más propensas a recordar y a difundir el mensaje en otros contextos.

- **Mejora la retención del mensaje**: La conexión emocional creada por la unidad hace que el mensaje sea más memorable. La audiencia no solo retiene el contenido, sino también la experiencia emocional de ser parte de un grupo.
- **Fomenta la defensa y difusión del mensaje**: Las personas tienden a compartir y defender las ideas que perciben como propias o como parte de su identidad grupal. Cuando el mensaje se alinea con los valores de la audiencia, esta lo adopta y lo promueve con entusiasmo.

- **Crea un impacto duradero**: La unidad fomenta una relación a largo plazo entre el orador y la audiencia. Este vínculo no solo facilita la aceptación inmediata del mensaje, sino que también promueve una relación continua de apoyo y compromiso.

Adoptar la unidad en la comunicación persuasiva no solo asegura la aceptación del mensaje en el momento, sino que también facilita su difusión y su defensa en el tiempo.

Ley del agrado

La Ley del Agrado es un principio de persuasión que se basa en la idea de que las personas son más proclives a ser influenciadas por aquellos que les agradan. En términos simples, cuanto más simpatía o afinidad sentimos por alguien, más abiertos estamos a sus ideas y recomendaciones. Este principio funciona a nivel emocional, ya que la simpatía y la afinidad activan en nosotros una sensación de confianza y receptividad. La Ley del Agrado es aplicable en cualquier situación de comunicación persuasiva, ya sea en ventas, relaciones personales o presentaciones públicas, y permite al orador o al comunicador ganarse a la audiencia y lograr que su mensaje sea aceptado y valorado.

Para un orador, aplicar la Ley del Agrado significa crear una conexión emocional positiva con su audiencia, ya sea a través de su actitud, su lenguaje o incluso su apariencia. Al lograr que la audiencia se sienta cómoda y atraída por su persona, el orador aumenta significativamente la probabilidad de que su mensaje sea escuchado y aceptado.

Veamos cómo funciona la Ley del Agrado, por qué es tan poderosa en la persuasión y cómo se puede aplicar de manera efectiva en una presentación o discurso para convencer y conectar con cualquier persona.

1. ¿Cómo funciona la Ley del Agrado?

La Ley del Agrado funciona porque las personas tienden a
confiar en aquellos que les agradan y, por lo tanto, son más
receptivas a sus ideas. Este principio tiene su fundamento en la
psicología social: las personas buscan construir relaciones
armoniosas y cercanas, y cuando alguien nos agrada, es natural
que queramos corresponder de forma positiva. La simpatía nos
hace sentir cómodos, seguros y predispuestos a aceptar las ideas
de quienes nos caen bien, ya que percibimos su mensaje como
proveniente de una fuente amigable y confiable.

La Ley del Agrado es especialmente útil cuando el orador busca
persuadir a una audiencia con diferentes puntos de vista o
cuando desea superar barreras de resistencia inicial. Al hacer
que la audiencia se sienta cómoda y conectada emocionalmente,
se eliminan las tensiones y se crea una atmósfera positiva que
favorece la apertura hacia el mensaje.

2. La efectividad del agrado en la persuasión

La Ley del Agrado es efectiva porque **crea un vínculo
emocional** que permite que la audiencia se sienta atraída por el
orador y, por ende, por el mensaje. Cuando las personas sienten
simpatía por el orador, están más dispuestas a ver el mensaje de
manera positiva y a actuar en función de él.

- **Genera confianza**: La simpatía hace que el orador sea
  percibido como alguien confiable. La audiencia siente
  que puede "bajar la guardia" y aceptar el mensaje sin
  miedo a ser manipulada, ya que la conexión emocional
  hace que el orador parezca sincero.
- **Reduce la resistencia**: El agrado elimina las barreras
  iniciales de resistencia. Una audiencia que simpatiza con
  el orador es menos propensa a cuestionar o rechazar el
  mensaje, ya que se siente cómoda con la persona que lo
  presenta.

- **Fomenta la receptividad y el compromiso**: Cuando el orador logra que la audiencia sienta afinidad hacia él, esta se vuelve más receptiva y dispuesta a comprometerse con el mensaje. La simpatía y el agrado facilitan que el público se involucre de manera activa y apoye las ideas del orador.

Al adoptar la Ley del Agrado en la comunicación persuasiva, el orador construye un ambiente de confianza y apertura, logrando que la audiencia esté dispuesta a escuchar y a considerar el mensaje con una actitud positiva.

3. Estrategias para aplicar la Ley del Agrado en una presentación

Para aplicar la Ley del Agrado en una presentación, el orador debe enfocarse en proyectar una imagen amistosa, accesible y auténtica. A continuación, algunas estrategias para lograrlo:

- **Sonreír y hacer contacto visual**: Una sonrisa genuina y un contacto visual directo son fundamentales para crear simpatía. La sonrisa es un símbolo universal de amabilidad y apertura, mientras que el contacto visual demuestra que el orador está presente y comprometido con su audiencia. Ambos elementos crean un vínculo de cercanía y confianza.
- **Usar lenguaje positivo y cercano**: Utilizar un lenguaje sencillo, claro y positivo ayuda a que la audiencia sienta que el orador es cercano y comprensible. Palabras como "nosotros" y "nuestro" generan una sensación de inclusión y muestran que el orador está hablando "con" la audiencia y no "a" la audiencia.
- **Mostrar interés genuino en la audiencia**: Escuchar y responder a las preocupaciones o preguntas de la audiencia es una forma poderosa de generar simpatía. Al mostrar un interés genuino por la perspectiva de los oyentes, el orador demuestra que valora su opinión y que

está dispuesto a adaptarse para responder a sus necesidades.

- **Compartir anécdotas personales**: Contar historias o anécdotas personales ayuda a que la audiencia perciba al orador como alguien auténtico y real. Estas historias hacen que el orador se muestre vulnerable y cercano, lo cual aumenta la simpatía y la conexión emocional.

Estas estrategias permiten que el orador construya una imagen positiva y accesible, logrando que la audiencia lo perciba como una persona amigable y digna de confianza, lo cual facilita la aceptación del mensaje.

4. El agrado como herramienta para superar la resistencia

La Ley del Agrado es especialmente útil para **superar la resistencia** en situaciones donde la audiencia puede ser escéptica o cuando el tema es controversial. La simpatía y el agrado rompen las barreras psicológicas que pueden surgir ante una idea nueva o desconocida.

- **Desactiva el escepticismo inicial**: Cuando el orador muestra simpatía y afinidad, la audiencia tiende a dejar de lado sus reservas o dudas iniciales. La simpatía permite que la audiencia se sienta más cómoda y menos propensa a cuestionar el mensaje.
- **Facilita el cambio de mentalidad**: Al crear una atmósfera de agrado y simpatía, el orador ayuda a que la audiencia esté más dispuesta a considerar ideas que podrían ser diferentes de sus propias creencias. La conexión emocional reduce el miedo al cambio, ya que el mensaje es visto como algo positivo y amigable.
- **Crea una disposición favorable para el mensaje**: La simpatía hace que la audiencia sienta curiosidad y aprecio por el mensaje. En lugar de enfocarse en buscar objeciones, la audiencia se siente más abierta y dispuesta a considerar el contenido con una mente receptiva.

5. Evitar el uso manipulativo del agrado

Es fundamental que la Ley del Agrado se utilice de manera **auténtica y honesta**, sin intentar manipular a la audiencia a través de falsos gestos de simpatía. Si la audiencia percibe que el orador intenta "caer bien" de forma artificial, es probable que genere desconfianza.

- **Ser genuino en la expresión de simpatía**: La simpatía no debe ser una estrategia calculada, sino una expresión auténtica. Sonreír de manera genuina y mostrar interés real por la audiencia es esencial para construir una conexión sincera.
- **Evitar el exceso de elogios**: Aunque los elogios pueden ser bien recibidos, es importante no exagerar o hacer cumplidos sin fundamento. La audiencia puede percibir los elogios excesivos como manipulativos, lo cual reduce la efectividad del mensaje.
- **Mantener la autenticidad en todo momento**: La simpatía y el agrado deben fluir de la personalidad y estilo del orador. Tratar de parecer "agradable" de una manera que no es natural puede generar una percepción de falsedad. Es mejor ser auténtico y construir una conexión real.

6. Los beneficios del agrado en la retención y la acción

La Ley del Agrado no solo facilita la aceptación del mensaje, sino que también **mejora la retención y la disposición de la audiencia a actuar en función del mensaje**. Cuando la audiencia siente simpatía por el orador, es más probable que recuerde su mensaje y que se sienta motivada a aplicar sus ideas.

- **Incrementa la memorabilidad del mensaje**: La simpatía crea una experiencia emocional que facilita la retención del mensaje. Cuando la audiencia siente afinidad con el orador, recuerda mejor el contenido porque asocia el mensaje con una experiencia positiva.

- **Motiva a la acción**: La simpatía no solo facilita la aceptación del mensaje, sino también la acción. Cuando la audiencia aprecia al orador, se siente más inclinada a responder a sus recomendaciones o a seguir sus sugerencias.
- **Promueve la difusión del mensaje**: Las personas tienden a hablar y compartir ideas provenientes de fuentes que les agradan. Cuando el orador aplica la Ley del Agrado de manera efectiva, la audiencia se convierte en embajadora del mensaje, compartiéndolo y recomendándolo a otros.

Adoptar la simpatía y el agrado en la comunicación persuasiva permite que el mensaje tenga un impacto duradero y que sea recordado con aprecio y positividad.

El storytelling

El storytelling, o arte de contar historias, es una herramienta de persuasión profundamente eficaz que permite conectar con la audiencia a nivel emocional, mantener su atención y hacer que el mensaje sea memorable y significativo. Las historias tienen un poder especial en la comunicación, ya que actúan como vehículos para transmitir ideas complejas de una forma que el público puede relacionar con su propia experiencia. El storytelling permite a los oradores y comunicadores influir en sus oyentes de manera más impactante y persuasiva al contar una narrativa en lugar de simplemente compartir hechos o ideas de manera lineal.

Para un orador, aplicar el storytelling en una presentación o discurso significa construir un relato que encapsule los mensajes clave de su tema. Este enfoque crea un puente emocional y permite que la audiencia no solo entienda el mensaje, sino que también se sienta involucrada en él. A través del storytelling, el orador transforma sus ideas en experiencias vívidas que quedan grabadas en la memoria y en las emociones de su audiencia.

1. ¿Cómo funciona el storytelling?

El storytelling funciona porque las historias son inherentes a la experiencia humana. Desde tiempos antiguos, los seres humanos han transmitido sus conocimientos, valores y lecciones a través de historias. Este formato permite que las personas comprendan mejor las ideas, ya que las historias activan diferentes áreas del cerebro, lo cual facilita la conexión emocional y la retención. Las historias despiertan en las personas una sensación de empatía, haciéndolas sentir que están experimentando la narrativa en primera persona.

En una presentación, el storytelling permite al orador captar y mantener la atención de su audiencia, evitando que se desconecte o pierda interés. Además, al utilizar una historia, el orador convierte el mensaje en algo relevante y personal, lo que permite que la audiencia lo internalice de una manera más significativa.

2. La efectividad del storytelling en la persuasión

El storytelling es efectivo en la persuasión porque provoca una respuesta emocional que facilita que la audiencia conecte con el mensaje y lo retenga. Cuando una historia está bien construida, la audiencia se ve inmersa en ella, lo que reduce las barreras de resistencia y hace que el mensaje sea percibido como más auténtico y convincente.

- **Capta y mantiene la atención**: Las historias tienen el poder de captar y retener la atención de la audiencia. Una narrativa bien contada atrapa la imaginación de los oyentes, manteniéndolos interesados y receptivos a lo largo de la presentación.
- **Facilita la comprensión de ideas complejas**: Las historias permiten explicar ideas complicadas de una forma más sencilla y accesible. Al usar personajes, emociones y eventos concretos, el storytelling ayuda a

que la audiencia entienda y recuerde el mensaje sin necesidad de complejas explicaciones.

- **Genera empatía y conexión emocional**: Las historias despiertan emociones en la audiencia, lo cual crea una conexión profunda entre el orador y sus oyentes. Esta conexión emocional facilita que la audiencia se sienta involucrada y receptiva al mensaje.
- **Refuerza la credibilidad**: Al contar una historia personal o relevante, el orador demuestra autenticidad y transparencia. Esto refuerza su credibilidad y hace que la audiencia confíe más en él, ya que percibe que está compartiendo algo sincero y valioso.

Adoptar el storytelling en la comunicación persuasiva permite al orador transmitir sus ideas de manera atractiva y memorable, logrando una respuesta positiva y emocional en su audiencia.

3. Estrategias para aplicar el storytelling en una presentación

Para aplicar el storytelling de manera efectiva, el orador debe construir una narrativa que sea relevante, emotiva y alineada con el mensaje principal de su presentación. A continuación, algunas estrategias para lograrlo:

- **Elegir historias personales o relacionadas con la audiencia**: Las historias personales o aquellas que la audiencia pueda relacionar con su propia vida son especialmente efectivas, ya que crean una conexión emocional inmediata. Compartir experiencias propias o historias de personas con intereses similares hace que la audiencia se sienta comprendida y valorada.
- **Utilizar una estructura clara y efectiva**: Las historias más memorables suelen seguir una estructura básica: introducción, desarrollo y desenlace. En la introducción se presenta el contexto; en el desarrollo, el conflicto o el desafío; y en el desenlace, la resolución o la lección. Esta

estructura ayuda a que la audiencia siga la narrativa y se mantenga interesada.

- **Incluir personajes y detalles específicos**: Los personajes y los detalles específicos permiten que la audiencia se imagine la historia y se sienta parte de ella. Es importante describir brevemente a los personajes, sus emociones y las situaciones, de manera que la audiencia pueda visualizar y experimentar la historia.

- **Incorporar conflictos o desafíos**: Una buena historia necesita un conflicto o desafío que capture la atención de la audiencia. Este conflicto representa el "obstáculo" o "problema" que debe resolverse, lo cual hace que la narrativa sea más interesante y que la audiencia se sienta motivada a conocer la resolución.

- **Concluir con una lección o mensaje**: La historia debe cerrar con una conclusión clara que esté alineada con el mensaje principal del orador. La lección o moraleja permite que la audiencia comprenda la relevancia de la historia y la relacione con el propósito de la presentación.

Estas estrategias permiten que el orador construya una historia impactante y cautivadora, logrando que la audiencia se sienta emocionalmente conectada y receptiva al mensaje.

4. El storytelling como herramienta para superar la resistencia

El storytelling es especialmente útil para superar la resistencia de una audiencia que puede ser escéptica o estar en desacuerdo con el mensaje. Las historias logran desactivar barreras psicológicas, ya que permiten que la audiencia se sumerja en la narrativa sin sentirse confrontada.

- **Facilita el cambio de perspectiva**: Al vivir la historia a través de los personajes, la audiencia puede ver el mensaje desde una nueva perspectiva. Esto permite que las personas consideren puntos de vista diferentes a los suyos sin sentirse atacadas.

- **Crea una experiencia compartida**: Las historias generan una sensación de experiencia compartida, lo cual ayuda a que la audiencia se sienta conectada no solo con el orador, sino también con los valores y principios que transmite. Este sentido de unidad facilita que la audiencia acepte el mensaje.

- **Reduce la desconfianza**: Al contar una historia que revela vulnerabilidad o experiencia personal, el orador reduce la desconfianza de la audiencia. La sinceridad y la apertura proyectan autenticidad, lo cual desactiva el escepticismo y permite que el mensaje sea percibido como genuino.

Al utilizar el storytelling para superar la resistencia, el orador logra que la audiencia se sienta conectada y más dispuesta a considerar ideas que podrían haber rechazado de otra manera.

5. Evitar el uso manipulativo del storytelling

Es importante que el storytelling se utilice de forma auténtica y ética, sin intentar manipular las emociones de la audiencia de manera forzada o engañosa. La audiencia puede detectar cuando una historia parece fabricada o manipulativa, lo cual puede generar desconfianza.

- **Elegir historias reales y relevantes**: El orador debe compartir historias que sean auténticas y que realmente reflejen su experiencia o valores. Manipular una historia para hacerla más dramática o emotiva puede reducir la credibilidad y la percepción de honestidad.

- **Evitar exageraciones**: Aunque algunos detalles pueden ser enfatizados, es importante que el orador evite exagerar los elementos de la historia para impactar a la audiencia. La exageración reduce la autenticidad y hace que la audiencia perciba la narrativa como artificial.

- **Transmitir un mensaje positivo y respetuoso**: El storytelling debe ser usado para inspirar, motivar o enseñar, no para manipular las emociones de la audiencia de manera negativa. Un mensaje honesto y respetuoso fortalece la conexión emocional sin caer en manipulación.

Al adoptar un enfoque ético, el orador mantiene la confianza y el respeto de la audiencia, asegurando que el mensaje sea percibido como auténtico y positivo.

6. Los beneficios del storytelling en la retención y la difusión del mensaje

El storytelling no solo facilita la aceptación del mensaje, sino que también aumenta la retención y la disposición de la audiencia a compartir el mensaje. Las historias bien contadas son fáciles de recordar y compartir, lo que permite que el mensaje perdure en el tiempo.

- **Mejora la memorabilidad del mensaje**: Las historias activan la memoria emocional, lo cual facilita la retención a largo plazo. La audiencia no solo recuerda el contenido, sino también la experiencia emocional que vivió al escuchar la historia.
- **Fomenta la acción**: Una historia inspiradora motiva a la audiencia a actuar en función del mensaje. Las historias de superación, cambio o aprendizaje incitan a la audiencia a aplicar la lección en su propia vida.
- **Promueve la difusión del mensaje**: Las historias son fáciles de contar y compartir, lo que permite que la audiencia transmita el mensaje a otros. La narrativa se convierte en una herramienta de difusión que hace que el mensaje llegue a un público más amplio.

Adoptar el storytelling en la comunicación persuasiva permite que el mensaje tenga un impacto duradero y que la audiencia lo recuerde y lo comparta de forma entusiasta.

Consistencia interna

La consistencia interna es un principio fundamental en la persuasión que se basa en la idea de que las personas están más dispuestas a aceptar y apoyar un mensaje cuando este es coherente, claro y congruente en todos sus elementos. La consistencia interna asegura que cada parte del mensaje esté alineada con el resto, desde las ideas principales hasta los ejemplos y los detalles. En la comunicación, la consistencia es una fuerza poderosa que refuerza la credibilidad del orador, elimina confusiones y genera una sensación de estabilidad y seguridad en la audiencia, haciéndola más receptiva al mensaje.

Para un orador, aplicar la consistencia interna significa construir un discurso o presentación en el que todos los elementos (ideas, tono, lenguaje y ejemplos) estén alineados y complementen el mensaje central. Este enfoque ayuda a que la audiencia perciba el mensaje como auténtico y confiable, ya que la coherencia evita contradicciones y proyecta una imagen de claridad y control.

1. ¿Cómo funciona la consistencia interna?

La consistencia interna funciona porque las personas buscan coherencia y lógica en los mensajes que reciben. Un mensaje consistente crea una experiencia fluida y comprensible, mientras que un mensaje inconsistente genera confusión, dudas y desconfianza. Este principio de persuasión está vinculado con la necesidad humana de encontrar sentido en la información que recibe y de confiar en la estabilidad de quien comunica esa información. Cuando el mensaje es coherente en todos sus aspectos, la audiencia percibe al orador como una figura organizada, confiable y comprometida con su propia verdad.

La consistencia interna también ayuda a que el mensaje se quede grabado en la memoria de la audiencia, ya que la coherencia facilita la comprensión y la retención. Además, un mensaje internamente consistente evita contradicciones que podrían debilitar el impacto de la presentación.

2. La efectividad de la consistencia interna en la persuasión

La consistencia interna es efectiva en la persuasión porque **construye credibilidad y confianza**. Cuando la audiencia percibe que el orador presenta un mensaje bien estructurado y lógico, es más probable que lo acepte y lo valore.

- **Refuerza la credibilidad del orador**: Un mensaje internamente consistente proyecta una imagen de profesionalismo y conocimiento. La audiencia siente que el orador sabe de lo que habla y que ha estructurado el mensaje con cuidado, lo cual refuerza su credibilidad.
- **Elimina la confusión**: La consistencia evita que el mensaje contenga contradicciones o partes incongruentes, lo cual elimina posibles puntos de confusión. Esto facilita que la audiencia comprenda y siga el mensaje sin sentirse perdida o confundida.
- **Facilita la retención del mensaje**: Un mensaje claro y coherente es más fácil de recordar. La consistencia interna permite que la audiencia retenga las ideas clave, ya que el mensaje sigue una estructura lógica que refuerza la comprensión.
- **Genera una sensación de autenticidad**: La consistencia interna proyecta autenticidad, ya que demuestra que el orador cree en lo que está diciendo y que ha construido su mensaje en torno a una verdad central. Esta autenticidad es crucial para que la audiencia acepte el mensaje y lo valore.

Adoptar la consistencia interna en la comunicación persuasiva permite al orador presentar un mensaje que es claro, confiable y fácil de comprender, lo cual aumenta significativamente la receptividad y la aceptación de la audiencia.

3. Estrategias para aplicar la consistencia interna en una presentación

Para aplicar la consistencia interna de manera efectiva, el orador debe asegurarse de que todos los elementos de su discurso o presentación estén alineados y sean coherentes entre sí. A continuación, algunas estrategias para lograrlo:

- **Definir un mensaje central claro**: Antes de desarrollar el contenido, el orador debe definir una idea o mensaje central que sirva como eje de la presentación. Todas las ideas, ejemplos y datos deben estar alineados con este mensaje central para evitar confusiones o desviaciones.
- **Mantener un tono y estilo uniformes**: El tono y el estilo de la presentación deben ser coherentes con el tema y el mensaje. Por ejemplo, en un discurso motivacional, es importante mantener un tono positivo y enérgico en todo momento, mientras que en una presentación académica se requiere un tono más formal y objetivo.
- **Seleccionar ejemplos y datos que refuercen el mensaje**: Los ejemplos y datos que el orador utilice deben estar directamente relacionados con el mensaje central y reforzar la coherencia del discurso. Cualquier información adicional que no esté alineada con el tema puede desviar la atención de la audiencia y generar confusión.
- **Evitar contradicciones o cambios de postura**: Si el orador presenta ideas contradictorias o cambia de postura en medio de su discurso, la consistencia interna se rompe y la audiencia puede desconfiar del mensaje. Es fundamental que el orador mantenga una postura estable y coherente en todo momento.
- **Usar una estructura lógica y progresiva**: La estructura del discurso debe ser clara y lógica, de manera que las ideas se presenten en un orden que tenga sentido. La estructura progresiva permite que la audiencia siga el flujo del mensaje sin perder el hilo de las ideas.

Estas estrategias ayudan al orador a construir una presentación clara y consistente, asegurando que cada elemento esté alineado con el mensaje central y que la audiencia reciba una comunicación coherente y lógica.

4. La consistencia interna como herramienta para construir confianza

La consistencia interna es una herramienta poderosa para **construir confianza** en la audiencia. Cuando el mensaje es coherente y sigue una estructura lógica, la audiencia percibe que el orador es digno de confianza y que su mensaje es genuino y bien fundamentado.

- **Elimina dudas y sospechas**: La coherencia elimina cualquier indicio de confusión o contradicción, lo cual genera una percepción de claridad y estabilidad. Esto permite que la audiencia se sienta cómoda y confíe en el mensaje sin cuestionamientos innecesarios.
- **Proyecta una imagen de profesionalismo**: Un mensaje internamente consistente proyecta una imagen de profesionalismo y seriedad. La audiencia percibe que el orador ha preparado cuidadosamente su presentación, lo cual fortalece su autoridad y credibilidad.
- **Fomenta la aceptación del mensaje**: La consistencia interna reduce la resistencia en la audiencia, ya que proyecta una imagen de seguridad y autenticidad. Cuando el mensaje es coherente, la audiencia siente que puede aceptarlo y comprometerse con él sin miedo a recibir información contradictoria.

Al construir un mensaje consistente y lógico, el orador se gana la confianza de la audiencia, facilitando que el mensaje sea aceptado de manera positiva y sin reservas.

5. Evitar los errores que rompen la consistencia interna

Para mantener la consistencia interna, es importante evitar ciertos errores que pueden romper la coherencia del mensaje y reducir su impacto.

Estos son algunos errores comunes y cómo evitarlos:

- **Incluir información irrelevante**: Agregar información que no esté directamente relacionada con el mensaje central puede desviar la atención de la audiencia y romper la coherencia. El orador debe asegurarse de que cada dato, ejemplo o historia esté alineado con el propósito principal de la presentación.
- **Cambiar de postura o tono sin motivo**: Los cambios de postura o tono en medio del discurso pueden crear una imagen de inconsistencia y confundir a la audiencia. Es fundamental que el orador mantenga un tono y una postura coherentes en todo momento.
- **Usar ejemplos contradictorios**: Los ejemplos y datos deben reforzar el mensaje, no contradecirlo. Si el orador utiliza ejemplos que son inconsistentes entre sí o que no apoyan el mensaje, la audiencia puede percibirlo como una falta de preparación o una contradicción.
- **Omitir detalles importantes**: La omisión de detalles que son esenciales para la comprensión del mensaje puede romper la consistencia interna. El orador debe asegurarse de que la audiencia tenga toda la información necesaria para seguir el mensaje sin lagunas o confusión.

Evitar estos errores permite que el orador mantenga la coherencia de su mensaje, asegurando que la presentación sea clara, lógica y efectiva.

6. Los beneficios de la consistencia interna en la retención y la acción

La consistencia interna no solo facilita la aceptación del mensaje, sino que también aumenta la retención y la disposición de la audiencia a actuar en función del mensaje. Cuando la audiencia percibe un mensaje consistente, lo entiende y lo recuerda con mayor facilidad.

- **Mejora la memorabilidad del mensaje**: Un mensaje consistente y coherente es más fácil de recordar. La audiencia no solo retiene el contenido, sino que también recuerda la claridad y la lógica del mensaje, lo cual aumenta su impacto.
- **Facilita la toma de decisiones**: La coherencia interna permite que la audiencia comprenda el mensaje sin dudas ni contradicciones. Esto facilita la toma de decisiones y aumenta la probabilidad de que la audiencia actúe en función de las recomendaciones del orador.
- **Refuerza el compromiso**: La consistencia interna motiva a la audiencia a comprometerse con el mensaje, ya que percibe que es claro y auténtico. Este compromiso aumenta la probabilidad de que la audiencia aplique el mensaje en su vida y lo comparta con otros.

Adoptar la consistencia interna en la comunicación persuasiva asegura que el mensaje sea aceptado, retenido y aplicado de manera efectiva, logrando un impacto duradero en la audiencia.

La simpatía y el carisma

La simpatía y el carisma son atributos esenciales en la persuasión que permiten a un orador generar una conexión positiva y auténtica con su audiencia. Mientras que la simpatía se basa en la capacidad de agradar y hacer que los demás se sientan cómodos, el carisma implica un conjunto de cualidades personales que atraen y cautivan. Juntos, la simpatía y el carisma permiten que un orador sea percibido como accesible y

magnético, lo cual facilita la aceptación de su mensaje y
aumenta su capacidad para influir en los demás.

Para un orador, aplicar simpatía y carisma en una presentación
significa proyectar una actitud amigable, mostrar empatía y
transmitir confianza en cada interacción. Estos rasgos generan
en la audiencia una respuesta emocional favorable, que la hace
más receptiva y dispuesta a escuchar y a considerar el mensaje.

1. ¿Cómo funcionan la simpatía y el carisma?

La simpatía y el carisma funcionan porque despiertan una
respuesta emocional positiva en la audiencia. Cuando un orador
es simpático, la audiencia se siente cómoda y valorada; y
cuando muestra carisma, se siente atraída y fascinada. Estos
atributos son clave en la persuasión, ya que activan un deseo
natural de escuchar y seguir al orador, creando una atmósfera
de confianza y apertura.

En la comunicación persuasiva, el carisma permite que el orador
se convierta en un punto de atracción, mientras que la simpatía
asegura que la audiencia sienta una conexión humana genuina
con él. Este equilibrio entre accesibilidad y magnetismo permite
al orador captar la atención y ganar la confianza de la audiencia,
logrando que el mensaje tenga un impacto más profundo y
duradero.

2. La efectividad de la simpatía y el carisma en la persuasión

La simpatía y el carisma son altamente efectivos en la
persuasión porque generan empatía, confianza y atracción.
Cuando la audiencia se siente cómoda y atraída hacia el orador,
es más probable que acepte su mensaje y se sienta motivada a
actuar en función de él.

- **Generan confianza y apertura**: La simpatía proyecta una
  imagen de amabilidad y comprensión, lo cual elimina las
  barreras de resistencia y permite que la audiencia baje la

guardia. La apertura del orador hace que la audiencia se sienta en un ambiente seguro, propicio para recibir el mensaje.

- **Aumentan la credibilidad**: Un orador que proyecta carisma y simpatía genera una percepción de competencia y confianza en sí mismo. Esto aumenta su credibilidad y hace que la audiencia sienta que está en buenas manos.
- **Captan y retienen la atención**: El carisma tiene el poder de atraer la atención, mientras que la simpatía retiene el interés. Juntos, aseguran que la audiencia permanezca involucrada y receptiva durante toda la presentación.
- **Crean una conexión emocional**: La simpatía permite que el orador muestre empatía hacia su audiencia, mientras que el carisma le da un toque de inspiración y energía. Esta conexión emocional facilita que la audiencia internalice el mensaje de una manera más profunda y significativa.

Al adoptar la simpatía y el carisma en la comunicación persuasiva, el orador construye una relación de confianza y atracción con la audiencia, logrando que su mensaje sea recibido con entusiasmo y consideración.

3. Estrategias para aplicar la simpatía y el carisma en una presentación

Para aplicar la simpatía y el carisma de manera efectiva, el orador debe enfocarse en proyectar una imagen accesible y atractiva.

A continuación, algunas estrategias para lograrlo:

- **Usar una sonrisa genuina y contacto visual**: La sonrisa es un símbolo universal de amabilidad y apertura, mientras que el contacto visual muestra compromiso e interés. Estos gestos crean una atmósfera cálida y transmiten confianza, haciendo que la audiencia se sienta valorada y en confianza.

- **Demostrar empatía y comprensión**: Mostrar interés genuino en la perspectiva de la audiencia y expresar empatía hacia sus preocupaciones fortalece la simpatía. Al dirigirse a las experiencias o emociones de la audiencia, el orador proyecta una imagen de cercanía y autenticidad.

- **Hablar con energía y entusiasmo**: La energía es una característica fundamental del carisma. Un orador que habla con entusiasmo y pasión transmite una imagen de compromiso, lo cual resulta inspirador para la audiencia. Este enfoque contagia energía y motiva a los oyentes a implicarse más con el mensaje.

- **Compartir anécdotas y vulnerabilidades**: Contar historias personales o mostrar vulnerabilidad aumenta la simpatía, ya que hace que el orador se vea más humano y accesible. Al revelar aspectos personales o desafíos superados, el orador proyecta una imagen auténtica y cercana.

- **Utilizar el lenguaje corporal de manera efectiva**: Los gestos abiertos, una postura relajada y movimientos congruentes con el mensaje aumentan el carisma y la simpatía. El lenguaje corporal transmite seguridad y autenticidad, haciendo que la audiencia perciba al orador como alguien seguro y confiable.

Estas estrategias ayudan al orador a proyectar una imagen accesible y cautivadora, logrando que la audiencia se sienta conectada y receptiva hacia su mensaje.

4. La simpatía y el carisma como herramientas para superar la resistencia

La simpatía y el carisma son herramientas especialmente útiles para superar la resistencia de una audiencia que podría ser escéptica o reservada. Cuando el orador es agradable y atractivo, la audiencia se siente más cómoda y abierta a recibir nuevas ideas.

- **Disminuyen las barreras psicológicas**: La simpatía crea una atmósfera de amabilidad que reduce la defensividad en la audiencia. Esto permite que las personas se sientan seguras y dispuestas a considerar el mensaje sin actitudes de rechazo.
- **Transforman la incertidumbre en receptividad**: El carisma convierte cualquier escepticismo en interés. La energía y la pasión del orador despiertan curiosidad y motivan a la audiencia a escuchar con una mentalidad abierta.
- **Facilitan el cambio de opinión**: Cuando la audiencia percibe al orador como una persona confiable y amigable, está más dispuesta a reconsiderar sus propias creencias. La simpatía y el carisma reducen la tensión y permiten que la audiencia considere nuevos puntos de vista de manera positiva.

Adoptar la simpatía y el carisma como herramientas para superar la resistencia permite que el orador entregue su mensaje de forma más efectiva, logrando que la audiencia se sienta conectada y abierta a nuevas ideas.

5. Evitar el uso manipulativo de la simpatía y el carisma

Es esencial que la simpatía y el carisma se utilicen de manera auténtica y ética, sin intentar manipular a la audiencia con gestos o actitudes que no reflejan la verdadera personalidad del orador. La audiencia puede percibir cuando un orador intenta parecer "agradable" de manera forzada, lo cual genera desconfianza.

- **Ser genuino en la simpatía**: La simpatía debe reflejar un interés auténtico por la audiencia. Mostrar una actitud amable sin forzarla permite que la conexión emocional sea natural y sincera.

- **Evitar exageraciones en el carisma**: La energía y el entusiasmo deben ser genuinos y congruentes con el mensaje. Exagerar o sobreactuar puede hacer que la audiencia perciba al orador como insincero o superficial.
- **Mantener la autenticidad en el estilo personal**: La simpatía y el carisma deben fluir naturalmente del estilo y personalidad del orador. Intentar cambiar la propia personalidad para "agradar" puede parecer artificial. Es mejor que el orador proyecte su propio carisma de manera auténtica y sin forzar su estilo.

6. Los beneficios de la simpatía y el carisma en la retención y la acción

La simpatía y el carisma no solo facilitan la aceptación del mensaje, sino que también mejoran la retención y aumentan la disposición de la audiencia a actuar en función del mensaje. Cuando la audiencia siente simpatía por el orador y es atraída por su carisma, es más probable que recuerde y aplique sus ideas.

- **Incrementan la memorabilidad del mensaje**: La conexión emocional creada por la simpatía y el carisma hace que el mensaje sea más memorable. La audiencia retiene mejor la información porque asocia el mensaje con una experiencia positiva.
- **Motivan a la acción**: La simpatía y el carisma no solo facilitan la aceptación del mensaje, sino también la disposición a actuar. La audiencia se siente inspirada a tomar acción porque percibe al orador como una figura confiable y motivadora.
- **Promueven la difusión del mensaje**: Las personas tienden a hablar y compartir ideas que provienen de una fuente que les agrada. Cuando el orador aplica simpatía y carisma de manera efectiva, la audiencia se convierte en embajadora del mensaje, compartiéndolo y recomendándolo a otros.

Adoptar la simpatía y el carisma en la comunicación persuasiva permite que el mensaje tenga un impacto duradero y que la audiencia lo recuerde y lo comparta con entusiasmo.

El autocuidado

Un orador que practica el autocuidado demuestra energía, claridad mental y una presencia equilibrada, elementos que inspiran confianza y proyectan seguridad. El autocuidado no solo se trata de cuidar la salud física, sino también de gestionar el bienestar emocional, mental y espiritual. Estas dimensiones influyen directamente en cómo el orador se relaciona con su audiencia y en la calidad de su presentación, ya que un orador que se siente bien tiene mayor control sobre sus emociones, su lenguaje corporal y su capacidad de respuesta.

Para un orador, adoptar el autocuidado como un pilar de su preparación significa asegurarse de que tanto su cuerpo como su mente estén en condiciones óptimas para conectarse de forma auténtica y sostenida con su audiencia.

Ahora, exploraremos la importancia del autocuidado en la persuasión, cómo afecta a la presencia y a la eficacia del orador y cómo se puede implementar de manera efectiva para lograr un impacto positivo y duradero en cualquier presentación.

¿Cómo influye el autocuidado en la persuasión?

El autocuidado influye en la persuasión porque mejora la claridad mental, el equilibrio emocional y la energía del orador. Un orador que se siente saludable y emocionalmente equilibrado es más capaz de concentrarse en su mensaje, gestionar sus emociones y conectar auténticamente con la audiencia. La falta de autocuidado, en cambio, puede llevar a una disminución de la energía, dificultades para controlar el estrés y falta de claridad, todos factores que afectan negativamente la persuasión.

El autocuidado permite que el orador proyecte una presencia
fuerte y confiable. Al cuidar de su bienestar, el orador transmite
una imagen de profesionalismo y responsabilidad, lo cual
inspira respeto y confianza en la audiencia.

La importancia del autocuidado en la persuasión

El autocuidado es esencial en la persuasión porque permite al
orador presentarse en su mejor versión y sostener su energía y
claridad a lo largo de toda la presentación. Un orador que se
cuida a sí mismo puede mantenerse enfocado y proyectar una
imagen positiva, lo cual facilita que la audiencia confíe en él y se
sienta motivada a aceptar su mensaje.

- **Proyecta seguridad y confianza**: Cuando el orador se
siente bien consigo mismo, proyecta seguridad y
confianza. La audiencia percibe esta energía y se siente
más abierta a aceptar sus ideas y recomendaciones.
- **Mejora la conexión emocional**: El autocuidado permite
que el orador esté en contacto con sus emociones y sea
más consciente de las emociones de su audiencia. Esto
facilita una conexión emocional genuina y profunda.
- **Incrementa la resiliencia y el control del estrés**: El
autocuidado ayuda al orador a enfrentar los desafíos y el
estrés de hablar en público. Al mantener un estado
mental y emocional equilibrado, el orador es capaz de
manejar mejor situaciones imprevistas y proyectar una
actitud de calma y control.
- **Refuerza la autenticidad**: Un orador que practica el
autocuidado proyecta una imagen de autenticidad, ya
que se muestra seguro y relajado. Esta autenticidad es
clave para que la audiencia confíe en él y perciba su
mensaje como genuino y honesto.

El autocuidado asegura que el orador esté en una disposición
física y emocional óptima, lo cual facilita que la audiencia lo

perciba como una figura confiable y abierta a una comunicación auténtica.

Estrategias de autocuidado para una comunicación efectiva

Para aplicar el autocuidado de manera efectiva, el orador debe enfocarse en mantener una rutina que incluya el bienestar físico, mental y emocional. A continuación, algunas estrategias de autocuidado para prepararse antes de una presentación:

- **Mantener una alimentación equilibrada y mantenerse hidratado**: La alimentación saludable y la hidratación adecuada son esenciales para la energía y la claridad mental. Consumir alimentos ricos en nutrientes y beber suficiente agua antes de una presentación asegura que el orador se sienta alerta y concentrado.
- **Dormir bien**: El descanso adecuado es fundamental para una mente clara y un cuerpo energizado. Dormir las horas necesarias permite que el orador esté en su máximo nivel de rendimiento y pueda manejar el estrés y la presión con mayor facilidad.
- **Practicar ejercicios de respiración y relajación**: La respiración profunda y las técnicas de relajación ayudan a reducir el estrés y a calmar los nervios antes de hablar en público. Respirar conscientemente permite que el orador se mantenga calmado y controle mejor sus emociones.
- **Incorporar actividad física regular**: El ejercicio físico es una excelente forma de liberar tensiones y mejorar la energía. Actividades como caminar, practicar yoga o hacer ejercicio regularmente permiten que el orador mantenga un nivel de energía estable y reduzca el impacto del estrés.
- **Establecer límites y gestionar el tiempo**: El autocuidado implica también proteger el tiempo personal y evitar la sobrecarga de trabajo. Gestionar el tiempo y establecer límites permite que el orador evite el agotamiento y

pueda dedicarse a prepararse mental y emocionalmente para su presentación.

- **Cultivar la práctica de mindfulness o meditación**: Practicar mindfulness o meditación ayuda a desarrollar un estado de calma y enfoque mental. Estas prácticas permiten al orador concentrarse en el presente y enfrentar la presentación con una mente despejada y tranquila.

Estas estrategias de autocuidado aseguran que el orador esté preparado tanto física como mentalmente, permitiéndole proyectar seguridad, claridad y equilibrio en su mensaje.

El autocuidado como herramienta para conectar con la audiencia

El autocuidado también es una herramienta poderosa para conectar genuinamente con la audiencia. Cuando el orador se siente en equilibrio y en paz consigo mismo, es más fácil que proyecte una energía positiva y se muestre abierto y auténtico en su interacción con el público.

- **Permite una mayor empatía**: Un orador que se cuida a sí mismo es más capaz de reconocer y responder a las emociones de su audiencia. La empatía es fundamental para construir una relación de confianza y permite que la audiencia se sienta escuchada y valorada.
- **Transmite autenticidad y honestidad**: El autocuidado permite que el orador se muestre auténtico y honesto, proyectando una imagen de alguien que se conoce a sí mismo y se siente cómodo en su propia piel. Esta autenticidad es clave para que la audiencia confíe en él.
- **Fomenta una presencia calmada y confiable**: La calma que se obtiene del autocuidado permite que el orador proyecte una presencia tranquila y confiable. Esta tranquilidad crea un ambiente positivo, lo cual facilita que la audiencia se sienta a gusto y abierta al mensaje.

- **Refuerza la conexión emocional**: El autocuidado permite que el orador esté emocionalmente equilibrado y abierto, lo cual mejora la conexión emocional con la audiencia. Esta conexión facilita que la audiencia se identifique con el orador y acepte su mensaje con una actitud positiva.

Adoptar el autocuidado como una práctica continua permite al orador desarrollar una presencia carismática y empática, logrando que su audiencia se sienta emocionalmente conectada y receptiva.

Evitar el descuido del autocuidado y sus consecuencias

La falta de autocuidado puede tener consecuencias negativas en la efectividad de una presentación. Cuando un orador descuida su bienestar, es más probable que experimente nerviosismo, falta de claridad y estrés, lo cual impacta negativamente en la conexión con la audiencia y en la calidad de la comunicación.

- **Fatiga y falta de energía**: La falta de descanso y una mala alimentación pueden llevar al orador a sentirse fatigado y sin energía, lo cual dificulta mantener el enfoque y la presencia durante toda la presentación.
- **Aumento del estrés y ansiedad**: La falta de autocuidado incrementa los niveles de estrés y ansiedad, lo cual afecta el control de las emociones y puede llevar a que el orador se sienta nervioso e inseguro.
- **Disminución de la claridad mental**: La falta de descanso y un estado de salud deficiente impactan negativamente en la claridad mental, lo cual dificulta que el orador articule sus ideas de manera efectiva y mantenga un discurso coherente.
- **Proyección de inseguridad**: La falta de autocuidado puede hacer que el orador proyecte una imagen de inseguridad e incomodidad, lo cual reduce la confianza de la audiencia en su mensaje.

Los beneficios del autocuidado en la retención y la disposición a actuar

El autocuidado no solo mejora la experiencia del orador, sino que también aumenta la retención del mensaje y la disposición de la audiencia a actuar en función del mensaje. Cuando el orador proyecta seguridad y bienestar, la audiencia responde de manera positiva y abierta.

- **Incrementa la credibilidad**: La apariencia de bienestar y equilibrio que el autocuidado proyecta refuerza la credibilidad del orador. La audiencia confía más en un orador que se muestra saludable, equilibrado y seguro.
- **Facilita la retención del mensaje**: La claridad mental y emocional que aporta el autocuidado permite que el orador entregue un mensaje coherente y bien articulado, lo cual facilita que la audiencia lo retenga y lo valore.
- **Motiva a la audiencia a seguir el ejemplo**: Un orador que demuestra autocuidado y bienestar inspira a la audiencia a adoptar prácticas similares. La audiencia se siente motivada a seguir el ejemplo y aplicar el mensaje en su vida de manera positiva.
- **Genera una relación de respeto y confianza**: El autocuidado proyecta una imagen de responsabilidad, lo cual genera respeto y confianza en la audiencia. La audiencia siente que el orador es alguien digno de seguir y de escuchar, lo cual aumenta su disposición a considerar y aplicar el mensaje.

Adoptar el autocuidado en la comunicación persuasiva asegura que el mensaje sea aceptado y valorado, logrando un impacto positivo y duradero en la audiencia.

Capítulo 5: Estructuras para hablar mejor en público

Un buen discurso no es solo el resultado de ideas poderosas; es también el fruto de una organización estructurada que permita transmitir esas ideas de manera clara, memorable y convincente. La estructura es como el esqueleto de tu discurso: brinda soporte y guía tanto a ti como al público, facilitando que las ideas fluyan de manera lógica y que la audiencia pueda seguir el mensaje sin perderse.

Cada estructura tiene su propio propósito y se adapta a diferentes objetivos y contextos. Por ejemplo, la estructura de Historia Personal es perfecta para crear una conexión emocional a través de una experiencia personal, mientras que la estructura de Problema-Solución es ideal para captar el interés de la audiencia presentando un desafío y ofreciendo una solución clara.

A lo largo de este capítulo, te familiarizarás con estructuras clásicas y efectivas, como el Viaje del Héroe, la Comparación de Antes y Después, y el enfoque de Qué, Por Qué, Cómo. Aprenderás cuándo y cómo utilizar cada una, y recibirás herramientas prácticas para adaptar estas estructuras a tus propios discursos, independientemente del tema o el contexto.

Estructura de Historia Personal

La estructura de Historia Personal es una herramienta poderosa y eficaz en la comunicación pública. Este tipo de estructura utiliza una experiencia vivida por el orador para transmitir un mensaje significativo, logrando captar la atención de la audiencia de manera auténtica y emocional. Al contar una historia personal, el orador se muestra más humano y accesible, lo que facilita que la audiencia se identifique con el mensaje y lo internalice. Las historias personales no solo transmiten información, sino también emociones, valores y lecciones que resuenan profundamente en la audiencia.

¿Cómo funciona la estructura de Historia Personal?

La estructura de Historia Personal funciona porque las personas están naturalmente atraídas por las historias, especialmente cuando están relacionadas con experiencias humanas. La investigación en neurociencia sugiere que las historias activan múltiples áreas del cerebro, no solo las que procesan el lenguaje, sino también las áreas responsables de las emociones, la memoria y la visualización. Esto significa que, al contar una historia, el orador permite que la audiencia experimente las emociones y situaciones de manera vívida y profunda.

La neurociencia ha demostrado que las historias emocionales tienen el poder de influir en el cerebro de maneras profundas, una de las cuales es a través de la liberación de oxitocina, conocida como la "hormona del amor" o "de la conexión". Este fenómeno fue estudiado por Paul Zak, neuroeconomista y director del Centro de Estudios de Neuroeconomía de la Universidad de Claremont, quien ha investigado el papel de la oxitocina en la construcción de confianza y empatía. En su estudio de 2014, Zak descubrió que escuchar historias emocionales estimula la liberación de esta hormona en el cerebro, lo que facilita la empatía y el vínculo entre quien cuenta la historia y quien la escucha.

¿Cómo actúa la oxitocina en el cerebro y en la conexión interpersonal?

La oxitocina es una hormona producida en el hipotálamo y liberada en la sangre a través de la glándula pituitaria. Su función más conocida está relacionada con el vínculo entre madres e hijos durante el parto y la lactancia, y también juega un papel clave en las relaciones de pareja. Sin embargo, investigaciones recientes han demostrado que la oxitocina no solo se activa en contextos de relación cercana, sino también cuando una persona escucha una historia emocionalmente resonante.

La liberación de oxitocina genera sentimientos de confianza, empatía y disposición para ayudar, lo que explica por qué las historias emocionales permiten que las personas se sientan más conectadas entre sí. En el contexto de una presentación o discurso, esta hormona ayuda a que la audiencia se sienta más abierta y receptiva, lo cual es fundamental para la persuasión.

Los experimentos de Paul Zak: historias y su efecto en la oxitocina

Paul Zak realizó diversos experimentos para estudiar cómo las historias afectan la producción de oxitocina en el cerebro. En uno de estos estudios, los participantes vieron un video sobre un niño llamado Ben que sufría de cáncer terminal. La historia del niño fue diseñada para despertar emociones profundas, y se midieron los niveles de oxitocina de los participantes antes y después de ver el video. Los resultados mostraron que el video aumentó significativamente los niveles de oxitocina en la mayoría de los participantes, lo que los hizo más propensos a donar dinero para el tratamiento de niños como Ben después de ver la historia.

Este experimento confirmó que las historias que evocan emociones profundas pueden activar la oxitocina en el cerebro y motivar acciones empáticas, como ayudar a los demás o conectar con el mensaje de una manera significativa.

Al utilizar una historia personal, el orador hace que el mensaje sea único y auténtico, lo que genera una experiencia memorable y significativa para la audiencia. La estructura de Historia Personal permite que el mensaje no solo sea comprendido, sino que también se sienta y se viva, facilitando su aceptación y su impacto duradero.

Estructura de la Historia Personal

Para construir una Historia Personal efectiva, el orador debe seguir una estructura narrativa clara que permita que la audiencia se sumerja en la experiencia. Esta estructura incluye los siguientes elementos:

- **Introducción**: En esta primera parte, el orador presenta el contexto y da una breve descripción de la situación o escenario. El objetivo es establecer el punto de partida de la historia y generar curiosidad en la audiencia.
- **Desarrollo o conflicto**: Esta es la parte central de la historia, donde el orador describe el desafío, problema o conflicto que enfrentó. En esta fase, es importante incluir detalles emocionales y visuales para que la audiencia pueda visualizar la situación y empatizar con las emociones del orador.
- **Desenlace o resolución**: En esta sección, el orador explica cómo resolvió la situación o el desafío. Este desenlace muestra la transformación, el aprendizaje o la

lección que el orador obtuvo de la experiencia, conectándola directamente con el mensaje central del discurso.

- **Conclusión o reflexión**: Finalmente, el orador conecta la historia personal con el tema principal del discurso y ofrece una reflexión o enseñanza que la audiencia pueda aplicar en su vida. Esta parte asegura que la audiencia entienda la relevancia de la historia en el contexto del mensaje.

Ejemplo de aplicación de la Estructura de Historia Personal

Imaginemos que el orador desea hablar sobre la importancia de la perseverancia y el aprendizaje de los fracasos en la vida. Utilizando una historia personal, podría estructurar su discurso de la siguiente manera:

Introducción: "Hace unos años, estaba decidido a emprender mi propio negocio. Había dejado mi trabajo estable para seguir mi sueño y estaba seguro de que lo lograría. Había puesto todos mis ahorros y mi energía en esta nueva aventura".

Desarrollo o conflicto: "Pero las cosas no salieron como esperaba. Los primeros meses fueron extremadamente duros; no llegaban suficientes clientes, los gastos aumentaban y, para ser honesto, sentía que el fracaso era inminente. Mis amigos y familiares intentaban darme ánimos, pero había días en los que me sentía completamente derrotado y pensaba que debería rendirme".

Desenlace o resolución: "Sin embargo, en lugar de rendirme, decidí analizar mis errores y aprender de ellos. Me di cuenta de que estaba cometiendo algunos fallos en la gestión de mi negocio y, poco a poco, comencé a hacer ajustes. Aunque el proceso fue lento, cada error me enseñaba algo valioso y me hacía más fuerte. Después de varios intentos fallidos y un sinfín de ajustes, mi negocio comenzó a crecer y, eventualmente, se convirtió en un éxito".

Conclusión o reflexión: "A veces, el fracaso puede sentirse como el final, pero, en realidad, es solo el comienzo de un aprendizaje. Mi experiencia me enseñó que la perseverancia y la capacidad de aprender de los errores son habilidades fundamentales para alcanzar el éxito. Hoy, quiero invitarlos a que no teman a los fracasos, sino que los vean como una oportunidad para aprender y mejorar".

Este ejemplo permite a la audiencia comprender el mensaje de perseverancia a través de una experiencia real y emotiva. La historia personal convierte el mensaje en algo tangible y aplicable, inspirando a la audiencia a perseverar y a ver el fracaso como una oportunidad de crecimiento.

Beneficios de la Estructura de Historia Personal

La estructura de Historia Personal tiene numerosos beneficios en la comunicación persuasiva y en la conexión con la audiencia:

- **Aumenta la empatía**: Las historias personales permiten que la audiencia se identifique con el orador, creando una conexión emocional que facilita la empatía y la comprensión.
- **Facilita la retención del mensaje**: Las investigaciones han demostrado que las personas recuerdan mejor las historias que los hechos o datos aislados (Widrich, 2012). La historia personal convierte el mensaje en una experiencia memorable que queda grabada en la mente de la audiencia.
- **Refuerza la autenticidad y la credibilidad**: Una historia personal auténtica muestra que el orador es una persona

real con experiencias y emociones, lo cual refuerza su credibilidad y lo hace más confiable a los ojos de la audiencia.

- **Convierte el mensaje en una experiencia vivida**: La historia personal transforma el mensaje en algo real y tangible, lo cual permite que la audiencia lo sienta y lo internalice a nivel emocional.

Estructura de Problema-Solución

Esta es una de las estrategias más efectivas en la comunicación pública, ya que permite al orador capturar la atención de la audiencia y guiarla hacia un mensaje de cambio, mejora o resolución. Esta estructura es especialmente útil en presentaciones persuasivas, ya que el enfoque en un problema y su solución ayuda a que el mensaje sea claro, relevante y orientado a la acción. Al presentar un problema que la audiencia puede reconocer y una solución convincente, el orador logra que la audiencia no solo comprenda el mensaje, sino que también se sienta motivada a actuar en función de él.

La estructura de Problema-Solución se emplea en diversas áreas, como la oratoria, la publicidad, el marketing y la educación, debido a su efectividad para motivar a la audiencia y promover el cambio. Este tipo de discurso se basa en identificar una necesidad o desafío importante para la audiencia, mostrar las consecuencias de no resolverlo y presentar una solución viable y atractiva.

¿Cómo funciona la estructura de Problema-Solución?

La estructura de Problema-Solución funciona porque el cerebro humano está naturalmente predispuesto a buscar soluciones a los problemas. Cuando un orador plantea un problema, la audiencia tiende a prestar atención de manera automática, ya que el cerebro percibe el problema como una situación que necesita resolver. Este enfoque también genera una respuesta emocional en la audiencia, ya que presenta una situación que podría afectarles de forma directa o indirecta.

Además, esta estructura permite que el mensaje sea claro y directo, lo cual facilita la comprensión. Al dividir el mensaje en dos partes —problema y solución—, el orador guía a la audiencia en un recorrido lógico y progresivo, lo que hace que el mensaje sea fácil de seguir y de aceptar.

Los estudios de psicología del comportamiento muestran que la percepción de un problema urgente y una solución clara son dos factores clave que motivan a las personas a tomar acción. Este hallazgo es especialmente relevante en el contexto de la comunicación persuasiva, ya que ofrece una base científica para la efectividad de la estructura de Problema-Solución. La Teoría de la Autodeterminación, desarrollada por los psicólogos Edward Deci y Richard Ryan en 1985, proporciona un marco valioso para entender por qué ciertas presentaciones o discursos impulsan a las personas a actuar.

Teoría de la Autodeterminación y su relación con la motivación para resolver problemas

La Teoría de la Autodeterminación (TAD) postula que las personas están intrínsecamente motivadas cuando sus necesidades psicológicas de competencia, autonomía y conexión social se ven satisfechas. Según Deci y Ryan, cuando estas necesidades están presentes, las personas sienten una motivación genuina y autónoma para actuar, es decir, sienten que quieren hacer algo, no que deben hacerlo.

Tres necesidades fundamentales de la TAD

- **Competencia**: Las personas se sienten motivadas a actuar cuando perciben que tienen la capacidad para influir en la situación o resolver el problema. Si el orador presenta un problema de manera clara y plantea una solución alcanzable, la audiencia siente que tiene el control para resolver el problema, aumentando así su sensación de competencia.
- **Autonomía**: La autonomía se refiere al deseo de tener control sobre las propias acciones. Las personas se sienten motivadas cuando perciben que pueden decidir libremente actuar en función de la solución presentada. En un contexto de discurso, ofrecer opciones y hacer que la solución se perciba como una elección más que una obligación fomenta esta sensación de autonomía.
- **Conexión**: La conexión o pertenencia es la sensación de relacionarse con otras personas o con la causa misma. Cuando el orador presenta un problema que la audiencia considera relevante y con el cual se siente identificada, se activa esta necesidad de conexión. Esto se logra al mostrar cómo el problema afecta a las personas o a la sociedad en su conjunto.

Por qué un problema urgente y una solución clara motivan a la acción

Cuando se presenta un problema urgente y una solución clara, las personas perciben una estructura de decisión que reduce la incertidumbre. En situaciones de ambigüedad o cuando las opciones no son claras, la motivación tiende a disminuir porque el cerebro humano, según investigaciones en neurociencia y psicología, busca evitar lo incierto o lo complejo. Un problema claramente definido y una solución concreta proporcionan un camino estructurado hacia la acción, eliminando dudas y

aumentando la seguridad de que las acciones tendrán
resultados positivos.

- **Urgencia y enfoque**: Un problema urgente despierta la
atención de la audiencia y reduce la procrastinación. La
urgencia genera una respuesta emocional en la audiencia
que activa el sistema de alerta del cerebro, lo que produce
una necesidad de actuar de inmediato.
- **Claridad en la solución**: Las personas prefieren actuar
cuando las opciones son claras y alcanzables. Cuando el
orador proporciona una solución específica, la audiencia
percibe que la acción es realizable, lo cual satisface la
necesidad de competencia descrita en la TAD.

Estructura de un discurso de Problema-Solución

Para construir un discurso efectivo utilizando la estructura de
Problema-Solución, el orador debe seguir una serie de pasos
que permitan que la audiencia entienda y se involucre
emocionalmente con el mensaje:

- **Introducción y presentación del problema**: El orador
comienza identificando y explicando el problema de
manera clara y detallada. Es importante que la audiencia
comprenda por qué el problema es relevante y cómo les
afecta directa o indirectamente. El objetivo es capturar la
atención de la audiencia y hacer que se interese en buscar
una solución.
- **Exploración de las consecuencias del problema**:
Después de presentar el problema, el orador debe
describir las consecuencias de no resolverlo. Aquí es
importante que el orador muestre el impacto negativo
que el problema puede tener en la audiencia, en su
entorno o en la sociedad en general. Esta etapa crea una

sensación de urgencia y motiva a la audiencia a buscar una solución.

- **Presentación de la solución**: Una vez que la audiencia ha comprendido la magnitud del problema, el orador introduce la solución. Esta parte debe ser clara y convincente, mostrando cómo la solución propuesta resuelve el problema de manera eficaz. El orador puede incluir detalles sobre cómo implementar la solución y qué resultados positivos se pueden esperar.
- **Beneficios de la solución y llamado a la acción**: Finalmente, el orador refuerza los beneficios de la solución y motiva a la audiencia a actuar. Esta parte es clave para que la audiencia sienta que la solución es alcanzable y que vale la pena implementarla. El llamado a la acción debe ser claro y específico, de manera que la audiencia sepa exactamente qué pasos puede seguir para aplicar la solución.

Ejemplo de aplicación de la Estructura de Problema-Solución

Imaginemos un orador que desea hablar sobre la importancia de reducir el uso de plástico en la vida cotidiana. Utilizando la estructura de Problema-Solución, podría estructurar su discurso de la siguiente manera:

Introducción y presentación del problema: "Cada año, millones de toneladas de plástico terminan en nuestros océanos, dañando la vida marina y contaminando el agua. El uso excesivo de plástico en la vida diaria, desde botellas de agua hasta bolsas de supermercado, contribuye a esta crisis ambiental. Este problema nos afecta a todos, ya que la contaminación del océano y la presencia de microplásticos en la cadena alimentaria representa una amenaza para la salud y el medio ambiente".

Exploración de las consecuencias del problema: "Si seguimos utilizando plástico de manera indiscriminada, en pocos años habrá más plástico que peces en los océanos. Los microplásticos están siendo consumidos por animales marinos y entrando en nuestra cadena alimentaria, lo que significa que estamos ingiriendo partículas tóxicas sin siquiera saberlo. Además, el plástico tarda cientos de años en descomponerse, lo que significa que cada plástico desechado permanecerá en el medio ambiente por generaciones".

Presentación de la solución: "La buena noticia es que existe una solución accesible: reducir el uso de plástico en nuestras vidas cotidianas. Podemos optar por alternativas como botellas reutilizables, bolsas de tela y envases de vidrio. Cambios sencillos en nuestros hábitos diarios pueden contribuir a reducir la cantidad de plástico que termina en el océano. Además, al reducir nuestra demanda de plástico, incentivamos a las empresas a adoptar prácticas más sostenibles".

Beneficios de la solución y llamado a la acción: "Si cada uno de nosotros toma medidas para reducir el uso de plástico, juntos podemos reducir el impacto de la contaminación plástica en el medio ambiente. Esto no solo protegerá la vida marina y la salud del planeta, sino que también mejorará nuestra propia calidad de vida. Los invito a que, a partir de hoy, hagan un pequeño cambio en sus hábitos: lleven una bolsa de tela al supermercado, eviten los productos de un solo uso y opten por alternativas sostenibles. Estos pequeños actos pueden marcar una gran diferencia".

Este ejemplo permite que la audiencia comprenda tanto la gravedad del problema como la viabilidad de la solución. La estructura de Problema-Solución guía a la audiencia a través de una narrativa lógica y motivadora, lo cual facilita la comprensión y promueve el cambio de comportamiento.

Beneficios de la Estructura de Problema-Solución

La estructura de Problema-Solución tiene múltiples beneficios en la comunicación persuasiva:

- **Capta y mantiene la atención**: La presentación de un problema capta la atención de la audiencia, ya que los problemas generan curiosidad y un deseo de resolución. La audiencia se involucra al querer entender el problema y saber cómo resolverlo.

- **Genera urgencia y motivación para el cambio**: Al destacar las consecuencias negativas del problema, el orador crea una sensación de urgencia que motiva a la audiencia a buscar una solución. Esta urgencia facilita que la audiencia acepte el mensaje y esté dispuesta a actuar.

- **Facilita la comprensión del mensaje**: La estructura de Problema-Solución organiza el mensaje de manera lógica y progresiva, lo cual facilita que la audiencia lo siga y lo comprenda en su totalidad. Al dividir el mensaje en etapas, el orador asegura que la audiencia entienda cada parte y cómo se relaciona con el mensaje central.

- **Refuerza la percepción de competencia del orador**: Al presentar un problema y su solución, el orador demuestra conocimiento y capacidad para resolver el tema en cuestión. Esto refuerza su credibilidad y hace que la audiencia confíe en él.

- **Fomenta la acción**: Al presentar una solución clara y viable, el orador motiva a la audiencia a tomar medidas en función del mensaje. El llamado a la acción permite que la audiencia tenga claridad sobre cómo implementar la solución en su vida.

Estructura de Viaje del Héroe Adaptada

La estructura de Viaje del Héroe Adaptada es una de las estrategias narrativas más potentes y emocionalmente resonantes en la comunicación pública. Basada en el modelo clásico de la narrativa conocido como el "Viaje del Héroe" —popularizado por el mitólogo Joseph Campbell en su libro *El héroe de las mil caras*— esta estructura se utiliza para contar historias de transformación y superación que capturan la atención de la audiencia y conectan emocionalmente. La esencia de este viaje es que el héroe atraviesa desafíos y momentos críticos que lo llevan a un cambio significativo. Adaptar esta estructura en un discurso permite al orador convertir su mensaje en una historia de desafío, aprendizaje y evolución, donde el protagonista, que puede ser el orador o un personaje en la historia, experimenta un crecimiento personal.

La estructura de Viaje del Héroe Adaptada es ideal para presentaciones motivacionales, charlas inspiradoras y discursos que buscan enseñar a través de experiencias vividas. Cuando se usa adecuadamente, esta estructura permite que la audiencia no solo comprenda el mensaje, sino que también lo sienta como una experiencia transformadora y aplicable a su vida.

¿Cómo funciona la estructura de Viaje del Héroe Adaptada?

La estructura de Viaje del Héroe funciona porque el cerebro humano está naturalmente predispuesto a responder a historias de superación y transformación. Los seres humanos encuentran inspiración y enseñanza en las historias de héroes que enfrentan adversidades y logran cambiar, ya que estos relatos resuenan con nuestras propias experiencias de vida. Desde una perspectiva psicológica, ver a otros enfrentar desafíos activa procesos de empatía y aprendizaje observacional, que nos permiten aplicar las lecciones en nuestras propias vidas.

El modelo clásico del Viaje del Héroe consta de 12 etapas, pero en una presentación o discurso público, se pueden simplificar en las fases esenciales para mantener el mensaje claro y directo. La estructura adaptada incluye una llamada al cambio, los desafíos enfrentados, el punto de transformación y la vuelta al mundo cotidiano con una lección aprendida. Cada etapa permite que la audiencia siga el desarrollo de la historia de manera coherente y atractiva, logrando que la narrativa sea memorable y persuasiva.

En un estudio pionero realizado en la Universidad de Princeton, la investigadora Uri Hasson y su equipo utilizaron resonancias magnéticas funcionales (fMRI) para observar cómo respondían los cerebros de los oyentes cuando alguien les contaba una historia. Descubrieron que, mientras la persona escuchaba la historia, sus ondas cerebrales se alineaban con las del narrador, un fenómeno que llamaron sincronización neural. Esta sincronización ocurre cuando las mismas áreas del cerebro se activan en el narrador y en el oyente, lo que permite que ambos compartan una experiencia cerebral similar.

Lo más interesante es que la sincronización neural es más profunda cuando la historia es emotiva o personal, ya que activa no solo las áreas del cerebro relacionadas con el lenguaje, sino también aquellas responsables de procesar emociones y percepciones sensoriales. Este proceso ayuda a que el oyente experimente la historia casi como si la estuviera viviendo él mismo, lo cual facilita la empatía y la comprensión del mensaje.

¿Por qué se produce la sincronización cerebral?

La sincronización cerebral se produce debido a cómo nuestro cerebro procesa la narrativa. Cuando escuchamos una historia, las áreas del cerebro que se encargan de interpretar palabras y frases no son las únicas que se activan. Los relatos activan una red compleja de áreas neuronales relacionadas con la percepción, las emociones y la memoria. Es como si el cerebro intentara "simular" la experiencia que se le está contando, activando imágenes mentales, sensaciones y emociones asociadas con lo que escucha.

Esta "simulación" permite que el oyente se conecte con el narrador a un nivel profundo, sintiendo sus emociones y percibiendo su perspectiva. La empatía surge como resultado de esta simulación emocional y perceptual, ya que el oyente puede entender la historia desde la perspectiva emocional del narrador. Esta conexión emocional es fundamental en la comunicación efectiva y en la persuasión, ya que un mensaje presentado a través de una historia se convierte en algo personal y relevante para el oyente.

Impacto en el aprendizaje y la motivación

La sincronización cerebral durante una historia no solo genera empatía, sino que también facilita el aprendizaje y la retención del mensaje. Algunos de los efectos clave de este fenómeno en el aprendizaje y la motivación son:

- **Facilita la comprensión profunda del mensaje**: Cuando una historia se cuenta de manera efectiva, la sincronización cerebral permite que el oyente no solo entienda el contenido, sino también las emociones y los significados detrás de las palabras. Esto facilita una comprensión más profunda y completa del mensaje.
- **Aumenta la retención de la información**: Las historias activan múltiples áreas del cerebro, lo cual ayuda a que el mensaje se almacene en la memoria de manera más robusta. Al conectar la información con emociones y experiencias sensoriales, el cerebro la codifica de una manera que permite recordar el mensaje durante más tiempo.
- **Genera una experiencia de aprendizaje activa**: La sincronización cerebral convierte la experiencia de escuchar una historia en algo participativo. Al "simular" la historia en su mente, el oyente experimenta un

aprendizaje activo, ya que su cerebro está procesando la información de manera dinámica y no solo pasiva.

- **Estimula la motivación a través de la empatía**: Cuando el oyente se siente emocionalmente conectado con el narrador, es más probable que sienta una motivación intrínseca para aplicar la lección o el mensaje en su propia vida. La empatía generada por la sincronización cerebral no solo ayuda a comprender la historia, sino que también motiva al oyente a actuar en función de ella.

Estructura de un discurso de Viaje del Héroe Adaptada

Para aplicar el Viaje del Héroe en una presentación, el orador puede seguir una versión simplificada y adaptada de las etapas clave del viaje. Esta estructura permite construir una narrativa envolvente sin perder de vista el mensaje central del discurso:

- **La Llamada al Cambio**: Esta fase inicial presenta al héroe, que puede ser el orador o un personaje en la historia, en una situación cotidiana pero enfrentando una necesidad de cambio. El héroe percibe una "llamada" o un evento que lo empuja a salir de su zona de confort y a embarcarse en un nuevo camino. Este primer paso permite que la audiencia se relacione con el protagonista y comprenda por qué la transformación es necesaria.
- **El Desafío y las Pruebas**: Aquí, el héroe enfrenta una serie de obstáculos o desafíos que prueban su valentía, determinación y habilidades. Esta es la fase en la que el orador puede describir las dificultades y las dudas que el héroe experimenta, lo cual añade emoción y crea un vínculo con la audiencia, ya que muchas personas se identificarán con esos desafíos.
- **El Punto de Transformación**: En esta etapa, el héroe experimenta una revelación o cambio interno que le permite superar los obstáculos. Puede ser un momento de claridad, un aprendizaje inesperado o una fortaleza que surge en medio de la adversidad. Este punto de

transformación es crucial, ya que muestra a la audiencia
que el cambio es posible y que las adversidades pueden
ser superadas.

- **El Regreso con la Lección**: Después de superar los
desafíos, el héroe regresa a su vida cotidiana, pero ahora
transformado y con una lección importante que desea
compartir. Este aprendizaje no solo beneficia al héroe,
sino que se convierte en un regalo o una enseñanza que
puede compartir con los demás. Es aquí donde el orador
conecta la historia del héroe con el mensaje principal del
discurso y motiva a la audiencia a aplicar la lección en
sus propias vidas.

Ejemplo de aplicación de la Estructura de Viaje del Héroe Adaptada

Supongamos que un orador desea hablar sobre la importancia
de la resiliencia. Utilizando la estructura de Viaje del Héroe
Adaptada, el discurso podría desarrollarse de la siguiente
manera:

La Llamada al Cambio: "Hace unos años, vivía una vida
cómoda y estable. Tenía un buen trabajo, mi familia estaba bien
y pensaba que ya lo tenía todo resuelto. Pero un día, de forma
inesperada, recibí una llamada de mi doctor. Me diagnosticaron
una enfermedad que cambiaría mi vida por completo. En ese
momento, sentí que mi mundo se derrumbaba y que debía
enfrentar una situación para la que no estaba preparado".

El Desafío y las Pruebas: "Los meses siguientes fueron difíciles.
Cada tratamiento era agotador y las recaídas parecían
inevitables. Hubo días en los que quise rendirme, en los que
pensé que no valía la pena seguir luchando. Sentía que cada
paso que daba era un nuevo obstáculo, y la desesperanza era
una constante en mi vida. Me di cuenta de que este desafío me
estaba poniendo a prueba en todos los aspectos: físico, mental y
emocional".

El Punto de Transformación: "Un día, en medio de una de esas noches de insomnio, me di cuenta de que no podía controlar la enfermedad, pero sí podía controlar cómo reaccionaba ante ella. Decidí cambiar mi perspectiva y enfocarme en pequeños logros diarios. Cada día que lograba levantarme, dar un paseo o sonreír era una victoria. Este cambio de mentalidad transformó mi forma de ver la vida y me enseñó que la resiliencia no significa no caer, sino levantarse cada vez que uno cae".

El Regreso con la Lección: "Hoy, después de haber superado esta etapa, quiero compartir con ustedes esta lección: en la vida, los desafíos pueden parecer abrumadores, pero todos tenemos una fortaleza interior que no conocemos hasta que la necesitamos. La resiliencia no se trata de ser invencible, sino de adaptarse, de encontrar motivos para seguir adelante, incluso en los momentos más oscuros. Los invito a que, en sus propias vidas, vean cada obstáculo como una oportunidad para descubrir su verdadero potencial".

Este ejemplo permite que la audiencia siga la historia del orador como si fuera el "héroe" de una aventura emocional y transformadora. La estructura facilita que el mensaje sea significativo y que la audiencia se sienta motivada a encontrar su propia resiliencia en situaciones difíciles.

Estructura de Caso de Estudio

La estructura de Caso de Estudio es una de las estrategias más efectivas para comunicar ideas complejas de manera clara, atractiva y fundamentada en la experiencia real. Esta estructura se basa en presentar un ejemplo específico y detallado (el "caso") que ilustra cómo se aplica una teoría, idea o solución a una situación concreta. Los casos de estudio permiten que el orador demuestre el impacto de su mensaje de manera tangible, lo cual facilita que la audiencia comprenda la relevancia y aplicabilidad del tema en la vida real.

La estructura de Caso de Estudio es ideal para presentaciones en contextos empresariales, educativos y de investigación, donde el orador necesita respaldar sus argumentos con ejemplos concretos y resultados verificables. Al contar una historia basada en hechos reales, el orador proporciona a la audiencia un modelo que puede seguir, analizar y aplicar en situaciones similares, lo que refuerza la credibilidad del mensaje y motiva a la audiencia a tomar acción.

¿Cómo funciona la estructura de Caso de Estudio?

La estructura de Caso de Estudio funciona porque las personas aprenden mejor a través de ejemplos prácticos y específicos. La investigación en psicología y aprendizaje ha demostrado que el cerebro humano retiene y comprende mejor la información cuando se presenta en un contexto real y aplicable. Los casos de estudio ofrecen un ejemplo detallado que muestra no solo los conceptos, sino también su aplicación práctica y el impacto que generan.

Además, la estructura de Caso de Estudio permite que el orador estructure su presentación en una narrativa lógica y progresiva, que incluye un problema, una solución y resultados. Esto facilita que la audiencia siga el desarrollo del tema de manera coherente y retenga los aprendizajes clave de la experiencia compartida. La narrativa de un caso de estudio también activa procesos de identificación y empatía, lo cual ayuda a que la audiencia vea el caso como algo relevante y aplicable en su propio contexto.

La Teoría del Aprendizaje Experiencial de David Kolb es un enfoque del aprendizaje que sostiene que las personas aprenden de manera más efectiva a través de la experiencia directa y práctica. Esta teoría, desarrollada en la década de 1980, establece que el aprendizaje es un proceso dinámico y cíclico que implica experimentar, reflexionar, conceptualizar y aplicar, en lugar de simplemente recibir información de forma pasiva. Según Kolb, el aprendizaje ocurre cuando las personas participan activamente en experiencias significativas y reflexionan sobre ellas para extraer lecciones aplicables en situaciones futuras.

¿Cómo funciona la Teoría del Aprendizaje Experiencial?

Kolb explica que el aprendizaje es un ciclo de cuatro etapas, donde cada fase contribuye al aprendizaje profundo y a la consolidación del conocimiento. Estas etapas son:

- **Experiencia Concreta**: En esta primera fase, el individuo participa en una experiencia práctica o se enfrenta a una situación nueva. Es un momento en el que el aprendizaje es directo y concreto.
- **Observación Reflexiva**: En esta etapa, el individuo reflexiona sobre la experiencia y analiza lo que ocurrió. Esta fase permite que la persona observe sus reacciones y comprenda lo que sucedió en un nivel más profundo.
- **Conceptualización Abstracta**: Aquí, la persona transforma la experiencia y sus reflexiones en conceptos o teorías generales. Esta etapa implica identificar patrones o principios que puedan aplicarse en otros contextos.
- **Experimentación Activa**: En la fase final, el individuo aplica los conceptos o teorías en una nueva situación, experimentando activamente para ver cómo funcionan en un contexto diferente. Esto completa el ciclo y permite que el aprendizaje se consolide.

El Aprendizaje Vicario en el Contexto de los Casos de Estudio

Una de las contribuciones clave de la teoría de Kolb es que, si bien el aprendizaje es más poderoso cuando es directo, también es posible aprender a través de experiencias indirectas o vicarias. En el contexto de un caso de estudio, la audiencia observa una experiencia real o una situación concreta y, aunque no participe directamente en ella, puede aprender de la narrativa del caso y del proceso de resolución de problemas.

El aprendizaje vicario se refiere al proceso de aprender de las experiencias de los demás observando, analizando y reflexionando sobre sus acciones y resultados. Los casos de estudio son una herramienta poderosa para facilitar este tipo de aprendizaje porque permiten que la audiencia experimente indirectamente el problema, la solución y los resultados de una situación específica sin exponerse a los riesgos o dificultades de la experiencia real. De esta forma, el aprendizaje se vuelve accesible y aplicable a un nivel práctico.

Estructura de un discurso basado en Caso de Estudio

Para construir un discurso efectivo utilizando la estructura de Caso de Estudio, el orador puede seguir las siguientes etapas:

- **Introducción y presentación del contexto**: En esta primera etapa, el orador presenta el contexto general del caso de estudio. Esto incluye detalles sobre el lugar, el entorno y las circunstancias iniciales. Es importante que la audiencia comprenda el contexto para que pueda visualizar la situación y entender por qué es relevante.
- **Presentación del problema**: Una vez presentado el contexto, el orador describe el problema específico que enfrentaba la persona, empresa o grupo en el caso. El problema debe ser claro y relevante, de modo que la audiencia entienda la gravedad o importancia de resolverlo.
- **Desarrollo y descripción de la solución aplicada**: En esta fase, el orador describe la solución que se implementó para resolver el problema. Esta descripción incluye los pasos que se tomaron, las decisiones que se hicieron y los recursos que se utilizaron. Esta es una de las partes más importantes del caso de estudio, ya que muestra a la audiencia cómo se aplicó una teoría o idea en una situación real.
- **Resultados y análisis de la solución**: Después de explicar la solución, el orador describe los resultados

obtenidos. Estos resultados pueden incluir mejoras, aprendizajes, cambios o cualquier impacto significativo que haya resultado de la solución aplicada. Aquí, el orador puede utilizar datos, cifras y testimonios para respaldar el impacto de la solución.

- **Lección o reflexión final**: Finalmente, el orador concluye el caso de estudio extrayendo una lección o reflexión que la audiencia pueda aplicar en su propia vida o trabajo. Esta lección debe conectar el caso con el mensaje central del discurso, permitiendo que la audiencia vea el valor de lo aprendido y cómo puede utilizarlo en situaciones similares.

Ejemplo de aplicación de la Estructura de Caso de Estudio

Imaginemos que un orador desea hablar sobre la importancia de la innovación en la empresa para mejorar la eficiencia operativa. Utilizando la estructura de Caso de Estudio, podría estructurar su discurso de la siguiente manera:

Introducción y presentación del contexto: "Hoy quiero contarles sobre un proyecto innovador implementado en una empresa de manufactura. La empresa, con más de 30 años en el mercado, estaba enfrentando desafíos significativos en su cadena de producción. Su proceso de fabricación era eficiente, pero la competencia creciente en el mercado requería que mejoraran su productividad para mantenerse competitivos".

Presentación del problema: "La empresa se dio cuenta de que uno de sus mayores problemas era el tiempo que tardaba en producir sus productos. Cada ciclo de producción requería demasiado tiempo, y esto impactaba en la capacidad de la empresa para cumplir con la demanda del mercado. La dirección sabía que, si no encontraban una solución, correrían el riesgo de perder clientes importantes".

Desarrollo y descripción de la solución aplicada: "Para abordar este problema, la empresa decidió implementar una tecnología de automatización en la línea de producción. Se invirtió en máquinas automáticas que permitían realizar tareas repetitivas con mayor velocidad y precisión. Además, se capacitó a los empleados para trabajar con estas nuevas herramientas y adaptar el proceso de producción. La implementación de la tecnología fue un cambio importante que requirió ajustes y trabajo en equipo, pero el objetivo era claro: reducir el tiempo de producción y aumentar la eficiencia".

Resultados y análisis de la solución: "Después de implementar esta solución, la empresa vio resultados notables. El tiempo de producción se redujo en un 25 %, lo cual permitió que la empresa cumpliera con la demanda sin problemas y redujera costos operativos. Los empleados también reportaron mayor satisfacción, ya que las tareas repetitivas y desgastantes ahora eran realizadas por las máquinas, lo cual les permitía concentrarse en tareas más creativas y estratégicas".

Lección o reflexión final: "Este caso demuestra que la innovación no solo mejora la productividad, sino también la satisfacción de los empleados y la posición de la empresa en el mercado. Cuando enfrentamos problemas en nuestras empresas o proyectos, considerar soluciones innovadoras puede ser la clave para adaptarnos y mejorar en un entorno competitivo. Los invito a que, en sus propios proyectos, busquen formas de innovar y de implementar nuevas ideas para mejorar sus procesos y resultados".

Este ejemplo permite que la audiencia visualice cómo una solución práctica (automatización) puede transformar una situación difícil (ineficiencia) en una mejora significativa. La estructura de Caso de Estudio permite que el mensaje sea tangible y aplicable, motivando a la audiencia a considerar la innovación como una estrategia relevante en sus propios contextos.

Estructura de Anécdota

Esta es una técnica narrativa simple y poderosa que se utiliza para captar la atención de la audiencia desde el principio, transmitir un mensaje clave y conectar emocionalmente. Una anécdota es una breve historia o experiencia personal que el orador comparte para ilustrar un punto, transmitir una lección o hacer más cercano un tema complejo. Su función es presentar una situación específica que permita que la audiencia vea el tema desde una perspectiva más personal y humana, facilitando la comprensión y generando empatía.

La estructura de Anécdota es ideal para discursos motivacionales, presentaciones en conferencias, charlas TED y cualquier contexto en el que el orador quiera simplificar conceptos o temas más abstractos, llevándolos al nivel de una experiencia concreta y fácil de recordar. Al compartir una anécdota, el orador le da al mensaje un contexto emocional y significativo, lo que facilita que la audiencia lo comprenda, lo recuerde y lo haga suyo.

¿Cómo funciona la estructura de Anécdota?

La estructura de Anécdota funciona porque las personas están naturalmente predispuestas a responder a historias. Las historias personales despiertan la curiosidad, ya que, por lo general, transmiten una experiencia auténtica y humana que resuena con el público. La investigación en neurociencia muestra que las historias activan en el cerebro las áreas responsables de la memoria y la emoción, facilitando que el mensaje se grabe en la mente de la audiencia. Una anécdota crea una conexión emocional y permite que el mensaje cobre vida, ya que la audiencia experimenta la historia como si estuviera viviendo la experiencia del orador.

Además, la estructura de Anécdota simplifica el mensaje, lo que facilita que la audiencia lo entienda y lo retenga. En lugar de presentar conceptos teóricos o abstractos, el orador comparte una historia breve y concreta, lo cual hace que el tema sea más accesible y fácil de recordar.

Estructura de un discurso basado en Anécdota

Para construir un discurso efectivo utilizando la estructura de Anécdota, el orador debe seguir una serie de pasos que le permitan presentar la historia de manera breve, clara y significativa. Estos pasos son:

- **Introducción a la anécdota**: En esta primera parte, el orador presenta el contexto de la historia, ofreciendo detalles básicos que permitan a la audiencia comprender la situación. Este contexto puede incluir el lugar, la situación y las personas involucradas, siempre de forma breve y relevante para captar la atención desde el inicio.
- **Desarrollo de la situación o conflicto**: Después de introducir la anécdota, el orador describe la situación o el conflicto que enfrentó en ese momento. Puede ser un desafío, un aprendizaje inesperado o una situación que causó sorpresa. Esta parte es importante para generar interés y hacer que la audiencia se sienta involucrada emocionalmente.
- **Resolución y conclusión de la anécdota**: Aquí, el orador explica cómo terminó la situación o cómo enfrentó el desafío. Este desenlace debe estar alineado con el mensaje principal del discurso, de modo que la audiencia entienda la relevancia de la anécdota en el contexto de la presentación.
- **Lección o mensaje clave**: Finalmente, el orador conecta la anécdota con el tema central del discurso y extrae una lección o reflexión aplicable. Esta lección es el puente que permite que la audiencia entienda cómo la experiencia personal del orador se relaciona con el mensaje general y cómo pueden aplicar la enseñanza en su propia vida.

Ejemplo de aplicación de la Estructura de Anécdota

Imaginemos que un orador desea hablar sobre la importancia de asumir riesgos para crecer en la vida. Utilizando la estructura de Anécdota, el discurso podría desarrollarse de la siguiente manera:

Introducción a la anécdota: "Hace algunos años, me encontraba trabajando en una empresa donde me sentía cómodo y seguro. Tenía un buen salario, un equipo amable y todo parecía estable. Pero había algo dentro de mí que me decía que tenía que hacer algo más, que debía buscar una oportunidad para crecer profesionalmente".

Desarrollo de la situación o conflicto: "Un día, mientras revisaba las noticias, vi una oferta de trabajo en una compañía innovadora que estaba iniciando. No tenía la seguridad ni los beneficios de mi trabajo actual, pero el proyecto me entusiasmaba muchísimo. Sin embargo, cambiar de trabajo era una decisión arriesgada, ya que significaba renunciar a la estabilidad. Tuve muchas dudas y miedos, y en varias ocasiones estuve a punto de descartar la idea".

Resolución y conclusión de la anécdota: "Finalmente, decidí aceptar el desafío y dar el salto. Los primeros meses fueron difíciles, pero poco a poco me di cuenta de que había tomado la mejor decisión. En esa nueva empresa, tuve la oportunidad de aprender cosas nuevas, trabajar con personas talentosas y desarrollarme profesionalmente de maneras que nunca había imaginado".

Lección o mensaje clave: "Esta experiencia me enseñó que, para crecer, a veces necesitamos asumir riesgos y salir de nuestra zona de confort. Aunque el camino pueda ser incierto, los desafíos que enfrentamos nos permiten descubrir nuestras fortalezas y lograr nuestros objetivos. Los invito a que, en sus propias vidas, consideren los beneficios de tomar riesgos calculados y confíen en sus capacidades para alcanzar nuevos horizontes".

Este ejemplo permite que la audiencia vea cómo una experiencia personal del orador se relaciona con el tema de la presentación. La estructura de Anécdota convierte el mensaje en una historia real, fácil de recordar y emocionalmente significativa, lo que facilita que la audiencia comprenda el valor de asumir riesgos.

Estructura de Causa y Efecto

La estructura de Causa y Efecto es una de las formas más efectivas de organizar un discurso cuando el objetivo es explicar cómo y por qué ocurre algo y cuáles son sus consecuencias. Esta estructura permite que el orador presente un tema de forma lógica y detallada, ayudando a la audiencia a comprender las conexiones entre los eventos o acciones (causas) y sus resultados (efectos). Al usar esta estructura, el orador guía a la audiencia a través de un proceso de análisis en el que muestra cómo un factor o decisión lleva a una serie de consecuencias, lo cual facilita una comprensión más profunda del tema.

La estructura de Causa y Efecto es ideal para discursos que buscan exponer temas complejos, como problemas sociales, procesos históricos, explicaciones científicas o lecciones sobre la toma de decisiones. Esta estructura es especialmente útil cuando se desea que la audiencia entienda las razones detrás de un problema o situación y se dé cuenta de los impactos que tiene o puede tener en el futuro. En este sentido, la estructura de Causa y Efecto no solo permite la comprensión, sino que también facilita la persuasión al hacer evidente por qué es importante prestar atención al tema.

¿Cómo funciona la estructura de Causa y Efecto?

La estructura de Causa y Efecto funciona porque el cerebro humano busca entender las relaciones de causa y consecuencia para tomar decisiones informadas. Esta estructura organiza el contenido en un formato lógico que satisface la necesidad de comprender cómo una acción o evento conduce a un resultado específico. Presentar el tema de esta manera permite que la audiencia entienda el "por qué" de las cosas, ayudando a construir un conocimiento más profundo y aplicable.

La estructura de Causa y Efecto es efectiva porque convierte un tema abstracto en una narrativa clara, guiando a la audiencia a través de un proceso mental en el que cada causa y efecto tiene una conexión lógica. Esta estructura también es útil para resaltar la importancia de abordar o evitar ciertas acciones, ya que permite que el orador muestre tanto los efectos positivos como los negativos de una causa específica, motivando a la audiencia a reflexionar y actuar en función de esa información.

La psicología cognitiva ha estudiado ampliamente cómo las personas procesan, comprenden y retienen la información, y uno de los hallazgos clave es que la presentación de la información en una secuencia lógica de causa y efecto facilita la comprensión y la retención. Esto se debe a que el cerebro humano tiende a organizar la información de manera lineal y secuencial, buscando patrones y relaciones que expliquen cómo y por qué ocurren los eventos. Al presentar la información en un formato de causa y efecto, el cerebro la procesa como una secuencia estructurada de eventos relacionados, lo que permite una organización mental clara y duradera del conocimiento.

Cómo el cerebro procesa la información secuencialmente

Desde una perspectiva cognitiva, el cerebro humano está diseñado para buscar relaciones causales en el entorno, ya que entender las causas de los eventos y sus efectos ha sido fundamental para la supervivencia y la adaptación. Cuando recibimos información, el cerebro busca conectar los elementos para construir un relato coherente que explique "por qué" y "cómo" ocurrió algo. Este proceso implica que el cerebro establezca conexiones neuronales que reflejan la relación entre los elementos de la información, organizándola en redes secuenciales que facilitan la comprensión y el recuerdo.

La estructura de causa y efecto ayuda a que el cerebro organice la información en un marco predictivo. Cuando el cerebro comprende la causa de un evento, puede anticipar sus efectos y prever patrones similares en el futuro. Este marco facilita el aprendizaje y la memoria, ya que el cerebro no solo recuerda los hechos aislados, sino también las relaciones que existen entre ellos, lo cual permite que la información se aplique de manera práctica.

Estructura de un discurso basado en Causa y Efecto

Para construir un discurso efectivo utilizando la estructura de Causa y Efecto, el orador puede organizar su presentación en las siguientes etapas:

- **Presentación de la causa principal**: El orador introduce el tema y presenta la causa o acción inicial. Es importante que esta causa esté bien definida y explicada para que la audiencia la comprenda claramente desde el principio. Esto puede incluir detalles sobre el contexto, los factores involucrados y las razones detrás de la causa.
- **Explicación de los efectos**: Una vez presentada la causa, el orador describe los efectos o consecuencias de esta acción o situación. Los efectos pueden ser positivos, negativos o ambos, y el orador puede presentarlos de manera secuencial para que la audiencia observe el proceso de causa y efecto de forma clara. Es útil que el orador incluya ejemplos o datos específicos que ilustren cómo estos efectos han ocurrido en la realidad.
- **Análisis de la relación entre causa y efecto**: En esta fase, el orador profundiza en la relación entre la causa y sus efectos, explicando por qué una acción específica genera ciertas consecuencias. Esto puede implicar desglosar el proceso paso a paso, analizar los factores intermedios o

mostrar cómo cada efecto está vinculado a la causa inicial. Este análisis permite que la audiencia vea la conexión lógica y entienda las razones detrás de cada efecto.

- **Reflexión final y recomendaciones**: Finalmente, el orador concluye el discurso con una reflexión sobre el impacto de la causa y efecto en la vida de la audiencia o en un contexto relevante. Esta reflexión puede incluir recomendaciones para evitar o promover ciertos efectos en función del análisis, invitando a la audiencia a tomar medidas o a reflexionar sobre el tema.

Ejemplo de aplicación de la Estructura de Causa y Efecto

Imaginemos que un orador desea hablar sobre el impacto del cambio climático en los ecosistemas marinos, utilizando la estructura de Causa y Efecto. El discurso podría estructurarse de la siguiente manera:

Presentación de la causa principal: "En las últimas décadas, el aumento en las emisiones de gases de efecto invernadero ha provocado un incremento gradual en la temperatura global. Esta subida de temperatura no solo afecta la atmósfera, sino también los océanos, que absorben gran parte del calor generado. Este fenómeno, conocido como calentamiento de los océanos, es una de las principales causas de los cambios en los ecosistemas marinos".

Explicación de los efectos: "El calentamiento de los océanos tiene múltiples efectos en los ecosistemas marinos. En primer lugar, el aumento de la temperatura del agua afecta la vida de especies como los corales, que son altamente sensibles a los cambios de temperatura. Como resultado, se produce el blanqueamiento de corales, un proceso que puede llevar a su muerte y, en consecuencia, a la destrucción de hábitats marinos. Además, el calor también provoca cambios en las corrientes oceánicas, lo cual afecta el ciclo de nutrientes, alterando la alimentación de diversas especies y generando un efecto en cadena en toda la cadena alimentaria marina".

Análisis de la relación entre causa y efecto: "El calentamiento de los océanos no solo afecta a los corales y las corrientes, sino que también tiene un impacto directo en la vida marina, incluyendo a las especies que dependen de estos hábitats para sobrevivir. Por ejemplo, al desaparecer los corales, muchos peces pierden su refugio y fuente de alimentación, lo cual reduce la biodiversidad y afecta la pesca, una actividad de la que dependen millones de personas en el mundo. Así, el aumento de las emisiones y el calentamiento global desencadenan un efecto en cascada que afecta no solo a los ecosistemas, sino también a la economía y la seguridad alimentaria".

Reflexión final y recomendaciones: "Esta cadena de efectos nos recuerda la importancia de tomar medidas para reducir las emisiones de gases de efecto invernadero y proteger nuestros océanos. Al reducir nuestra huella de carbono y apoyar iniciativas de conservación marina, podemos mitigar estos efectos y preservar la biodiversidad y la salud de los ecosistemas. Los invito a que reflexionemos sobre nuestras acciones y tomemos pasos concretos para proteger nuestros océanos y garantizar un futuro sostenible".

Este ejemplo permite que la audiencia vea cómo una causa específica (el calentamiento de los océanos) lleva a una serie de efectos interconectados que impactan tanto a los ecosistemas como a las personas. La estructura de Causa y Efecto facilita que la audiencia comprenda la conexión entre las acciones humanas y las consecuencias ambientales, motivándola a tomar medidas para reducir estos efectos.

Estructura de Comparación y Contraste

La estructura de Comparación y Contraste es una de las herramientas más efectivas en la comunicación pública para explicar, analizar o evaluar dos o más ideas, conceptos o fenómenos, mostrando sus similitudes y diferencias. Esta estructura permite que el orador organice su discurso de manera que la audiencia pueda entender claramente las relaciones y distinciones entre los temas, facilitando una comprensión profunda y crítica del contenido.

La estructura de Comparación y Contraste es ideal para discursos informativos, presentaciones académicas, y también en contextos empresariales donde se requiere analizar alternativas o tomar decisiones comparando opciones. Utilizar esta estructura permite que el orador muestre los beneficios y desventajas de cada opción, ayudando a la audiencia a evaluar y elegir la alternativa más adecuada. Este enfoque no solo simplifica temas complejos, sino que también fomenta el pensamiento crítico al mostrar diferentes puntos de vista sobre un mismo tema.

¿Cómo funciona la estructura de Comparación y Contraste?

La estructura de Comparación y Contraste funciona porque el cerebro humano está naturalmente predispuesto a hacer comparaciones para comprender el mundo. Las personas tienden a entender mejor algo cuando pueden contrastarlo con otra cosa. Esto ayuda a construir una visión más completa, ya que no solo se presenta el concepto en sí, sino también su contexto y su relación con otros elementos. Comparar y contrastar es fundamental para el aprendizaje, ya que permite que el cerebro identifique patrones, determine relaciones y comprenda los elementos diferenciadores entre las opciones.

Cuando el orador organiza el discurso en torno a similitudes y diferencias, permite que la audiencia desarrolle una visión equilibrada y objetiva, lo cual facilita la toma de decisiones y el análisis crítico. Además, al estructurar el contenido de esta forma, el orador puede enfatizar las ventajas y desventajas de cada opción de manera clara y sistemática, guiando a la audiencia hacia una conclusión lógica.

La teoría del aprendizaje conceptual sostiene que el cerebro humano organiza y procesa la información en categorías para facilitar la comprensión y la memoria. Este enfoque implica que las personas no aprenden información de manera aislada; en cambio, el cerebro tiende a agrupar conceptos similares en categorías, permitiendo que las ideas complejas se simplifiquen al relacionarse entre sí. Uno de los principios clave de esta teoría es que la comparación y el contraste son fundamentales para la formación de categorías, ya que estas operaciones permiten al cerebro identificar las características comunes y diferenciar los aspectos únicos de cada concepto.

Estudios de Rosch y Mervis (1975) y el proceso de categorización

La psicóloga Eleanor Rosch y su colega Carolyn Mervis realizaron estudios en la década de 1970 que transformaron nuestra comprensión sobre cómo las personas categorizan la información. Sus investigaciones mostraron que, al comparar y contrastar conceptos, el cerebro puede identificar los rasgos compartidos y los elementos distintivos, permitiendo crear categorías mentales de manera más precisa y efectiva.

Sus estudios revelaron que las personas tienden a organizar la información en categorías "prototípicas". Un prototipo es un ejemplo típico dentro de una categoría que posee la mayoría de los rasgos característicos de dicha categoría. Por ejemplo, dentro de la categoría de "pájaros", el cerebro tiende a considerar un gorrión o un petirrojo como prototipos porque cumplen con muchas de las características comunes de un "pájaro" (volar, tener plumas, construir nidos), mientras que un pingüino, aunque es un pájaro, se percibe menos prototípico porque no encaja perfectamente con esas características comunes.

Importancia de la comparación y el contraste en el aprendizaje conceptual

El proceso de comparación y contraste es esencial para la creación de categorías en el cerebro porque ayuda a identificar tanto las similitudes como las diferencias clave entre conceptos, facilitando la comprensión profunda. Al comparar elementos, el cerebro identifica qué características comparten y qué los distingue, lo cual le permite organizarlos en categorías lógicas.

- **Identificación de características comunes:** Al comparar conceptos, el cerebro nota las características que comparten y, basándose en estas similitudes, agrupa los conceptos en una misma categoría. Esto crea una red mental de información organizada y accesible. Por ejemplo, al comparar "manzanas" y "naranjas", el cerebro identifica que ambas son frutas y tienen características comunes (son comestibles, tienen semillas), lo cual las agrupa en la categoría de "frutas".
- **Diferenciación de características únicas:** Contrastar conceptos permite que el cerebro note las diferencias clave que los hacen únicos dentro de una categoría. En el caso de "manzanas" y "naranjas", la comparación permite identificar sus diferencias en color, sabor y textura, lo cual ayuda a que cada una mantenga su identidad dentro de la categoría de "frutas".

Este proceso de agrupamiento y diferenciación facilita que la mente construya una red de categorías y subcategorías que hacen que la información sea más fácil de recordar, comprender y utilizar.

Cómo la comparación y el contraste facilitan el aprendizaje de temas complejos

La comparación y el contraste son herramientas clave para aprender temas complejos porque permiten que la mente organice la información de manera estructurada y accesible. Al categorizar conceptos a través de sus similitudes y diferencias, el cerebro puede:

- **Reducir la sobrecarga cognitiva:** Organizar la información en categorías permite que el cerebro no tenga que memorizar cada concepto de manera aislada. En lugar de eso, agrupa la información en categorías, simplificando el proceso de aprendizaje y facilitando la recuperación de información en el futuro.
- **Facilitar el aprendizaje de nuevos conceptos:** Cuando el cerebro ya tiene una categoría mental para un grupo de conceptos, aprender un nuevo concepto similar se vuelve más fácil. Por ejemplo, si una persona ya tiene una categoría de "frutas tropicales", aprender sobre un fruto como la papaya será más sencillo, ya que puede asociarlo rápidamente con las características de la categoría general.
- **Mejorar la retención y la aplicación del conocimiento:** La teoría del aprendizaje conceptual sostiene que, cuando la información está organizada en categorías y diferenciada por sus atributos específicos, la mente puede aplicar estos conceptos en situaciones prácticas de manera más efectiva. Por ejemplo, un estudiante que aprende sobre diferentes sistemas económicos puede comprender mejor sus características al comparar y contrastar el capitalismo y el socialismo, identificando similitudes y diferencias que le permiten aplicar este conocimiento en contextos reales.

Estructura de un discurso basado en Comparación y Contraste

Para construir un discurso efectivo utilizando la estructura de Comparación y Contraste, el orador puede organizar su presentación en las siguientes etapas:

- **Introducción y presentación de los elementos a comparar**: El orador introduce el tema y presenta los elementos que serán comparados. Esto puede incluir conceptos, productos, teorías o situaciones. Es importante que la audiencia comprenda claramente cuáles son los elementos y por qué son relevantes.
- **Comparación de similitudes**: Una vez introducidos los elementos, el orador presenta las similitudes entre ellos. Esta comparación permite que la audiencia vea qué aspectos tienen en común y cómo se relacionan. Esta fase establece un terreno común que facilita la comprensión de ambos elementos desde una perspectiva compartida.
- **Contraste de diferencias**: Después de comparar las similitudes, el orador expone las diferencias específicas entre los elementos. Este contraste es crucial para que la audiencia identifique los aspectos únicos de cada opción, ayudando a comprender cómo se diferencian y cuál podría ser la mejor elección en función de las necesidades o preferencias.
- **Análisis de ventajas y desventajas**: En esta fase, el orador analiza los puntos fuertes y débiles de cada elemento. Esto permite que la audiencia evalúe las opciones de manera informada, considerando tanto los beneficios como las limitaciones de cada alternativa.
- **Conclusión y recomendaciones**: Finalmente, el orador cierra el discurso con una conclusión basada en el análisis, sugiriendo una recomendación o alentando a la audiencia a reflexionar sobre qué opción sería más adecuada en su contexto. Esta conclusión permite que la audiencia tome una decisión o tenga una visión crítica del tema.

Ejemplo de aplicación de la Estructura de Comparación y Contraste

Imaginemos que un orador desea presentar las diferencias entre el trabajo remoto y el trabajo en la oficina tradicional, utilizando la estructura de Comparación y Contraste. El discurso podría desarrollarse de la siguiente manera:

Introducción y presentación de los elementos a comparar: "Hoy quiero analizar dos modelos de trabajo que actualmente están en constante debate: el trabajo remoto y el trabajo en la oficina. Ambos tienen sus propios beneficios y desafíos, y es importante comprender en qué se asemejan y en qué se diferencian para tomar decisiones informadas sobre cuál es el modelo más adecuado para cada persona o empresa".

Comparación de similitudes: "Tanto el trabajo remoto como el trabajo en la oficina tienen como objetivo principal la productividad y el cumplimiento de metas. Ambos modelos requieren compromiso, disciplina y el uso de herramientas tecnológicas para realizar las tareas. En ambos casos, la comunicación y el trabajo en equipo son esenciales, ya sea que se realicen de forma presencial o virtual".

Contraste de diferencias: "Sin embargo, existen diferencias notables entre ambos modelos. En el trabajo remoto, los empleados pueden realizar sus tareas desde cualquier lugar, lo que brinda mayor flexibilidad y autonomía. En cambio, el trabajo en la oficina permite una supervisión directa y facilita la colaboración cara a cara, lo cual puede fortalecer el vínculo entre los empleados. Además, el trabajo en la oficina tiene horarios más rígidos, mientras que el trabajo remoto permite que los empleados adapten sus horarios según sus necesidades, siempre y cuando cumplan con sus responsabilidades".

Análisis de ventajas y desventajas: "El trabajo remoto ofrece la ventaja de ahorrar tiempo en desplazamientos y mejorar la calidad de vida al permitir un equilibrio entre el trabajo y la vida personal. No obstante, puede generar aislamiento y dificultades para separar la vida laboral de la personal. Por otro lado, el trabajo en la oficina fortalece la cultura organizacional y facilita la resolución de problemas en tiempo real, pero puede ser menos flexible y generar un desgaste adicional por el tiempo de traslado y la rigidez de horarios".

Conclusión y recomendaciones: "Ambos modelos tienen ventajas y desafíos únicos. La elección del modelo adecuado depende de las necesidades individuales y organizacionales. Para empresas que buscan flexibilidad y ahorro de costos, el trabajo remoto puede ser ideal, mientras que aquellas que priorizan la cohesión y la supervisión directa pueden beneficiarse del trabajo en oficina. En última instancia, un modelo híbrido puede ofrecer lo mejor de ambos mundos, combinando flexibilidad y cohesión".

Este ejemplo permite que la audiencia vea cómo comparar y contrastar dos modelos ayuda a comprender los beneficios y limitaciones de cada uno. La estructura de Comparación y Contraste facilita una visión equilibrada que permite evaluar y tomar decisiones informadas.

Estructura de Preguntas Retóricas

La estructura de Preguntas Retóricas es una técnica poderosa en la comunicación pública que consiste en utilizar preguntas estratégicas para captar la atención de la audiencia, guiar su pensamiento y provocar una reflexión profunda. A diferencia de las preguntas convencionales que buscan una respuesta directa, las preguntas retóricas se formulan para hacer que la audiencia reflexione internamente y se involucre activamente en el tema del discurso. Esta técnica no solo despierta la curiosidad, sino que también permite al orador reforzar puntos clave y conectar emocionalmente con la audiencia.

La estructura de Preguntas Retóricas es especialmente útil en discursos motivacionales, presentaciones persuasivas y charlas donde el objetivo es hacer que la audiencia cuestione sus propias creencias o puntos de vista. Al formular preguntas que la audiencia debe responder mentalmente, el orador guía su pensamiento, haciendo que se comprometan con el mensaje de una manera profunda y personal.

¿Cómo funciona la estructura de Preguntas Retóricas?

La estructura de Preguntas Retóricas funciona porque el cerebro humano está naturalmente predispuesto a responder preguntas. Incluso cuando no se espera una respuesta verbal, el cerebro tiende a buscar una solución mental a las preguntas formuladas. Esto activa el pensamiento crítico y motiva a la audiencia a reflexionar sobre el tema, permitiendo que el mensaje tenga un impacto más duradero. Las preguntas retóricas guían el pensamiento de la audiencia sin imponer una idea específica, lo cual permite que la audiencia explore el mensaje desde su propia perspectiva y llegue a conclusiones personales.

Esta estructura también funciona porque las preguntas retóricas activan una conexión emocional en la audiencia, ya que invitan a reflexionar sobre temas que pueden ser significativos para ellos. Cuando las preguntas están bien formuladas, pueden provocar un sentimiento de empatía, curiosidad o urgencia, lo que fortalece la conexión entre el orador y la audiencia. Este tipo de interacción es especialmente útil en temas complejos o controversiales, ya que permite que la audiencia considere el mensaje desde un enfoque introspectivo.

La teoría de la disonancia cognitiva, formulada por el psicólogo Leon Festinger en 1957, describe el malestar psicológico que surge cuando una persona experimenta una incongruencia entre sus creencias, valores o actitudes y sus acciones. Este estado de conflicto interno, llamado disonancia, produce incomodidad o tensión, lo cual motiva a las personas a reducir esta disonancia y recuperar un sentido de equilibrio y coherencia interna. En la comunicación pública, la teoría de la disonancia cognitiva es especialmente relevante, ya que las preguntas retóricas pueden usarse para provocar este estado de disonancia en la audiencia, motivándola a evaluar y, potencialmente, modificar sus creencias o comportamientos para alinear mejor sus acciones con sus valores.

Principios de la teoría de la disonancia cognitiva

La teoría de la disonancia cognitiva sostiene que las personas buscan una consistencia interna en sus pensamientos, creencias y acciones. Cuando perciben una contradicción entre lo que piensan o valoran y lo que hacen, sienten un estado de incomodidad que buscan aliviar de diversas maneras. Existen varios principios fundamentales en la teoría de la disonancia cognitiva:

- **La disonancia como estado motivador**: La disonancia es un estado desagradable que genera una motivación para reducirla. Las personas harán ajustes a sus pensamientos, creencias o comportamientos para eliminar la incomodidad que produce la incongruencia.
- **Reducción de la disonancia a través de cambios en las creencias o en el comportamiento**: Para reducir la disonancia, las personas pueden ajustar sus creencias o modificar su comportamiento. Por ejemplo, si alguien cree en la importancia de la salud física pero lleva una vida sedentaria, puede reducir la disonancia empezando a hacer ejercicio (cambio en el comportamiento) o restando importancia a la actividad física (cambio en la creencia).
- **La importancia de la autojustificación**: Las personas tienden a justificar sus elecciones y comportamientos, incluso cuando estos contradicen sus creencias. Esto permite reducir la disonancia sin necesariamente cambiar

de actitud o de comportamiento, aunque esta forma de reducción suele ser menos estable a largo plazo.

Cómo las preguntas retóricas pueden activar la disonancia cognitiva

En el contexto de la comunicación y la persuasión, las preguntas retóricas son una herramienta eficaz para activar la disonancia cognitiva en la audiencia. Al hacer preguntas que inviten a la reflexión, el orador puede hacer que la audiencia tome consciencia de posibles inconsistencias entre sus creencias y comportamientos. Cuando una pregunta retórica confronta directamente a la audiencia con una contradicción interna, el malestar resultante de esta disonancia motiva a los oyentes a evaluar sus valores y considerar un cambio que les permita recuperar la coherencia interna.

Ejemplos de cómo las preguntas retóricas activan la disonancia

Las preguntas retóricas pueden usarse estratégicamente para cuestionar comportamientos o actitudes que podrían ser inconsistentes con las creencias o valores de la audiencia.

A continuación se presentan algunos ejemplos:

- **Ejemplo 1**: Un orador que hable sobre la importancia de cuidar el medio ambiente podría preguntar: "¿Si todos sabemos que la contaminación daña nuestro planeta, por qué seguimos utilizando plásticos de un solo uso?" Esta pregunta activa la disonancia en aquellos que están conscientes del impacto ambiental del plástico, pero que no han ajustado sus hábitos para reducir su consumo. Al confrontarlos con esta contradicción, la pregunta motiva a la audiencia a considerar cambios en sus hábitos para alinear sus acciones con su preocupación ambiental.

- **Ejemplo 2**: En un discurso sobre la importancia de cuidar la salud física, el orador podría preguntar: "¿Cuántas veces nos hemos prometido llevar un estilo de vida más saludable y, sin embargo, seguimos posponiendo el cambio?" Esta pregunta genera disonancia en aquellos que valoran la salud, pero que no han tomado medidas activas para mejorar sus hábitos. La incomodidad resultante puede motivarlos a tomar medidas para reducir la disonancia, como comprometerse finalmente a hacer ejercicio o comer mejor.

- **Ejemplo 3**: En una charla motivacional sobre el logro de metas, el orador podría preguntar: "¿Cuántas veces decimos que queremos cambiar, pero seguimos con los mismos hábitos día tras día?" Esta pregunta apela a la necesidad de congruencia entre el deseo de cambio y las acciones que lo respaldan, activando la disonancia en aquellos que sienten que no están siendo coherentes con sus aspiraciones personales.

En cada caso, las preguntas retóricas resaltan una incongruencia interna, haciendo que la audiencia reflexione sobre sus valores y, posiblemente, tome acciones para alinearse mejor con sus creencias.

Efectos de la disonancia cognitiva en la persuasión

El malestar provocado por la disonancia cognitiva es un estado interno que motiva a la persona a tomar medidas para reducir la tensión. En el contexto de un discurso persuasivo, el orador puede capitalizar este efecto para motivar a la audiencia a hacer cambios concretos.

A continuación, algunos de los efectos de la disonancia cognitiva en la persuasión:

- **Aumento de la introspección**: La disonancia cognitiva provoca una reflexión profunda en la audiencia, ya que los oyentes se ven obligados a cuestionar sus propias creencias y comportamientos. Este proceso de introspección permite que el mensaje del orador se vuelva más relevante y significativo.

- **Cambio de actitud y comportamiento**: Para aliviar la disonancia, las personas pueden cambiar sus actitudes o comportamientos para que estén más alineados con sus valores o creencias. Las preguntas retóricas pueden motivar a la audiencia a ajustar sus comportamientos para reducir la disonancia, lo cual convierte la comunicación en una herramienta de cambio.

- **Mayor compromiso con el mensaje**: Cuando la audiencia experimenta disonancia y toma medidas para reducirla, el cambio resultante tiende a ser más estable, ya que surge de una decisión interna en lugar de una imposición externa. Esto aumenta el compromiso de la audiencia con el mensaje y la probabilidad de que mantengan el cambio a largo plazo.

- **Justificación de acciones**: En algunos casos, las personas justifican sus comportamientos en lugar de cambiarlos para reducir la disonancia. Sin embargo, esta justificación puede hacer que el mensaje del orador continúe resonando en la audiencia y eventualmente influya en un cambio de actitud.

Estructura de un discurso basado en Preguntas Retóricas

Para construir un discurso efectivo utilizando la estructura de Preguntas Retóricas, el orador puede organizar su presentación en las siguientes etapas:

- **Introducción con una pregunta retórica inicial**: El orador abre el discurso con una pregunta retórica que capte la atención de la audiencia y establezca el tema central. Esta pregunta inicial debe ser impactante y relacionada directamente con el mensaje del discurso, de modo que la audiencia se sienta inmediatamente involucrada y motivada a reflexionar.

- **Desarrollo del mensaje a través de preguntas intercaladas**: A lo largo del discurso, el orador introduce preguntas retóricas en momentos estratégicos para guiar el pensamiento de la audiencia y reforzar los puntos clave. Estas preguntas ayudan a la audiencia a cuestionar sus creencias, evaluar las ideas del orador y profundizar en el mensaje.

- **Uso de preguntas retóricas para crear una conexión emocional**: El orador formula preguntas que apelen a las emociones de la audiencia, como preguntas sobre valores, sueños, miedos o aspiraciones. Estas preguntas permiten que la audiencia se relacione con el mensaje a un nivel más personal, conectando sus experiencias y emociones con el tema del discurso.

- **Conclusión con una pregunta final que invite a la reflexión**: El discurso se cierra con una pregunta retórica final que resuma el mensaje o motive a la audiencia a tomar acción. Esta última pregunta debe dejar una impresión duradera, permitiendo que el mensaje continúe resonando en la mente de la audiencia después de que el discurso haya terminado.

Ejemplo de aplicación de la Estructura de Preguntas Retóricas

Imaginemos que un orador desea dar un discurso sobre la importancia de cuidar el medio ambiente y asumir responsabilidad en la preservación del planeta. Utilizando la estructura de Preguntas Retóricas, el discurso podría desarrollarse de la siguiente manera:

Introducción con una pregunta retórica inicial: "¿Alguna vez han pensado en cómo sería el mundo si dejáramos de cuidar el medio ambiente? ¿Qué legado estamos dejando a las generaciones futuras?"

Desarrollo del mensaje a través de preguntas intercaladas: "Cada día tomamos decisiones que afectan al planeta, pero ¿somos conscientes de las consecuencias de nuestras acciones?

¿Cuántas veces hemos utilizado productos de un solo uso sin pensar en el impacto que tendrán en nuestros ecosistemas? ¿Es justo que, por nuestra comodidad momentánea, pongamos en riesgo la biodiversidad y el futuro de nuestras especies?"

Uso de preguntas retóricas para crear una conexión emocional: "Si seguimos destruyendo nuestros bosques y contaminando los océanos, ¿quedará algo para nuestros hijos? ¿Cómo se sentirán ellos al vivir en un mundo con menos recursos naturales y más problemas ambientales?"

Conclusión con una pregunta final que invite a la reflexión: "Entonces, ¿qué estamos dispuestos a hacer hoy para asegurar que las futuras generaciones puedan disfrutar de un planeta sano? ¿No creen que es hora de actuar antes de que sea demasiado tarde?"

Este ejemplo permite que la audiencia reflexione sobre su papel en la preservación del medio ambiente. La estructura de Preguntas Retóricas motiva a los oyentes a cuestionar sus propias decisiones y los compromete emocionalmente con el tema, invitándolos a considerar el impacto de sus acciones y a tomar medidas en función del mensaje del orador.

Estructura de Comparación de Antes y Después

Esta estructura es una herramienta poderosa en la comunicación pública, especialmente útil para presentar cambios, mejoras o transformaciones en un tema específico. Esta estructura permite que el orador ilustre de forma clara y visual cómo era una situación en el pasado (antes) y cómo ha cambiado (después) tras una intervención, evento o proceso. Utilizar esta estructura ayuda a que la audiencia comprenda el impacto de una acción o transformación y permite visualizar los resultados de manera tangible.

La Comparación de Antes y Después es ideal para discursos motivacionales, presentaciones de proyectos y exposiciones donde el objetivo es mostrar el progreso alcanzado o persuadir a la audiencia sobre la efectividad de una estrategia o intervención. Este enfoque no solo ayuda a simplificar temas complejos, sino que también crea un contraste visual y conceptual que facilita la comprensión y retención del mensaje.

¿Cómo funciona la estructura de Comparación de Antes y Después?

La estructura de Comparación de Antes y Después funciona porque el cerebro humano responde positivamente al contraste y a la narrativa de cambio. Las personas tienden a entender mejor los conceptos cuando pueden ver una diferencia concreta entre dos estados, ya que este tipo de comparación simplifica la información y facilita la comprensión del progreso. Al mostrar un "antes" y un "después", el orador le da a la audiencia una referencia clara de cómo era la situación previa y de los beneficios que trajo el cambio.

Además, esta estructura permite al orador establecer una narrativa de causa y efecto, donde una acción específica produce un resultado visible. Esto no solo facilita el entendimiento, sino que también genera una conexión emocional al resaltar los logros o mejoras, lo cual puede inspirar y motivar a la audiencia a replicar o valorar el cambio. En este sentido, la Comparación de Antes y Después convierte al mensaje en una experiencia visual y emocionalmente significativa.

La investigación sobre narrativas de progreso revela que las historias que muestran un cambio positivo o una mejora en una situación son particularmente efectivas para captar la atención de la audiencia, motivarla y hacer que el mensaje sea memorable. Este enfoque se basa en el hecho de que las personas responden emocionalmente a las historias de superación y éxito, ya que estas reflejan una experiencia de crecimiento que es relevante y aspiracional. Según Dillard y Nabi (2006), las narrativas de progreso generan una respuesta emocional positiva en la audiencia, lo que facilita la persuasión y la retención del mensaje.

Por qué las narrativas de progreso son efectivas

La efectividad de las narrativas de progreso radica en varios factores psicológicos y emocionales:

- **Resonancia emocional**: Las historias de progreso, ya sea en términos de superación personal, logros o mejora en una situación, tienden a generar una respuesta emocional en la audiencia. Este tipo de narrativas despierta emociones positivas como esperanza, inspiración y motivación, lo cual hace que el mensaje sea más persuasivo y memorable. La audiencia se siente conectada con la historia porque ve en ella un reflejo de sus propios deseos de cambio o mejora.
- **Capacidad de identificación**: Las narrativas de progreso permiten que la audiencia se identifique con el protagonista o la situación descrita, especialmente si la historia se presenta de manera auténtica y humana. Esta identificación facilita que los oyentes vean la situación desde una perspectiva personal, aumentando su conexión con el mensaje y su disposición a aceptar y adoptar la lección o mensaje principal.
- **Estructura narrativa de crecimiento**: Las historias de progreso suelen seguir una estructura narrativa que es naturalmente atractiva para el cerebro humano. Esta estructura suele implicar un "antes" (una situación difícil o insatisfactoria), un proceso de cambio o esfuerzo y un "después" donde se muestra el logro o mejora. Esta secuencia es lógica y fácil de seguir, lo cual facilita la comprensión y retención de la historia.
- **Potencial de inspiración y motivación**: Al ver un cambio positivo o una mejora alcanzada en una historia de

progreso, la audiencia no solo experimenta una conexión emocional, sino que también se siente inspirada a considerar cambios en su propia vida. Las narrativas de progreso no solo informan, sino que también alientan a la audiencia a tomar medidas o a buscar su propia versión de éxito o superación.

Estudio de Dillard y Nabi (2006): Narrativas de cambio positivo y respuesta emocional

En su estudio, Dillard y Nabi (2006) investigaron cómo las historias que muestran un cambio positivo afectan emocionalmente a la audiencia y cómo esta respuesta emocional influye en la persuasión. Sus hallazgos sugieren que cuando la audiencia se expone a una narrativa de progreso, experimenta una respuesta emocional positiva que aumenta la disposición a aceptar el mensaje del orador o comunicador. Las emociones positivas, como la esperanza, el optimismo y la inspiración, no solo hacen que la historia sea más atractiva, sino que también facilitan que el mensaje se almacene en la memoria de manera duradera.

Dillard y Nabi concluyeron que las narrativas de progreso son particularmente útiles en la comunicación persuasiva, ya que la respuesta emocional positiva generada crea una actitud favorable hacia el mensaje. Esto significa que la audiencia no solo está dispuesta a recordar la historia, sino también a aceptar las conclusiones o recomendaciones del orador. Además, las emociones positivas ayudan a que el mensaje sea más memorable, lo cual aumenta la probabilidad de que la audiencia lo retenga y lo considere en el futuro.

Cómo funcionan las narrativas de progreso en el cerebro

Desde una perspectiva neurocientífica, las historias de progreso activan regiones del cerebro relacionadas con la empatía, la recompensa y la memoria. Algunas de las áreas involucradas en este proceso incluyen:

- **El sistema de recompensa**: Las historias de progreso que muestran un cambio positivo activan el sistema de recompensa en el cerebro, que se relaciona con la motivación y la percepción de logros. Este sistema libera neurotransmisores como la dopamina, que genera una sensación de satisfacción y motivación. Esto hace que la audiencia experimente la historia como algo gratificante y aspire a replicar ese progreso en su propia vida.

- **La corteza prefrontal**: Esta área del cerebro, encargada del razonamiento y la toma de decisiones, también se activa durante las narrativas de progreso. Al escuchar historias que presentan un proceso de cambio, la audiencia reflexiona sobre el camino recorrido y evalúa las acciones tomadas para alcanzar el éxito. Este proceso cognitivo facilita que los oyentes integren las lecciones del cambio en su propio sistema de creencias y consideren aplicarlas en situaciones similares.

- **El sistema límbico**: El sistema límbico, responsable de las emociones y la memoria, se activa intensamente durante una narrativa que inspira esperanza o emoción. Esta activación emocional facilita que la historia se retenga en la memoria a largo plazo, ya que las experiencias emocionalmente significativas tienen una alta probabilidad de ser recordadas.

Estructura de un discurso basado en Comparación de Antes y Después

Para construir un discurso efectivo utilizando la estructura de Comparación de Antes y Después, el orador puede organizar su presentación en las siguientes etapas:

- **Introducción del contexto inicial (Antes)**: El orador describe la situación tal como era en el pasado, enfatizando los problemas, desafíos o limitaciones que existían antes de la intervención o cambio. Esto ayuda a que la audiencia comprenda la magnitud de la transformación y se conecte con el tema desde el inicio.

- **Descripción del proceso o intervención**: Después de establecer el contexto inicial, el orador explica qué cambio o intervención se realizó para transformar la situación. Esta explicación puede incluir detalles sobre las acciones específicas tomadas, los objetivos del cambio y los esfuerzos realizados para mejorar la situación.

- **Presentación del estado actual (Después)**: En esta fase, el orador describe la situación después de la intervención, destacando los logros, beneficios o mejoras alcanzadas. Este "después" debe contrastar de manera clara con el estado inicial, permitiendo que la audiencia vea el progreso o impacto logrado.

- **Análisis del impacto o beneficios del cambio**: El orador analiza las consecuencias positivas del cambio, enfatizando cómo cada beneficio ha mejorado la situación o ha tenido un impacto significativo en la vida de las personas, la empresa o el entorno.

- **Conclusión y reflexión sobre la importancia de la transformación**: Finalmente, el orador concluye el discurso resaltando el valor de la transformación y ofreciendo una reflexión sobre la importancia del cambio. Esto puede incluir una invitación a la audiencia para replicar la acción o considerar el potencial de otras intervenciones similares.

Ejemplo de aplicación de la Estructura de Comparación de Antes y Después

Imaginemos que un orador desea presentar el impacto de un programa de capacitación en una empresa para mejorar el rendimiento del equipo. Utilizando la estructura de Comparación de Antes y Después, el discurso podría desarrollarse de la siguiente manera:

Introducción del contexto inicial (Antes): "Hace un año, en esta empresa, enfrentábamos un problema serio de baja productividad. Los empleados se sentían desmotivados, había una falta de habilidades técnicas en algunas áreas clave, y esto generaba frustración y un rendimiento inconsistente. En muchas ocasiones, los proyectos se retrasaban y la calidad de los entregables no cumplía con las expectativas".

Descripción del proceso o intervención: "Decidimos implementar un programa de capacitación intensivo enfocado en mejorar las habilidades técnicas y de liderazgo de nuestros empleados. Este programa incluía sesiones de formación semanal, acceso a herramientas de aprendizaje en línea y tutorías individuales para los colaboradores que necesitaban apoyo adicional. Nuestro objetivo era transformar el equipo y dotarlo de las habilidades necesarias para mejorar el rendimiento".

Presentación del estado actual (Después): "Hoy, un año después de haber implementado este programa, los resultados son evidentes. La productividad del equipo ha aumentado en un 40 %, los empleados se sienten mucho más motivados y seguros en sus tareas, y hemos reducido los tiempos de entrega de proyectos en un 30 %. El nivel de satisfacción del cliente también ha mejorado, ya que ahora entregamos productos de mayor calidad en menor tiempo".

Análisis del impacto o beneficios del cambio: "Este programa de capacitación no solo mejoró las habilidades técnicas del equipo, sino que también fomentó un sentido de pertenencia y compromiso entre los empleados. La moral en el lugar de trabajo es más alta y el equipo trabaja en armonía y de forma eficiente. Los empleados han ganado confianza y han demostrado un mayor interés en su desarrollo profesional, lo que impacta directamente en la calidad de los proyectos".

Conclusión y reflexión sobre la importancia de la transformación: "Este cambio es un claro ejemplo de cómo una intervención bien dirigida puede transformar la dinámica de un equipo y los resultados de una empresa. La capacitación y el desarrollo constante son esenciales para mantenernos competitivos y satisfechos con nuestro trabajo. Los invito a que consideren el impacto que pueden tener pequeños cambios en sus propios equipos y el valor de invertir en el desarrollo del personal".

Este ejemplo permite que la audiencia visualice cómo el programa de capacitación transformó una situación problemática en una realidad positiva y eficiente. La estructura de Comparación de Antes y Después facilita una comprensión clara del impacto y permite que la audiencia valore el cambio de manera tangible.

Estructura de "Qué, Por Qué, Cómo"

Este enfoque facilita que el orador explique un tema de manera lógica, empezando por definir el concepto (Qué), seguido de la razón de su importancia (Por Qué) y concluyendo con los pasos necesarios para llevarlo a cabo o aplicarlo (Cómo). Esta estructura es especialmente útil para presentaciones educativas, informativas y motivacionales, ya que guía a la audiencia a través de un proceso de comprensión y aplicación práctica.

El enfoque de "Qué, Por Qué, Cómo" proporciona una narrativa ordenada y facilita la retención de la información, ya que cada sección del discurso responde a una pregunta fundamental y establece una secuencia lógica en el flujo de ideas. La audiencia, al comprender primero el concepto, luego su importancia y finalmente los pasos de implementación, puede asimilar la información de manera progresiva, sintiéndose preparada para aplicar lo aprendido.

¿Cómo funciona la estructura de "Qué, Por Qué, Cómo"?

La estructura de "Qué, Por Qué, Cómo" funciona porque el cerebro humano procesa mejor la información organizada en un flujo lógico y secuencial. Este enfoque satisface la curiosidad natural de la audiencia al presentar la información de manera gradual, respondiendo a preguntas claves en el proceso de aprendizaje. Cada paso en esta estructura permite que la audiencia se involucre activamente, ya que cada sección añade un nivel de profundidad que facilita la comprensión y la aplicabilidad del mensaje.

Este enfoque también funciona bien porque establece una narrativa completa: primero se define el tema o problema, luego se justifica su importancia, y finalmente se ofrecen soluciones o pasos de acción. De esta manera, el mensaje no solo es claro, sino que también se vuelve práctico y relevante para la audiencia, lo cual ayuda a que el orador se comunique de manera persuasiva y efectiva.

Estructura de un discurso basado en "Qué, Por Qué, Cómo"

Para construir un discurso efectivo utilizando la estructura de "Qué, Por Qué, Cómo", el orador puede organizar su presentación en las siguientes etapas:

- **Qué**: En esta primera fase, el orador define claramente el tema o concepto que abordará en el discurso. Este "Qué" puede ser una idea, un problema, un proceso o una meta que la audiencia debe conocer. La definición debe ser precisa y comprensible para que la audiencia se sienta segura de entender el tema desde el inicio.
- **Por Qué**: Después de definir el tema, el orador explica por qué este tema es importante o relevante. En esta sección, se destacan los beneficios, la necesidad o el valor

del concepto, de modo que la audiencia comprenda la razón detrás del mensaje. Este paso es fundamental para captar el interés y la motivación de la audiencia, ya que proporciona una base emocional y lógica para el mensaje.

- **Cómo**: Finalmente, el orador explica cómo se puede aplicar o implementar el concepto en la práctica. Esta fase responde a la necesidad de acción, detallando los pasos específicos, recomendaciones o métodos para que la audiencia pueda poner en práctica lo aprendido. El "Cómo" convierte el mensaje en una herramienta aplicable, brindando a la audiencia las pautas necesarias para avanzar en el tema.

Ejemplo de aplicación de la Estructura de "Qué, Por Qué, Cómo"

Imaginemos que un orador desea dar un discurso sobre la importancia de la inteligencia emocional en el lugar de trabajo. Utilizando la estructura de "Qué, Por Qué, Cómo", el discurso podría desarrollarse de la siguiente manera:

Qué: "La inteligencia emocional es la capacidad de reconocer, entender y gestionar nuestras propias emociones, así como de reconocer y comprender las emociones de los demás. Este concepto abarca habilidades como la empatía, la autorregulación y la motivación personal, las cuales son esenciales para interactuar efectivamente con otras personas".

Por Qué: "En el lugar de trabajo, la inteligencia emocional es fundamental porque mejora la comunicación, fortalece las relaciones laborales y facilita la resolución de conflictos. Las personas con alta inteligencia emocional tienden a tener una mayor satisfacción laboral, a adaptarse mejor al cambio y a mantener un entorno de trabajo positivo. Numerosos estudios han demostrado que las empresas con empleados emocionalmente inteligentes logran mayor productividad y éxito a largo plazo, ya que se reducen las tensiones y se incrementa el trabajo en equipo".

Cómo: "Para desarrollar la inteligencia emocional en el trabajo, podemos empezar con algunos pasos prácticos. Primero, es útil llevar un registro de nuestras emociones a lo largo del día para identificar patrones. Segundo, practicar la empatía con los colegas al escuchar activamente y tratar de comprender sus perspectivas. Tercero, trabajar en la autorregulación, tomando una pausa antes de responder impulsivamente en situaciones difíciles. Con estas prácticas, cada uno de nosotros puede fortalecer su inteligencia emocional y contribuir a un entorno laboral más armonioso y productivo".

Este ejemplo permite que la audiencia comprenda el concepto de inteligencia emocional (Qué), valore su importancia en el lugar de trabajo (Por Qué) y tenga una guía práctica para desarrollarla (Cómo). La estructura de "Qué, Por Qué, Cómo" facilita que el mensaje sea claro, relevante y aplicable, lo cual aumenta la efectividad del discurso.

Conclusión

A lo largo de este libro, hemos recorrido juntos los principios fundamentales y las estructuras prácticas que convierten un discurso en una herramienta poderosa para convencer, inspirar y conectar profundamente con la audiencia. Desde el entendimiento de los miedos más comunes al hablar en público hasta el dominio de los pilares esenciales para una presentación efectiva, cada capítulo ha sido diseñado para guiarte en el desarrollo de tus habilidades de comunicación, paso a paso.

Hemos explorado cómo el lenguaje no verbal influye en la percepción que tiene la audiencia de nosotros, la importancia de una postura segura, un tono de voz que transmita confianza, el valor de las microexpresiones y cómo manejar el contacto visual para generar cercanía. También profundizamos en el poder de la persuasión, aplicando las leyes psicológicas de reciprocidad, autoridad, escasez y otros principios que son capaces de inclinar a la audiencia hacia nuestro mensaje de forma natural y auténtica.

A través de las diversas estructuras de discurso, has aprendido a seleccionar y organizar tus ideas de la manera que mejor se adapte a tu propósito y audiencia. Desde la estructura de Historia Personal hasta la estructura de Causa y Efecto, pasando por el poder de las preguntas retóricas y el enfoque de "Qué, Por Qué, Cómo," cada una de estas herramientas te permite darle forma a tu mensaje de una manera que captura la atención y permanece en la memoria de tu público.

Gracias a estas técnicas, ahora cuentas con el conocimiento para construir discursos que no solo comuniquen un mensaje, sino que generen un impacto duradero en quienes te escuchan. Ya sea que necesites inspirar a un equipo, presentar un proyecto o convencer a una audiencia de la importancia de una causa, tienes en tus manos una serie de estrategias prácticas y comprobadas para crear presentaciones que realmente resuenen.

Ahora que has explorado cada uno de estos elementos, estás equipado para enfrentarte a cualquier escenario de comunicación pública. Puedes estructurar tus ideas, conectar emocionalmente con tu audiencia y utilizar el lenguaje no verbal y la persuasión para potenciar tu mensaje. Con práctica y dedicación, podrás convertirte en un maestro en el arte de hablar en público, una habilidad que abre puertas en el ámbito profesional, personal y social.

Recuerda que la práctica y el feedback continuo son esenciales para perfeccionar lo aprendido. Cada discurso, cada interacción y cada presentación son oportunidades para afinar tu estilo y tu impacto. Dominar el arte de hablar en público no solo te permite influir y convencer, sino que también te transforma en un líder capaz de inspirar y conectar con las personas de manera significativa.

Este libro es solo el comienzo de tu viaje como un comunicador persuasivo. Con cada paso que des y cada palabra que pronuncies, recuerda que tienes el poder de impactar vidas, construir conexiones y dejar una huella en el mundo. Ahora, con la preparación, las técnicas y la confianza que has desarrollado, estás listo para subir al escenario y convencer a cualquiera con un discurso efectivo, persuasivo y memorable.

¡El mundo está listo para escuchar lo que tienes que decir!

www.ingramcontent.com/pod-product-compliance
Lightning Source LLC
Chambersburg PA
CBHW021343150726
47989CB00005B/2077